U0563041

中国哲学社会科学话语体系研究辑刊

第1辑

A Collection of Research Works on Discourse System of Philosophy and Social Sciences in China

中国学术与话语体系建构

The Chinese Scholarship and Discourse System: Construction and Development

【总论·人文科学卷】

全国哲学社会科学话语体系建设协调会议办公室 编

社会科学文献出版社
SOCIAL SCIENCES ACADEMIC PRESS (CHINA)

编辑委员会人员名单

编者按

习近平总书记在2013年全国宣传思想工作会议上指出，要加强话语体系建设，着力打造融通中外的新概念、新范畴、新表述，增强在国际上的话语权。植根中国，面向世界，开放包容，融通中外，努力构建充分体现中国特色、中国风格、中国气派的哲学社会科学话语体系，增强中国学术的国际话语权，这是新时期我国哲学社会科学的一项重要使命。

近年来，围绕中国特色话语体系建设的研究成果不断推出，引起了学界的普遍关注。有鉴于此，我们编辑出版《中国哲学社会科学话语体系研究辑刊·中国学术与话语体系建构》，搜集和梳理近5年来话语体系研究领域相关文章，遴选出具有代表性的学术论文，归纳为总论、哲学·马列、文学、史学四个专题。希望本辑刊能为学界和有关部门提供参考，有力推动我国话语体系建设。

全国哲学社会科学话语体系建设协调会议办公室

2015年4月28日

目 录

contents

序 言

总 论

哲学·马列

文 学

史　学

序　言

建设中国特色的哲学社会科学话语体系*

王伟光**

我就哲学社会科学话语体系创新问题谈几点看法，请同志们批评指正。

一　必须清醒认识哲学社会科学话语体系建设面临的形势

改革开放30多年来，我国哲学社会科学繁荣发展，取得了非常显著的成就。但是，与党中央的要求相比，与国家经济社会发展的需要相比，我国哲学社会科学话语体系还不够完善完备，影响力、战斗力还不够强大有力，与我国目前的国家实力和享有的国际地位还不相称。随着改革开放的不断深入和对外学术交流的不断扩大，西方学术理论和话语体系以各种形式传入我国并产生影响，在某些学科领域甚至成为主流和正统；马克思主义的理论观点、中国特色社会主义理论体系、中华优秀传统思想受到很大冲击和削弱。某些西方势力借助西方理论学术话语体系传播西方意识形态和价值观，甚至打着所谓超阶级、超历史的普世价值论的旗号，企图对我进行西化、分化。有些人“挟洋自重”“食洋不化”，把西方的理论学术话语奉为圭臬，认为西方的理论学术话语更为先进、更具普世性。有些人“削足适履”，套用西方的一套学术概念和话语体系解释中国道路、中国经验、中国发展，分析中国问题，预测中国未来。以马克思主义、中国化马克思主义、中国特色社会主义理论体系为灵魂的中国哲学社会科学，从作为实质内容的理论学术观点到作为表述形式的话语体系，在一些领域受到

* 本文为王伟光同志在哲学社会科学话语体系建设座谈会上的讲话，原刊于《中国社会科学报》2013年12月20日。

** 王伟光，中国社会科学院院长，党组书记，学部主席团主席。

挤压、淡化甚至边缘化。世界舆论领域话语权方面西强我弱的状况尚未发生根本改变，西方理论学术话语仍然在国际学术话语体系中占据主导地位。西方某些国家以理论探讨和学术研究的名义，运用西方话语体系推销其世界观、价值观的手法日益娴熟。我国哲学社会科学界不少同志还缺乏高度的理论自觉和理论自信，学术话语体系创新意识还不强，对学术话语体系创新研究还不深入，运用中国化的话语体系阐述中国理论、中国学术、中国道路、中国经验差距甚大，以马克思主义为指导，实现学术话语“中国化”和“走出去”的任务还很繁重。

同时我们也要看到，2008 年爆发的国际金融危机，使西方国家的社会制度、发展模式、价值观念乃至话语体系遭到包括西方进步学者在内的世界各国人民前所未有的质疑和挑战；中国 30 多年改革开放取得举世瞩目的成就，引起国际社会对中国道路、中国经验甚至中国理论、中国制度越来越大的关注；中国特色社会主义实践的成功经验，为建设中国哲学社会科学创新体系，建立和创新中国哲学社会科学话语体系，提供了极为丰富的素材；马克思主义的中国化、时代化、大众化，中国特色社会主义理论体系的日益成熟，十八大以来新一届中央领导集体特别是习近平总书记提出的一系列新理论、新思想、新观点、新论断，为建立和创新哲学社会科学话语体系奠定了深厚的理论基础。这些都为中国哲学社会科学话语体系的创新提供了有利条件和良好机遇。

二　哲学社会科学界必须把建设话语体系作为一项重大而紧迫的任务

能否构建中国自己的理论学术话语体系并不断提升国际话语权，直接关系到我国在世界范围内的综合国力竞争和意识形态斗争中赢得胜利，直接关系到中国特色社会主义的最终成功，直接关系到中华民族的伟大复兴。在学习借鉴人类文明成果的基础上，用中国的理论学术研究和话语体系解读中国实践、中国道路，不断概括出理论联系实际的、科学的、开放融通的新概念、新范畴、新表述，打造具有中国特色、中国风格、中国气派的哲学社会科学创新体系及其中国式的话语体系，是我国哲学社会科学界的职责和使命所在，也是哲学社会科学进一步繁荣发展的重要条件。

建设哲学社会科学创新体系是党中央站在时代高度提出的一项战略任务，党的十八大进一步强调要建设哲学社会科学创新体系。哲学社会科学创新体系包括两个方面，一是理论学术观点的创新，这是哲学社会科学创新体系的内容；二是理论学术观点表达方式、表述形式的创新，即话语体系，包括概念、范畴、表述及其话语方式的创新，这是哲学社会科学创新体系的形式。内容是哲学社会科学创新体系的实质部分，是哲学社会科学创新体系的灵魂。形式与内容是一致的，形式为内容服务。没有适当的表达形式和表述方式，再好的内容也表达不出来，或表达不完备，或表达出来不能为人们所理解和接受，内容就会落空。在建设中国特色社会主义的伟大实践中，中国共产党人创造了中国特色社会主义理论体系这一中国化的马克思主义，繁荣并发展了中国哲学社会科学；新中国成立 60 多年特别是改革开放 30 多年，党领导人民在社会主义现代化建设伟大实践中开辟的中国道路，创造的中国经验，必然要求用中国的理论学术观点和话语体系去解读和阐释。增强国际话语权，妥善回应世界关切，增进国际社会对我国基本国情、根本制度、价值观念、发展道路、内外政策的了解和认识，展现我国文明、民主、开放、进步的形象，必然要求从国家战略的高度，构建让本国人民和世界人民听得懂、能信服，富有亲和力、吸引力、感召力的中国话语体系。话语体系关系到两个方面，一是本国人民群众能否接受，二是世界民众能否接受。打破西方话语垄断和话语霸权，有力回应大多基于事实歪曲和价值偏见的西方话语特别是以理论学术面目出现的概念范畴和话语体系，必然要求构建以马克思主义为指导的具有中国特色、中国风格、中国气派的哲学社会科学话语体系。

三　建设哲学社会科学话语体系必须进一步增强马克思主义的理论自觉和理论自信

高度的马克思主义的理论自觉和理论自信是建设和创新哲学社会科学话语体系的思想基础和重要前提。马克思主义是我国哲学社会科学的旗帜和灵魂，在当代中国，坚持中国特色社会主义理论体系，就是坚持马克思主义。要紧紧围绕坚持和发展马克思主义，坚持和发展中国特色社会主义，始终与中国实际相结合，与时代特征相结合，对新的实践和新的时代特征做出新的概括和有说服力的论证，并且用国内外人民听得懂、听得进、能接受的表达方式表述出来，这就必须建设哲学社会科学话语体系，在建设话语体系过程中丰富马克思主义和中国特色社会主义理论体系，繁荣发展我国哲学社会科学。不能借口建设话语体系而否定马克思主义的指导地位，也不能借口坚持马克思主义指导地位而忽视话语体系的建设。要继承和弘扬中国传统文化的精华，善于捕捉并提炼那些仍然活跃在今天中国人生活和思想中的文化传统，使之成为建设哲学社会科学话语体系的重要源流。坚决抵制食古不化的文化复古主义倾向，反对借口弘扬传统文化而否定马克思主义创新，否定哲学社会科学创新。要坚持“为我所用、对我有利”原则，积极吸收借鉴人类文明优秀成果，丰富发展当代中国哲学社会科学的内容与形式。要坚决反对“挟洋自重”“食洋不化”，照抄照搬西方的理论和话语，反对借口引进外国先进文化而否定马克思主义中国化和中国哲学社会科学。历史和现实证明，任何照抄照搬都不能解决自己的问题，都只会削弱和丧失自己的话语权。要用中国的理论和话语分析中国问题，阐释中国观点，预测中国未来。要继续深入实施马克思主义理论研究和建设工程，充分发挥其在建设哲学社会科学话语体系方面的示范和引领作用。当然，也要反对拒绝一切外来先进文化的关门主义，积极地吸收借鉴国外理论学术及其表达方式的精华。

四　建设哲学社会科学话语体系必须着力回答实践提出的重大问题

立足中国实践、总结中国经验、解决中国问题，是实现中国哲学社会科学话语体系创新的关键。建设话语体系不是封闭的概念推演和逻辑论证，不是毫不费力的“拿来主义”，而是与社会实践的发展息息相关的思想表达活动。中国特色社会主义伟大实践是建设中国哲学社会科学话语体系的源头活水。离开了这个实践，话语体系的建设就成了无源之水、无本之木。当代中国的哲学社会科学工作者必须以强烈的历史使命感和社会责任感，树立理论联系实际的优良学风，牢牢立足中国实践、深入解读中国道路、切实提升中国经验，以敢为天下先的探索精神和勇于创新的思维活动，不断概括出新概念、新范畴、新表述，打造具有中国特色、中国风格、中国气派的学术话语体系。要在解决中国问题的探索中推进哲学社会科学的繁荣发展，建设中国哲学社会科学话语体系。要深入研究党和国家关注的重大问题，经济社会发展中的全局性、战略性、前瞻性问题，人民群众普遍关注的热点、焦点、难点问题，在解决这些重大问题的过程中取得原创性理论成果，与此同时积极建设和创新哲学社会科学话语体系。

五　建设哲学社会科学话语体系必须坚持中国化时代化大众化的基本方向

当今时代的中国正处于一个伟大变革的时代。坚持和发展中国特色社会主义，一方面热切呼唤哲学社会科学的创新发展，另一方面为哲学社会科学的创新发展开辟了新的前景。哲学社会科学话语体系的建设要始终坚持中国化的方向，深深植根于中国人民的生产实践和生活实践之中，深深植根于中华民族的生命力、创造力、凝聚力之中，深深植根于中华民族优秀传统文化之中，使当代中国的哲学社会科学话语体系具有更加鲜明的中国特色、中国风格、中国气派。要始终坚持时代化方向，始终站在时代的最前沿，敏锐把握时代特征，准确反映时代要求，致力于时代精神和世界问题的中国表达，使当代中国学术话语体系具有更加鲜明的时代特色，为世界文明发展做出贡献。要始终坚持大众化方向，贴近实际、贴近生活、贴近群众，充分考虑人民群众的思维习惯和语言习惯，善于把深邃的理论转化为通俗易懂的道理，善于把抽象的理论逻辑转化为形象的生活逻辑，用群众听得懂的语言讲群众听得进去的理论学术观点。

作为中央直接领导的国家哲学社会科学研究机构，作为党在意识形态领域的一个重要阵地、重要方面军，中国社会科学院决心在中央宣传部的直接领导下，强化责任意识、使命意识，做好各参与单位的组织协调工作，采取切实措施，在哲学社会科学话语体系建设方面有所作为、有更大作为，以不辜负奇葆同志和中央宣传部的信任与期望。

总　论

构建中国特色话语体系是新时期中国哲学社会科学的重要使命

——“中国实践与中国话语”全国高层理论研讨会开幕式致辞

李培林*

各位学者、同志们、朋友们：

由中国社会科学院、国家行政学院、光明日报社和武汉大学共同主办的“中国实践与中国话语”全国高层理论研讨会今天隆重开幕了。在此，我代表中国社会科学院，代表王伟光院长，对本次会议的召开表示热烈的祝贺！对来自全国各地的专家学者表示热诚的欢迎！对武汉大学的精心组织和筹划表示衷心的感谢！

党的十八大以来，习近平总书记多次就加强对外话语体系建设做出重要指示。他强调，要着力打造融通中外的新概念、新范畴、新表述，讲好中国故事，传播好中国声音，增强在国际上的话语权。要精心构建对外话语体系，增强对外话语的创造力、感召力、公信力。十八届三中全会《决定》也强调，要加强对外话语体系建设，推动中华文化走向世界。

为贯彻落实习近平总书记的指示，2014 年 12 月，中共中央宣传部委托中国社会科学院在北京召开了“哲学社会科学话语体系建设座谈会”。会后，经中宣部批准，建立了全国哲学社会科学话语体系建设协调会议制度，中国社会科学院、中央对外宣传办公室、中共中央党校、教育部、国家行政学院、中央文献研究室、中央党史研究室、中央编译局、中国外文出版发行事业局为协调会议成员单位，负责组织协调全国哲学社会科学话语体

* 李培林，中国社会科学院副院长，学部委员，研究员。

系建设工作。中国社会科学院为协调会议召集单位，中国社会科学院院长、党组书记王伟光任协调会议召集人。协调会议下设办公室，创办《哲学社会科学话语体系建设研究动态》。目前，各成员单位已开始结合各自研究领域开展相关研究项目、召开研讨会、汇报和交流哲学社会科学话语体系建设的重要研究成果信息。举办这次会议，目的就是为专家学者们提供一个学术交流的高端平台，希望各位专家学者解放思想、畅所欲言、充分讨论。我相信此次会议一定会取得丰硕成果，切实推动哲学社会科学话语体系建设工作。

构建中国哲学社会科学话语体系，是当今中国发展提出的重大命题。坚持以马克思主义为指导，努力构建充分体现中国特色、中国风格、中国气派的哲学社会科学话语体系，增强中国学术的国际话语权，推动中华文化走向世界，是新时期我国哲学社会科学的重要使命。这里，我想就加强哲学社会科学话语体系建设谈几点意见。

一是哲学社会科学话语体系建设要坚持马克思主义的指导。

我国哲学社会科学是以马克思主义为指导，当前哲学社会科学话语体系建设，必须坚持马克思主义的立场、观点、方法，坚持以当代中国马克思主义为指导。马克思主义及其中国化的最新成果，是我国哲学社会科学研究的理论基础，是哲学社会科学话语体系建设的根本遵循。坚持和巩固马克思主义的指导地位，增强中国特色社会主义的道路自信、理论自信、制度自信，牢牢掌握哲学社会科学的话语权，在当前尤为迫切、意义重大。在国内外，一些人企图利用话语霸权，否定我们的党史、国史，否定中国共产党的领导，否定中国特色社会主义道路以及中国现行的根本政治制度，这充分反映出话语权争夺的本质和斗争的尖锐性。我们要牢牢把握马克思主义对哲学社会科学话语体系建设的指导，深化党的理论创新成果的学理阐释，打造符合学术特点的表达方式、表达语言，将其转化到各学科领域的话语体系之中，构建起以马克思主义为指导的哲学社会科学话语体系。

二是哲学社会科学话语体系建设要植根于当代中国的伟大实践。

哲学社会科学具有鲜明的时代性、实践性。中国哲学社会科学必然植根于中国实践，发展体现中国实践、中国特色、中国经验、中国模式、中国道路、中国理论、中国制度、中国梦想的理论框架，构建涵盖哲学社会科学各学科领域的话语体系。中国话语来源于中国实践，中国话语也要诠释好中国实践。中国的发展经验为中国哲学社会科学话语体系提供了坚实的基础，话语体系又为总结中国经验提供了强大的学术支撑。植根于中国特色社会主义的生动实践的哲学社会科学，要让中国道路，尤其是中国梦想，作为核心话语，体现到各个学科研究领域，既用中国梦为话语体系赋予深刻的时代内涵，又通过各个学科的概念、范畴为中国梦提供有力的学理支撑。要抓住坚持和发展中国特色社会主义的重大理论和现实问题，不断创新哲学社会科学的话语体系，打造融通中外的新概念新范畴新表述。要以中国特色学术语言妥善回应世界关切，增进国际社会对我国基本国情、根本制度、价值观念、发展道路、内外政策的了解和认识，展现我国文明、民主、开放、进步的形象，增强国际话语权，构建让本国和世界人民听得懂、能信服，富有亲和力、吸引力、感召力的中国哲学社会科学话语体系。

三是哲学社会科学话语体系建设要汲取中华优秀传统文化精华和世界优秀文明成果。

中国独特的文化传统，独特的历史命运，独特的基本国情，注定了我们必然走上适合自己特点的发展道路。中国特色社会主义正是植根于中华文化沃土、反映了中国人民的意愿、适应了时代发展进步的要求。中华传统文化包含着中华民族最根本的精神基因，积淀着中华民族最深沉的精神追求，是中华民族生生不息、发展壮大的丰厚滋养，也是我们这个国家和民族最深厚的软实力。话语体系建设要追溯中华传统文化的源流与根脉，吸取中华优秀传统文化的精华，在充分彰显民族特色中构建中国话语体系。要着眼现实需要，梳理、汲取传统文化的精华，赋予其与时代发展相适应、与核心价值相一致的科学内涵和表达形式，使之在新时代条件下发扬光大。同时，哲学社会科学话语体系建设也要科学对待西方话语体系，以开放包容、兼收并蓄的态度，对待西方的基本概念、理论、范畴，如对待西方的自由、民主、人权、法治等概念，应借鉴其有益成分，依据中国的文化基因和现实实践赋予其更加科学的内涵，使之扬弃升华，转化成我们的话语。总之，对我国传统文化，对国外的东西，要坚持古为今用、洋为中用，经过科学的扬弃后为我所用。

四是哲学社会科学话语体系建设要充分发挥好协调会议机制的作用。

哲学社会科学话语体系建设是一个系统工程，不是某个单位或某个部门能独立完成的工作，需要各部门的协调、统筹与配合。中央批准成立协调会议这一机制，我们要发挥好这一协调会议机制的作用，完善统筹协调功能。我们考虑定期由各成员单位轮流召开研讨会，汇报交流在话语体系建设方面的研究成果。努力办好《哲学社会科学话语体系建设研究动态》，加强信息汇集报送的工作，积极发挥协调会议信息交流的作用。同时，还要继续充分发挥马克思主义理论研究和建设工程在创新话语体系方面的示范和引领作用，进一步强化国家社会科学基金在话语体系建设方面的政策引导。在新闻出版媒体宣传等领域，也建议完善话语体系相关工作的舆情监督机制，加强对主流媒体（特别是有关网络等新媒体）的沟通协调，实现重大问题的互联互通，使话语体系的展现方式协调一致。

各位学者，同志们，坚持以当代马克思主义为指导，用中国的理论学术研究和话语体系解读中国实践、中国道路，提升中国经验，不断概括出理论联系实际的、科学的、开放融通的新概念、新范畴、新术语，打造具有中国特色、中国风格、中国气派的哲学社会科学创新体系和话语体系，是我们义不容辞的责任，也是哲学社会科学进一步繁荣发展的需要。在此，我再次呼吁学界同仁以崇高的使命感、责任感，积极推进哲学社会科学话语体系建设，以我们不懈努力的新成果，担当时代赋予我们的职责，回报党和人民对我们的殷切期望。

最后预祝研讨会圆满成功并取得丰硕成果！

谢谢大家！

构建中国哲学社会科学话语体系的几点思考*

李　捷**

党中央把构建中国哲学社会科学话语体系作为一项重大战略任务，提上议事日程。今天，雒树刚同志出席这次座谈会，使我们备受鼓舞。

构建中国哲学社会科学话语体系，是中国特色社会主义事业发展的迫切需要，是马克思主义意识形态建设的迫切需要，是推动哲学社会科学体系创新和大发展大繁荣的迫切需要，也是中国道路、中国梦“走出去”的迫切需要。

必须以马克思主义为指导

构建中国哲学社会科学话语体系，必须以我国主流意识形态——马克思主义为指导，这是不言而喻的。但历史经验证明，必须防止两种偏向。一种是生吞活剥、从理论到理论、从概念到概念的偏向，完全脱离现实实践，完全脱离时代特点，这当然不行。另一种是借用马克思主义经典作家的某些论断和词句，或者打着创新发展马克思主义的旗号，实际上背离马克思主义的立场、观点、方法，背离其基本理论、基本原则，其目的是借此塞进反马克思主义学术观点的私货，这也是值得警惕的。我们必须始终坚持用发展的、开放的、辩证的观点科学地对待马克思主义，一定要以我国改革开放和现代化建设的实际问题、以我们正在做的事情为中心，着眼于马克思主义理论的运用，着眼于对实际问题的理论思考，着眼于新的实

---

* 本文原刊于《中国社会科学报》2014 年 1 月 17 日。

** 李捷，时任中国社会科学院副院长，研究员。

践和新的发展。离开本国实际和时代发展来谈马克思主义，没有意义。静止地、孤立地研究马克思主义，把马克思主义同它在现实生活中的生动发展割裂开来、对立起来，没有出路。

必须以中国道路、中国理论、中国制度、中国经验、中国梦想为中心

首先，要坚持三个自信。如果对自己经过长期实践和艰辛探索得到的正确道路、理论、制度没有自信，依然还是西方的花儿好、月儿圆，是绝不可能完成构建中国哲学社会科学话语体系这一重大任务的。其次，要对中国道路、中国理论、中国制度、中国经验、中国梦想有科学正确的解读。现实地说，对上述这些，可以有多种解读。既可以从中国特色社会主义即科学社会主义的角度来解读，也可以用西方社会科学话语体系来解读，关键看你站在什么立场上，想要达到什么目的。在这方面，习近平总书记在 2013 年 1 月 5 日的讲话中，已经给我们指明了方向，树立了榜样。我们要坚定不移地从科学社会主义在中国的运用和发展的角度，做好自己的解读。理论不能离开实践，构建中国哲学社会科学话语体系同样不能离开实践。把中国道路、中国理论、中国制度、中国经验、中国梦想解读好，恰恰是提出构建中国哲学社会科学话语体系的初衷，也是构建中国哲学社会科学话语体系的立足点和归宿。做好这项工作，还必须在吃准、吃透中央精神的前提和基础上，努力把政治话语转化为学术话语。要看到，政治话语和学术话语是相容相通的，中间并没有隔着“万里长城”，不能把两者割裂开来，更不能对立起来。

必须继承和弘扬中华文化精髓

中国特色社会主义集中体现了对科学社会主义的坚持和发展，同时也集中体现了中华文化基因在当代中国的弘扬与发展。习近平总书记在全国宣传思想工作会议上，提出对“中国特色”要着重于“四个讲清楚”，即要讲清楚每个国家和民族的历史传统、文化积淀、基本国情不同，其发展道路必然有着自己的特色；讲清楚中华民族在 5000 多年的文明发展进程中创造了博大精深的中华文化，中华文化积淀着中华民族最深沉的精神追求，

包含着中华民族最根本的精神基因，代表着中华民族独特的精神标识，是中华民族生生不息、发展壮大的丰厚滋养；讲清楚中华优秀传统文化是中华民族的突出优势，是中华民族自强不息、团结奋进的重要精神支撑，是我们最深厚的文化软实力；讲清楚中国特色社会主义植根于中华文化沃土、反映中国人民意愿、适应中国和时代发展进步要求，有着深厚历史渊源和广泛现实基础，中华民族创造了源远流长的中华文化，中华民族也一定能够创造出中华文化新的辉煌。这就从根本方向上解决了我们在构建中国哲学社会科学话语体系中，应当从哪些方面来着力继承和弘扬中华文化精髓的问题。继承和弘扬中华文化，是我们党始终倡导的一项伟大事业。但是，必须坚持“取其精华去其糟粕”的原则，必须紧密结合实践发展和时代特征来进行，防止文化复古主义产生。

必须借鉴和吸收国外经验和国外文化

马克思主义始终是在批判地继承和吸收人类优秀文化思想的基础上创立的，也需要在不断继承和吸收人类一切优秀文化思想的过程中不断丰富、完善和发展。这同样是马克思主义发展的一条基本规律。马克思主义本身，就是人类思想文化发展的结晶。事实证明，马克思主义同西方学术思想有着本质的区别，但又不是截然分开、完全对立的。马克思主义的产生，既是工人运动客观发展的要求，也是人类思想发展的客观要求；既是批判以往一切剥削阶级学术思想的结果，也是对人类优秀文化思想的集大成。既要努力分清和回答马克思主义同西方学术思想的本质区别在哪里，又要解答我们应当怎样以马克思主义为指导来实事求是地解剖分析西方学术思想、学术观点及其代表人物，取其精华，弃其糟粕，去伪存真，来为马克思主义中国化、时代化、大众化服务，为构建中国哲学社会科学话语体系服务。事实证明，只有站在人类文明历史、当今、未来发展的制高点上，以马克思主义为指导来批判地继承和吸收人类一切优秀文化思想，才有可能真正构建具有中国特色、中国风格、中国气派的哲学社会科学话语体系。

以上四个方面，是统一的，是相互融通的，形成一个完整的方法论。如果把这四个方面割裂开来，甚至对立起来，都不能完成具有中国特色、中国风格、中国气派的哲学社会科学话语体系的构建。

发挥高校优势为构建中国哲学社会科学话语体系做贡献*

李卫红**

习近平总书记在全国宣传思想工作会议上指出：做好宣传思想工作，要加强话语体系建设，讲好中国故事，传播好中国声音，增强在国际上的话语权。刘云山同志在深入实施马克思主义理论研究和建设工程座谈会上进一步强调：要掌握话语权，提升影响力，构建当代中国哲学社会科学的学术话语体系。这是新时期党中央对哲学社会科学提出的新任务、新要求，为哲学社会科学繁荣发展指明了方向。我们要认真学习领会和贯彻落实。

学术话语体系是思想理论体系和知识体系的外在表达形式。一方面，话语体系是伴随思想理论体系和知识体系的形成而形成的，有什么样的思想理论体系和知识体系，就有什么样的话语体系，我们应当把主要精力放在丰富和完善思想理论体系和知识体系上；另一方面，任何思想理论体系和知识体系都需要一定的话语来表达，不同的话语表达对于思想理论体系和知识体系增强吸引力、感染力、传播力、影响力的效果是不一样的。因此，我们要主动作为，在创造、丰富和发展思想理论体系和知识体系的同时，加强和改进话语表达方式。具体而言，构建学术话语体系要从三个方面着力：一是着力推动哲学社会科学理论和方法创新，善于运用马克思主义的立场观点方法，科学分析中国实际问题，进行深入的学术研究和系统的理论概括，打造融通中外的新概念、新范畴、新表述，形成中国的理

* 本文原刊于《中国社会科学报》2014年1月17日。

** 李卫红，教育部原副部长。

论、中国的学术。二是着力推动哲学社会科学学科体系和教材体系建设，形成以马克思主义为指导，具有时代特点、结构合理、门类齐全的中国哲学社会科学学科体系和教材体系，努力建成一批世界一流学科。三是着力推动哲学社会科学传播转化，用社会主义核心价值体系武装全党、教育人民，筑牢全党全国人民团结奋斗的共同思想基础；以更加开放的姿态面向世界，推动哲学社会科学"走出去"，把中国的理论创造展现在国际舞台上。

如何在学习借鉴人类文明成果的基础上，用中国的理论研究和学术话语解读中国实践、中国道路、中国经验，打造具有中国特色、中国风格、中国气派的哲学社会科学学术话语体系，是哲学社会科学界面临的重大而紧迫的时代课题。高校智力密集、学科优势突出、研究力量雄厚。我们要增强责任感、紧迫感，发挥高校优势，为构建中国特色的哲学社会科学话语体系做出新贡献。

首先，积极参与马克思主义理论研究和建设工程，加强哲学社会科学学科体系和教材体系建设。全力做好马克思主义理论研究和建设工程实施的各项工作，不断完善我国哲学社会科学学科体系和教材体系，深入推进马克思主义中国化、时代化、大众化，为巩固马克思主义在高校意识形态领域的指导地位奠定坚实基础。一是加强马克思主义理论学科建设。目前全国已设立该一级学科博士点 41 个、硕士点 191 个，6 个二级学科设立博士点和硕士点近 600 个。下一步要进一步规范课程设置、教材编写、导师选聘、研究生培养等，将马克思主义理论学科建设成为重点学科和优势学科。二是加强哲学社会科学学科体系建设。优化学科布局，着力打造一批具有较强原创能力的基础学科、一批立足对策研究的应用型学科、一批立足学术前沿的新兴学科，为我国哲学社会科学发展奠定坚实的学科基础。三是实施高校思想政治理论课创新体系建设计划。修订完善思想政治理论课建设标准，及时修订教材和教学大纲，制定实施教学质量评价体系。全面实施思政课教师队伍培养规划，组织好骨干教师研修班、择优资助项目。四是深入推进马克思主义理论研究和建设工程重点教材的编写和推广使用。完善我部牵头的教材编写的组织、审议和保障机制，加快马克思主义理论研究和建设工程教材编写进度。对新出版马克思主义理论研究和建设工程教材任课教师开展高质量全员培训。把马克思主义理论研究和建设工程教材作为国家级重点规划教材纳入培养方案和教学计划，切实推进教材在高校的统一使用。

其次，深入实施哲学社会科学繁荣计划，提升高校创新能力和服务水平。大力推动理论创新、方法创新、组织形式创新，全面提升科学研究、人才培养、社会服务、文化传承创新的能力和水平，到2020年，基本建成高校哲学社会科学创新体系。一是深化中国特色社会主义和中国梦的研究宣传。设立中国特色社会主义理论体系研究、中国梦研究专项课题；开展“理论名家社会行”“高校名师大讲堂”等活动；组织编写群众喜闻乐见、通俗易懂的理论文章和普及读物，阐释宣传中国特色社会主义道路、理论体系、制度。二是大力开展重大理论和现实问题的研究。围绕“五位一体”总布局和“四化同步”新要求，确立一批重大选题，启动社科研究中长期重大专项，继续实施社科发展报告项目，组织多学科联合攻关，力争在一些关键性问题上实现突破。三是实施中国特色新型高校智库建设推进计划。凝练主攻方向，整合优质资源，以提升创新能力为核心，培育和认定一批“2011协同创新中心”；实行“有进有退、优胜劣汰”的动态管理，推动人文社科重点研究基地整体上向问题导向转型，打造高校智库品牌。四是推动科研方法和组织形式创新。重点建设一批社会调查、统计分析、案例集成专题数据库和以模拟仿真、实验计算研究为手段的社会科学实验室。强化高校之间、高校内部、高校与政府部门和其他科研机构的深度合作。推进人事制度和科研评价改革，建立以服务国家为导向、以实质性贡献为标准的评价和激励机制。

最后，实施高校哲学社会科学“走出去”计划，扩大中国学术的国际影响力。坚持“走出去”和“请进来”相结合，有计划有步骤有层次地推动“走出去”，促进中外人文交流，增进国际理解，提升国际话语权。一是加强国际问题研究。围绕金融危机、网络安全、资源环境、反恐维和等全球性问题以及国别与区域问题，形成布局合理、覆盖全面的高校国际问题研究体系。二是加强高校与国外知名高校和智库的交流。积极回应国际学术界对我国的关切，增进对中国的了解和认识。建立海外中国学术研究中心。鼓励高校参与和设立国际学术组织、举办创办高端国际学术会议。注重发挥全球400多所孔子学院和600多个孔子课堂的作用，扩大我国在世界上的影响。三是支持高校社科工作者“走出去”。开展国际高端学术人才、中青年学术骨干等出国出境培训选派，推荐知名学者在国际组织任职。支持高校学者积极参与和推动国际学术组织有关政策、规则、标准的研究和制定。四是推动优秀学术成果“走出去”。翻译出版一批知名学者的代表著作；建设一批具有国际影响的外文学术期刊；重点扶植建设一批高校外文学术网站。

哲学社会科学话语体系建设是一项艰巨的任务，形势逼人，任务紧迫。我们要按照党中央的决策部署，迅速行动起来，统筹高校各方力量，做出我们应有的贡献。

提高中国话语体系的科学化大众化国际化水平*

李忠杰**

自古以来，中国就有自己的一整套话语体系。近现代以来，随着社会历史的变迁，这种话语体系又在中国共产党的主导下，在长期革命、建设、改革的过程中，发生着有时激进、有时渐进的变化。到了今天，中国的话语体系，除了纯粹自然科学等方面的内容外，在政治经济、人文社会、价值观念，特别是作为其灵魂统领的意识形态方面，无疑已经成为当今世界一种非常独特的系统。它既在相当程度上与世界衔接，又在很多方面具有鲜明的特点。

今天，主导中国社会发展进程的，是中国特色社会主义的道路、理论和制度体系。所以，今天中国的话语体系，就其本质内容来说，也就是中国特色社会主义。

在话语体系上，当前要解决内外两个问题：一个是进一步解决广大人民群众对中国特色社会主义、对党的一系列方针政策的认同问题，一个是解决中国道路中国经验如何被国际社会更多地理解，并扩大中国在世界上的影响问题。前者关系到能否团结13亿人民继续共同奋斗的问题，后者关系到能否继续为中国的发展创造一个更好的国际环境的问题。

这样的问题，当然首先是体现在实践上，但同时也表现在一定的话语体系上。实践是本质、是内容。话语体系是表现、是形式。但两者又有着紧密的联系，话语体系不可能决定实质内容，但它却是实质内容的反映，也是实质内容是否广为普及、是否深入人心、是否得到普遍赞同的晴雨表、

---

* 本文原刊于《人民论坛》2012年第12期。

** 李忠杰，中共中央党史研究室副主任，教授。

温度计。

应该肯定，当代中国的话语体系，在中国最广大人民群众中已经深入人心，在世界上也有着广泛的影响。对此，我们有充分的自信。但同时，也要看到，这种话语体系也面临着很多这样那样的挑战和考验。因此，除了继续推进中国特色社会主义伟大实践外，把话语体系这样的问题提炼出来，专门研究和探讨这种话语体系的传播、普及、接受、认同问题，也是很有意义的。

我认为，我们的话语体系要进一步获得最广大人民群众的认同，进一步扩大在世界上的影响，需要注意进一步提高中国话语体系的科学化、大众化、国际化水平这“三化”问题。

提高中国话语体系的科学化水平

为什么要提高中国话语体系的科学化水平？因为中国的实践是一个不断发展、与时俱进的过程。时代在进步，社会在进步，思想在进步，作为其表现形式的话语体系，当然也要进步。这种进步的实质，就是不断提高科学化水平。社会实践更加科学了，思想观念更加科学了，作为其表现形式的话语体系，当然也就要更加科学。

以十一届三中全会为标志，我们党和国家实现了伟大的历史转折。这种转折，体现在实践上，也体现在话语体系上。比如，包产到户、包干到户，物质利益、资本、雇工……这些曾经被打入另册的话语，堂堂正正进入了我们的主流话语体系。尤其突出的是，在改革开放实践的基础上，我们不断创造出了大量新的鲜活的话语。如，改革开放、联产承包责任制、社会主义市场经济、“三步走”战略、西部大开发、“三个代表”重要思想、科学发展观、和谐社会等。邓小平同志说：“改革开放以来，我们立的章程并不少，而且是全方位的。经济、政治、科技、教育、文化、军事、外交等各个方面都有明确的方针和政策，而且有准确的表述语言。”这样的表述语言，概而言之，就是在改革开放实践基础上产生的中国特色社会主义的话语体系。

到了今天，无疑，我们自己的话语体系，内容已经非常丰富，体系已经比较完整，其科学化水平当然毋庸置疑。但是，时代在继续进步，所以我们也面临着一个继续不断提高话语体系科学化水平的任务。

这种话语体系的科学化，我认为应该做到：话语内容科学化，话语形式科学化，具体话语科学化，话语结构科学化等。

近年来，我们大力建设和传播社会主义核心价值体系，取得了突出的成绩。现在，又进一步提出了提炼社会主义核心价值观的任务。如何提炼？从科学化角度来说，这里面就有很多问题需要研究。比如说，我们是不是首先要把几个基本概念搞清楚？核心价值、核心价值观、核心价值体系，这三个概念，既有联系，但又有差别。核心价值，是价值观中最重要、最核心的内容，一般用几个语词来概括；核心价值观，是由核心价值引发出的一系列重要的判断、命题，它表达的是一种陈述、一种观点，形式上是一个个相对独立的语句；进而，核心价值体系，它是一系列成套的理论主张、观点的综合，是内容比较丰富、结构比较规整、联系比较紧密的理论体系。三个概念，依次递进，逐步扩大。我们所要提炼的，实际上不可能是核心价值体系。因为我们现有的体系已经非常庞大，不可能再从这个体系中提炼出什么新的体系来。当然，我们所要提炼的，至少暂时也不可能是核心价值观。因为核心价值观是很多相对独立又相互联系的语言陈述。尽管我们在中国特色社会主义问题上已经形成了很多重要陈述，但到底哪些是最重要的、哪些是次重要的、哪些可以归入“核心”之列，一时很难罗列或区分清楚。提炼这样的很多语句，大概也不是提出提炼核心价值观这一任务的初衷。实际上，现在大家正在把注意力集中在若干语词上，而这种语词，恰恰不是核心价值“观”，而是核心价值。所以，我们需要并且能够提炼的，既不是核心价值体系，也不是核心价值观，而只能是核心价值。如果概念没有搞清楚，就会文不对题，提炼就成了很大的问题。这就启示我们，在话语体系的科学化问题上，我们还要下很大的功夫。

再比如，我们在网络上可以看见很多低俗的语言，尤其是骂人现象，凡是有不同意见就骂。这种语言现象，是科学和文明的吗？是符合和体现中华文明优良传统的吗？看到这种低俗语言流行，我们非常痛心。中华民族的文明应该表现在各个方面，最低程度要表现在语言的文明上。要尽快在网络上消除一切骂人的语言。这，也是一种在话语体系方面需要科学化的地方。

提高中国话语体系的大众化水平

为什么要提出话语体系大众化的问题？从根本上来说，语言是人民大众在实际生活中创造的。但是，这只是从根本上、从最终源泉上来说。

当代中国的话语体系，根本上来自于实践和群众，但作为国家政权组织者领导者的党和政府，对这种语言也做了大量提炼、加工、改造、制作的工作。但所有这种话语体系，都还必须回到实践中、回到群众中去，为群众所接受，在群众中流传，对社会实践发挥它应有的作用。于是，它不可避免地要经过一次再加工、再制作的过程。这就是大众化的过程。中国化的马克思主义需要大众化，当代中国的话语体系也要大众化。

那么，如何实现这种话语体系的大众化呢？这种大众化包含些什么内容、要注意些什么问题呢？我认为，主要应处理好四个关系。

第一，要正确处理书面语言与口头语言的关系。我们的主流话语，大都由一系列严谨规范的书面语言构成。成型的主流话语当然应该以书面语言为基础和范本，保持它的统一性和规范性。但是，在实际生活中，老百姓更习惯于接受和传播的，恰恰又是口头语言。与书面语言相比较，口语更亲切、更鲜活、更能打动人心，也更能广泛传播。因此，我们固然要尊重书面语言，但是，为了得到人民群众认可并使之广泛传播，一定要善于将书面语言转化为日常口语。用口语来转述书面语言，用口语来传播书面道理。事实上，我们党和国家已经创造了很多丰富生动的口头语言，如，摸着石头过河、不管白猫黑猫逮着老鼠就是好猫、发展是硬道理、改革开放是决定中国命运的一招等，都可以说非常生动、非常鲜明，易记、易懂、易传，富有生命力。

第二，要正确处理官方语言与群众语言的关系。官方语言，经过加工提炼，无论从其内容，还是形式，一般来说，都是比较规范、严谨和精准的。官方语言与群众语言有着密切的关系。很多官方语言来自于群众语言。经过提炼以后，更加科学，有的还更加生动，再转化为群众语言，不仅能指导实践，而且还很受群众欢迎。但是在实际生活中，我们也发现，这两种语言之间有时也会有一定的距离。有些人不相信、不认同官方语言，有的甚至嘲笑和抵制官方语言。这种状况令人忧虑。因此，必须认真研究造成这种状况的原因，正确处理官方语言与群众语言的关系，采取切实有效的措施缩小两种语言之间的距离。办法可以有很多，但我认为关键是要抓住一个“理”字，用“理”字作桥梁，加强两种语言的对接、沟通和交融。

第三，要正确处理规范语言与多元话语的关系。我们的主流话语是规范的、精准的。但是人类思想的丰富性，必然造成话语的多元化。当今日益多元的社会，铺垫了话语多元化的社会基础，而网络、手机、微博等新兴媒体的出现，则为话语多元化提供了绝佳的平台。因而，当今社会，除了主流话语外，已然出现了越来越多的亚话语、俗话语、逆话语、反话语，甚至恶话语。因此，如何处理好规范语言与多元话语的关系，引导其他多元话语向健康话语发展，就成为一个重要的课题。一个社会，冀图在话语体系上整齐划一是不现实的。越是有活力的社会，话语多元化就可能越为突出。但是，任何社会都有主流话语，也都要发挥主流话语的主导和引导作用，不能任由多元话语朝畸形方向发展。所以，我们一定要认真研究规范语言与多元话语的关系，特别是要对各种非主流话语进行具体辩证的分析，有的放矢做好规范化工作。坚持主流，引导大众；鼓励创新，消除低俗；善待差异，加强规范；建设文明，推动进步。

第四，要正确处理传统语言与时尚语言的关系。话语体系是一种自然演进的过程，必然会通过一代一代的传承，形成比较基础的、规范的话语体系。但是，时代在变，观念在变，实际生活中就会不断出现各种时尚的语言。特别是新兴媒体的出现，微博、网络的广泛使用，使得各种时尚化的语言大量涌现，甚至到了目不暇接、日日翻新的程度。为什么会出现这些语言呢？原因很多。比如，为了在网上交流方便、快捷，有心人便罔顾语言规范，随意加以简化、指代，生造出了很多不规范的时尚语言。这种语言，有的很快就被淘汰了。但有的，却可能在某种从众心理的驱使下，被越来越多的人使用和认可。习惯成自然，不承认也不行了。这种时尚语言，还常常与多元话语、群众语言、口头语言结合在一起，受到很多年轻人的喜好。因此，不仅向传统话语，也向官方话语、主流话语提出了严峻的挑战。所以，我们既要善于使用传统语言，又要对时尚语言加以引导；既要保持话语体系的纯洁性、规范性，又要注意向时尚语言学习，促进主流话语的创新和发展。

提高中国话语体系的国际化水平

中国的语言文字，相对于其他国家的语言文字，比如说英语、俄语、法语、西班牙语等，天然地形成为一种独特的语言系统。更由于实际生活、文化观念和历史进程的差异，中国话语体系已经成为当今世界非常独特的一种话语体系。

但经过30多年的改革开放，中国同世界的关系发生了历史性变化，中国在国际上的地位和影响力大幅度提高，外部世界对中国的关注度也大幅度提高。面对中国的发展乃至崛起，国际社会酸甜苦辣，五味杂陈。各种摩擦不时发生，各种关系有待调节。中国需要以新的态势、新的战略和新的方式在世界上展开博弈，同时，也需要以更大的努力向世界说明中国，将良好的中国形象展现在国际社会面前。因此，中国必须以更大的努力加强与世界的沟通和交流。

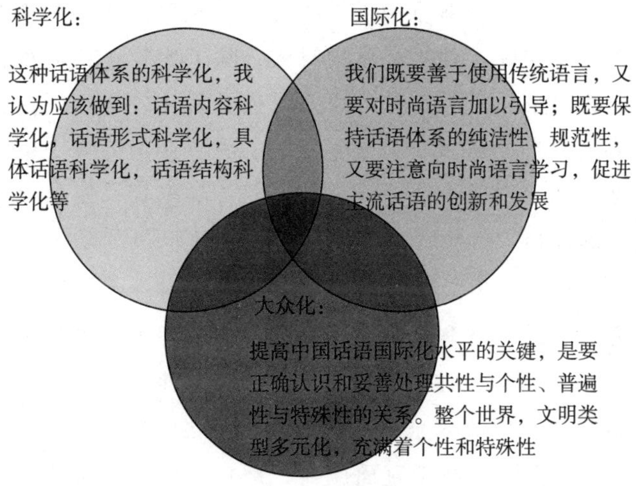

这些年来，我经常以不同的方式与外国的政要、智库等进行交流。深感外部世界对中国的发展成就感到震惊，迫切希望知道中国奇迹发生的原因，因而对中国的兴趣日益浓厚。其中有些人对中国的制度和政策颇为不解，对中国的未来抱持怀疑态度。对此，我们要通过坦率的交流，把我们事情的真相、成功的原因、未来的前景等告诉他们。发展中国家的政要、客人则一般都希望向中国学习，想了解中国的具体做法和经验。对此，我们就要有的放矢地介绍中国的实际状况和有关体会和经验，供他们研究参考。

在国际交流日益增多的情况下，提高中国话语的国际化水平，就成为一项非常紧迫的任务。简单地说，就是要加强中国话语的对外传播，通过内容和形式一定程度的转换，用外国人能够听得懂、听得进的语言，讲述中国故事，介绍中国现实，解释中国原因，展示中国形象，从而使他们增加对中国的了解、理解和赞同，使中国理念在世界上得到更大传播，使中国形象在世界上更加亲和。

提高中国话语国际化水平的关键，是要正确认识和妥善处理共性与个性、普遍性与特殊性的关系。整个世界，文明类型多元化，充满着个性和特殊性。但是，在所有的个性和特殊性当中，又必然包含着某种程度的共性和普遍性。因此，在国际性的交流中，就要善于以双方都认可的共性为基础，将独有的中国话语转化为具有一定共性的通用语言，来阐述双方关心的一个个特殊的事实，在交流中加深理解，扩大共识，增进友谊，推进合作。

据此，在交流的方式上，就要注意研究外国人的思维方式和习惯爱好，贴近外国人的实际，改进双方沟通的渠道，转换对外讲述的语言，拉近相互认知的距离。比如说，对外交流的时候，除了比较正式的场合，一般不要念稿子。一念稿子，照本宣科，给人的感觉就比较生硬了。要善于把坚定的原则包裹上柔和的语言。在基本立场、方针政策问题上坚定不移，但使用的语言要柔和、亲切，给人以坦诚、友善的感觉，使对方在不知不觉中受到感染。在演说、讲解、交流的时候，不能尽说一些干巴巴的文件语言，要尽可能口语化、生活化，因地制宜结合当时场景加以发挥阐释，增强交流的形象性、趣味性和幽默感。我们中国人习惯讲大道理，但是外国人更喜欢听故事。所以，在交流中，要善于讲故事、讲事例、讲实际，娓娓道来，自然得体。用故事来让他们体会、感悟、理解。对他们关心和提出的问题，不要回避。要敢于直面应对，理直气壮地做出我们科学、准确的回答。这类方式方法，还有很多，都是我们在对外交流中需要注意的。通过不断改进，中国话语的国际化水平就能不断提高，对外交流的效果也会变得越来越好。

立足中国实践　创新中国话语[*]

尹汉宁[**]

立足中国实践，推动理论创新，加强话语体系建设，必须准确把握好“理论与实际”“问题意识与问题导向”“立足点与开放性”“学理支撑与理论创新”“中国实践与中国话语”等重大问题，切实把思想方法搞对头。

一　关于理论与实际

理论联系实际是马克思主义基本原则。但是，抽象地讲理论联系实际，或者仅仅停留于口头或口号上，是没有任何意义的。

第一，我们要回答用什么“理论”联系实际。

列宁说过：“没有革命的理论，就不会有革命的运动。”① 毛泽东同志在1920年11月25日给罗章龙的信中写道：“没有主义，是造不成空气的。”“主义譬如一面旗子，旗子立起了，大家才有所指望，才知所趋赴。”② 习近平总书记在党的十八届三中全会讲话中指出：“理论创新对实践创新具有重大先导作用，全面深化改革必须以理论创新为先导。”我们所说的理论，当然是马克思主义的立场、观点、方法和马克思主义中国化的最新成果。这是因为马克思主义是科学，它揭示了人类社会发展的规律；马克思主义中国化的最新成果，是符合当代中国实际的科学理论。

第二，要回答联系什么“实际”。

如果我们真正深入到现实社会发展进程中去，那么，呈现在我们面前

---

* 本文原刊于《红旗文稿》2014年第12期。

** 尹汉宁，中共湖北省委常委，宣传部长。

① 《列宁全集》第6卷，人民出版社，1986，第23页。

② 《毛泽东早期文稿（1912年6月～1920年11月）》，湖南人民出版社，2008。

的“实际”，往往是一个个具体的、现实的问题，“实际”因问题而鲜活、而丰富，实际因问题而不再抽象和空洞。因此，所谓联系实际，就应该是联系实际中的问题，包括生产生活中和思想上迫切需要解决的问题。比如，涉及群众切身利益的民生问题，事关全局的重大问题，社会普遍关注的突出问题，不断涌现的新情况新问题，以及前瞻性战略问题等。

第三，要回答如何“联系”实际。

一方面，要用理论指导实际，不断解决实际中涌现出来的问题；另一方面，要在实际中验证和发展理论，在回应和解决问题的过程中推动理论创新。理论联系实际表现为以问题为导向的互动关系和矛盾运动。解决的问题越多，回应的问题越有力，理论便越丰富、越深刻，从而对实践的指导就越有针对性，越有效。

二 关于问题意识与问题导向

马克思说：“问题就是公开的、无畏的、左右一切个人的时代声音。”[①] 公元前，楚国人屈原写下《天问》，全文自始至终以问句构成，对天、地、自然，对社会、历史、人生提出了173个问题，发出了人类从神学和混沌中走出来的时代声音。1919年9月，青年毛泽东发表《问题研究会章程》，列举了当时中国需要研究解决的71项、144个问题。他正是在发现问题、直面问题、研究问题的过程中，不断觉醒，最终在“种种主义”中选择了马克思主义。接着他又运用马克思主义立场、观点、方法，从研究农民问题入手，发表了《湖南农民运动考察报告》等著作，回答了中国革命的性质、动力、前途等重大问题，实现了马克思主义中国化的重大飞跃。在随后发表的《中国革命与中国共产党》《新民主主义论》《论联合政府》等著作中，毛泽东又回答了夺取革命胜利、建立社会主义制度等一系列重大问题。在《论十大关系》和读《苏联政治经济学教科书》的谈话中，他又提出了马克思主义与中国实际二次结合的问题。邓小平同志对推进改革开放、走中国特色社会主义道路的抉择，也是因问题而起，与问题相伴，在解决问题中形成的。习近平总书记深刻指出：“我们中国共产党人干革命、搞建

① 《马克思恩格斯全集》第40卷，人民出版社，2008，第289～290页。

设、抓改革，从来都是为了解决中国的现实问题。可以说，改革是由问题倒逼而产生，又在不断解决问题中得以深化。”

问题是客观存在，问题本身并不可怕，怕的是缺乏问题意识。善于发现问题、敢于面对问题、勇于解决问题，说到底是一种勇气和担当。不敢正视问题甚至回避矛盾、掩盖问题，实际上是一种与时代不符的退缩与逃避。从学术研究的角度看，强烈的问题意识，是马克思主义学风的体现，是理论工作者责任与担当的体现，也是把握学术研究、学术创新内在规律的体现。

坚持问题导向，是推动实践和理论创新的科学方法和正确路径。实践发展永无止境，矛盾运动永无止境，旧的问题解决了，新的问题又会产生，人类在发现问题、解决问题中前进。问题导向永远是理论工作和理论创新的原动力。

三　关于立足点与开放性

从中国的实际出发，直面中国的问题，走符合中国实际的道路，是我们的出发点、立足点。邓小平同志说过：“中国的事情要按照中国的情况来办，要依靠中国人自己的力量来办。独立自主，自力更生，无论过去、现在和将来，都是我们的立足点。”① 习近平总书记说：“鞋子合不合脚只有穿了才知道”，说的也是这个道理。因此，我们所需要的理论，必然是回应和解决中国问题的理论；我们所进行的理论创新，也必然以回应和解决中国问题为立足点；我们衡量理论的好坏优劣，也必然以其回应和解决中国问题的程度、力度、深度为标准。

当然，强调立足中国实际，绝不是关起门来封闭保守。中华民族是一个善于学习的民族，中国共产党是一个学习型政党。改革开放30多年的中国实践，就是敞开胸怀，放眼世界，博采众长，为我所用的生动体现。在经济全球化背景下，“中国实践”“中国问题”不可能是孤立的、隔绝的，中国是世界的一部分，与世界发生着广泛联系。我们必须以开放的姿态，睁眼看世界，敏锐把握世界上出现的新事物新情况，把握各国应对各种问

① 《邓小平文选》第3卷，人民出版社，1993，第3页。

题的新思想新做法，学习借鉴人类文明的一切有益成果，借此追赶乃至引领潮流。但是，开放是以中国实际为立足点的开放，我们了解和学习世界的目的，是为了更好地发展我们自己，而不是否定自己，迷失自我。最近，梁鹤年先生在《西方文明的文化基因》一书中提出：在搞清楚“洋为中用”之前，首先要搞清楚“洋为洋用”是怎么一回事。他说中国人穿洋服往往觉得袖子长，但洋服既是来自发达国家，袖子怎会过长？只恨自己的手太短！于是千方百计把自己的手拉长。如果是为时髦，吃点苦也还值得。但如果是为求实用，就要明白洋人的身材与自己有别。先搞清楚“洋为洋用”，再来谈“洋为中用”。①

四　关于学理支撑与理论创新

学术界往往从服务实际的社会责任感出发，强调“学理支撑”。然而，何为“学理支撑”，需要科学把握。至少不能把学理支撑简单地理解为与现有学术流派直接挂钩，挂得上的就有了学理支撑，挂不上的就叫缺乏学理支撑。关于“学理”，有人定义为“科学上的原理和法则”。实际上，所谓“学理”，就是看其是否具有科学性和规律性，学理支撑就是科学性证明和规律性认识。面对新的实践探索，我们可以运用已有的理论进行科学性证明或评估，也可以运用新的实践探索形成新的规律性认识，丰富和创新理论。前者是学理支撑，后者也是学理支撑。

现在有一种方法或视角上的误区，认为西方理论才是正统的，简单地照抄照搬西方的概念范畴和理论体系，对中国实践评头论足，还自以为掌握了真理，找到了学理支撑！比如，现在对民主问题的分析，大都是用西方资产阶级的政治学理论和政治制度作为标准的。又如“工业化阶段”的说法，也有简单化套用的问题。当年西方的发展经济学要解决的是二战以后独立国家怎样实现工业化的问题，如刘易斯研究了拉美案例。还有德国人霍夫曼 20 世纪 30 年代出版的《工业化的阶段和类型》，提出了著名的霍夫曼定理。但现在国际经济贸易格局发生了深刻变化，80% 以上的国际资本

① 梁鹤年：《西方文明的文化基因》，生活·读书·新知三联书店，2014，第 5 页。

流动、80%以上的国际贸易发生在跨国公司的内部，国际分工在很大程度上体现为跨国公司内部生产链条、生产环节在不同国家和地区的分工。这个时候仍然把发展经济学、霍夫曼定理作为标尺来分析一个国家、一个地方的工业化处于什么阶段，显然是不够的。

学理支撑的实质是把握事物的规律性。当某种现成理论不能为新情况新问题提供说明的时候，正是需要我们认识和探究事物规律的时候，也正是在这个时候，某种理论创新的重大机遇就摆在我们面前。我们应该抓住这个机遇，勇于突破固有的理论教条，在回应和解决实际问题的过程中，形成新的规律性认识，实现理论创新基础上的学理支撑。

五　关于中国实践与中国话语

长期以来，文化的弱势心理和话语表达的消极被动困扰着中国与西方世界的沟通交流。而西方某些国家在推销他们的价值观时，往往会包装在比较容易接受的中性概念当中，构造出“话语陷阱”。当你使用这些概念时，就自觉不自觉地接受了它；当你对这些概念做出评论甚至揭示其内涵与实质时，就会被指责为跟不上时代。避免“话语陷阱”的当务之急，既要有分析地运用外来概念，更要探索形成我们自己的话语框架、内涵和表达方式，建立中国特色的话语体系。

第一，我们要有中国话语的自信。

汉字是世界上唯一活着的象形文字，具有内涵、张力和表意优势。中国话语体系应该是与中国文字、中国文化、中国的历史与现实相联系，为中国服务、让中国人听得懂的表述体系。我们非常熟悉的言说方式要这样，探索中外融通的新概念、新表达，也要这样。

第二，我们应该有中国实践的自信。

经过新中国成立以来特别是改革开放30多年的努力，中国实践、中国奇迹举世瞩目。中国实践是中国理论创新的沃土、富矿，也是中国理论、中国话语的自信之源。对此，现在国外的有识之士都有研究的热情，“中国模式”“中国现象”已成为国外学界的热门话题，我们更应该投身其中。关于中国实践、中国道路，中国人最有资格讲，也只有中国人才能讲清楚，中国学界应该有这种担当和能力。

第三，我们要有掌握话语权的自信。

所谓话语权主要体现在两个方面：一是传播优势条件下的主导权，也就是先声夺人；二是定义权，即权威发布和解读。目前在国际传播格局中，我们要改变西强我弱的态势，创造条件形成传播优势，同时更重要的是掌握定义的主导权，体现定义的权威性。要下决心解决“有理说不出，说了传不开”的问题。无论是在国内思想舆论引领方面，还是在对外传播方面，都要注重“论理”“陈情”“讲故事”，占有道义高度和说服力优势，体现说理基础上的科学性和坚定性。

立足中国实践，创新中国话语，能够产生伟大的理论、产生理论大家。这一点，前辈学人已经给出了答案。这里举两个湖北人的例子。一个是张培刚先生。西方把张培刚先生作为发展经济学的奠基人，张培刚先生是最早研究中国这样一些后发展国家的工业化问题的，1946 年他在美国哈佛大学的博士学位论文《农业与工业化》获得了大卫·威尔士奖，比刘易斯的代表作《劳动无限供给条件下的经济发展》《经济增长理论》要早 9 ~ 10 年。张培刚先生将交易费用与组织分开，也比英国经济学家科斯 1960 年发表的《社会成本问题》（诺贝尔奖的“科斯定理”）早。另外一位是王亚南先生。他认为经济科学是一门实践的科学，应该面对中国的实际，“应站在中国人的立场上来研究经济”。他主张建立“中国经济学”学科，并最早开设“中国半封建半殖民地经济”课程。其代表作之一的《中国经济原论》（《中国半封建半殖民地经济形态》），被学术界誉为“一部中国的《资本论》”。这两位先生在中华民族处于苦难的岁月中，学贯中西，尚且能够从中国实际出发，形成重要的理论成果，我们这些处在实现中华民族伟大复兴征程中的后学，更加有条件从中国的成功实践出发，在理论创新上有所作为。

我们之所以现在还不够自信，根本原因在于我们对中国实践、中国问题还关注不够、了解不够、总结不够。社科理论工作者只有深入火热的社会实践中，在实践中汲取理论滋养、获取理论创新的动力，才能在实践中增强理论自信。

中国的崛起必然会发出中国的声音。我们应该有底气说话，理直气壮地讲清我们的道理。善于用“中国话语”讲述“中国故事”，用“中国理论”解释“中国实践”，回答“中国问题”。身处这样一个伟大的时代，一定能够产生具有世界影响的中国理论，也一定能够产生影响深远的中国理论大家！

构建具有中国特色的哲学社会科学学术话语体系*

韩喜平**

创造性地使用本民族的语言，运用中国特色的理论话语系统来表达中国特色社会主义和民族复兴的理想图景，以凝聚民心，共同奋斗，是当代中国哲学社会科学所必须面对的重大问题。积极构建中国哲学社会科学学术话语体系，应该从以下几方面着手。

一　坚持正确的建构方向，用马克思主义指导中国哲学社会科学话语体系建设

语言在本质上是实践的，它不仅仅是对客观世界的描述和主观意向的表达，也支配着人们的行为。语言的实践性源于其中的价值意向和行动指向，哲学社会科学的学术话语更是具有引领文化发展的作用。

马克思主义应当是当代中国学术话语体系的内核。不能否认学术话语的历史传承，但更不能忽视它的现实的和大众的根基。新中国成立以来，随着社会主义实践的展开与马克思主义教育宣传的普及，马克思主义话语早已为中国大众所熟知，“生产力”“生产关系”“资本主义”“社会主义”“共产主义”等已经成为当代中国大众解释与评价社会历史的基本概念，马克思主义已经成为中国文化的组成部分和话语建构的指导思想。改革开放以来不断形成与发展的中国特色社会主义理论、道路与实践更是把马克思主义的发展推向了一个全新的阶段，“中国特色社会主义”、“三个代表”重

* 本文原刊于《红旗文稿》2014 年第 22 期。

** 韩喜平，吉林大学马克思主义学院院长，教授。

要思想、“科学发展观”、“和谐社会”、“中国梦”等新概念新话语正在显示着强大的实践力量。这些语言是当代中国学术话语的现实基础。

马克思主义是实践性的理论，只有内在于劳动人民的实践创造，成为现实的思维方式、实践方式、说话方式和生活方式才能发挥作用。马克思主义追求科学力量与道义力量的完美结合，从不把既成的理论当作僵死的教条，而是本着从实际出发，与时俱进的原则，探索符合现实需要、解决现实问题的相对的绝对真理。综观马克思主义话语发展史，我们可以看到马克思主义核心话语的转换，从马克思、恩格斯的“实践的唯物主义”“剩余价值”“共产主义”，到列宁的“帝国主义”“一国胜利”“无产阶级专政”，再到毛泽东的“半殖民地半封建社会”“工农武装割据”“新民主主义”，邓小平的“和平与发展”“改革开放”“市场经济”等，不同的核心话语，表达着不同的时代主题和不同的问题领域，从而满足不同的实践要求，进而生成不断发展着的马克思主义。所以，马克思主义是具体的、不断创造的，坚持马克思主义的本义从来不是用“死人抓住活人”（马克思语），而是发展马克思主义，推进马克思主义的时代化，坚持马克思主义的学术观和理论观，就是要创造出符合时代发展需要、符合大众需要的理论话语体系。

当代中国的学术话语体系，作为中国社会科学发展的内在环节，应当是用马克思主义作为指导思想，以概念、逻辑的方式表达当代中国人民自我发展的意愿，按照学理的逻辑来表达中国特色社会主义实践的内在要求，从而建立起源于现实实践又高于现实实践的学术话语体系，为中国经济社会的发展和人民幸福生活的追求发挥先导性作用。

改革开放 30 多年来，随着中国经济社会的发展，中国的现实话语也在发生着重大的变化，呈现出复杂的结构，公平与效率、自由与平等、经济与环境、民主与民生、一元与多元等悖论性话语的同在是今天的事实，人们对于作为当代中国经济社会发展的指导思想的中国特色社会主义理论也有着多元的理解与评判。这使得在新的历史条件下坚持与发展马克思主义的任务更为重要与紧迫。哲学社会科学的一个重大任务就是建立与中国特色实践相适应的中国特色理论话语体系，以概念体系的方式总结中国特色社会主义的实践经验，展示当代中国人在社会生活各层次各领域中对历史现实和未来的理解、对人与人关系的理解、对人自身的理解，从而为调整和控制中国经济社会发展的方向和进程提供重要的理论参考和依据。

在以实践性为本质特征的马克思主义语境中，理论、学术话语无论是内容还是形式都要以大众话语为基础。大众话语直接源于生活，蕴含着大众经验和智慧的丰厚积累，理论话语从大众话语中来，还要回到大众话语中去。如果说马克思主义中国化的过程是用中国的语言把马克思主义的立场、观点和方法与中国的实践相结合，从而建构中国经济社会发展的理想图景，那么，马克思主义大众化过程就是借助大众自己的语言把他们朴素的生活态度升华到马克思主义理论的高度。学术语言的大众化，主要不是指学术语言的普及或通俗性翻译，而是指学术语言本身就具有大众化的形式与内容。即是说，学术语言的大众化，不仅仅在于表现形式的通俗化，更重要的在于政治立场和思想感情的大众化。这也就要求学术语言的时代性、人民性、通俗性，真正能够关注大众需求，回应大众关切，解答大众困惑。

当下，我们可以直观地感受到三种话语体系：总揽性指导性的政策话语；深奥晦涩的书斋话语；歧义多元、通俗也容易庸俗的百姓话语。如果在马克思主义的水平上理解马克思主义的学术话语，那么，就要求整合三种话语体系，讲述“中国老百姓自己的故事”，即政策语言理论化、学术语言生活化、百姓语言规范化，把学术语言塑造为言之有物的实话、言之有据的真话、言之有理的新话，让人民群众喜欢听、听得懂，记得牢、用得上。

当今世界正处于大发展、大变革、大调整时期，各种社会思潮相互碰撞，各种话语体系都在争夺市场。事实上，多年来我们在不断向世界学习的过程中，在思想理论建构的语言风格上也深深受到其影响。这些影响有积极的、推动发展的，但也有消极的，甚至存在西方敌对势力打着学术推广的旗号，不知不觉渗透他们的价值观。对此，我们必须保持清醒的头脑，揭露其中所包含的虚伪的言论和反动的立场，从而澄清问题的实质。用中国理论、中国话语回应国际社会的关切、质疑，化解西方学术界对于中国化马克思主义的误解或曲解，反击西方敌对势力对中国思想理论乃至意识形态的挑衅。坚定马克思主义理论的信念，用中国哲学社会科学的话语体系来传播中国特色社会主义理论，捍卫国家意识形态。

二　承继厚重的中华文化，让传统语言焕发活力

一个国家和民族的学术成长，是对本国本民族文化积淀的理论自觉，也是对传统文化思想史的延续，更是对传统语言的传承。但无论是文化的自觉，还是思想史的延续，都离不开语言和话语的实现方式。语言作为一种表达思想和价值观念的符号是相对稳定的，具有无法割断的历史连续性。古代的思想理论所以能够传承下来，根本的原因就在于语言的这种连续性。

对于构建当代中国学术话语体系来说，承继厚重的中华文化的原因之一就是因为传统语言自身所具有的优势。传统文化中语言折射出的深沉学术素养，如法国重农学派有着深受中国传统农业思想及其话语体系的影响。改革开放以来，西方的学术作品大量译介到中国，这对中国学术成长来说，一方面具有推动意义，另一方面也有其消极阻碍作用。传统语言的话语体系在一定程度上受到了强烈的冲击，出现“言必称西方”的倾向。然而，回顾中国传统学术语言的特质，不难发现它所具有的优势。

首先，中国传统学术语言注重对民族文化精神实质的把握与厘清、对传统文化理想的发挥，凝聚着古代优秀知识精英对世界、社会和人生的思考，具有明确的价值观念和深刻的理论内涵。它把中国的政治文化和伦理文化统一为一个整体的表达，是中国人现实的思维方式和理想的生活方式。这些思想理论早已经内化为中国人的意识并驻留在中国人心里。对于中国人来说，它不仅仅是遗产，更是在内心深处规定着当代中国人对于幸福生活的基本感受和理解。

其次，知行合一是中国传统学术语言的基本特质。中国传统学术语言更多地直接体现为行为方式和行为准则，体现为思想和思维方式，即理论与实践的统一、人格与学术的统一。这种统一决定了学术语言具有极强的实践性和普及性，甚至没有受过专门教育的普通百姓都可以掌握并运用其核心概念。

再次，传统学术语言具有生动的直观性。中国古代文化建立在智者的人生感悟基础之上，无论是《道德经》还是《论语》，其中的诸多观点都是在对人生的切身感悟的基础上产生的，这就摆脱了西方学术话语的符号化抽象特征。此外，传统语言的优势还表现在语言与生活世界的直接契合。

对于当代中国学术发展来说，语言与现实生活世界的契合是直接发生的，正如我们甚至无需对一个概念加以考据，就能够凭借生活世界的感悟和体验直接理解这一概念的本质一样。相反，对于西方语言的使用，就要在严格的词源学考据的基础上才是可能的。

最后，传统语言超越了西方因为逻辑分析所产生的语言和概念被“肢解”的破碎状况，是建立在生命观照之上的有机整体。因此，从这个意义上讲，传统语音彰显了语言的有限性和无限性的张力关系之下的完整意义。所谓“词不达意”“言不尽意”等都为语言的无限性留下了生命感悟的空间。

中国几千年文明的延续发展，有着多种的表面形态和发展阶段，但其基底样式和大众的文化心理结构则是相对稳定的，并且通过相对稳定的语言结构至今仍然在教化大众，有意无意地支配着中国大众的日常生活。当代中国学术话语体系的构造，不能忽视对中国传统学术语言的研究和继承。现代学术的中国表达具有双重的可能，从形式上说，人们通过语言所要表达的思想内容可能是相同的，但表述的方式则是具有民族文化个性和特征的。比如，我们称为“天道”，西方称为“逻各斯”；我们称为“体验”，西方称为“直观”；我们称为“内省”，西方称为“反思”等。这些概念上的对应关系，虽然不是完全严格的，但至少在表达同样道理的时候，我们可以拥有自己的表达方式。从内容上说，世界是语言中的世界，思想是语言中的思想，中国语言的逻辑也就是中国人的思想逻辑，只有中国的语言才能真实承载中国大众的世界观和思维方式，才能真正地决定或影响大众对于社会生活的一切态度和想法。用中国独特的语言类型和概念系统来表达中国人的生活和理想，才是中国学术语言形式与内容的真正统一。

三　讲述中国自己的故事，转变西方学术话语体系

中国的学术话语体系作为中国人独特的世界观、价值观、人生观与方法论，作为中国人自我发展追求自己理想生活的理论表达，从形式到内容都应当是具有民族特征的。具有民族性的学术话语，首先应当是对百姓日常话语的尊重，既与日常生活话语中的那些古老且又鲜活的价值内涵相一致，又反映着百姓的现实要求。其次应当以中国人为本，解决中国立场、

中国眼界中的问题。再次是总结提升中国经验，探索中国未来发展的种种可能。但同时我们也要注意到，学术话语不是现实或大众情感的直观描述，也不是“就事论事”的具体行为设计，它对现实和问题的把握必须站在普遍性和反思性的高度上，它的理论形态必须是概念的体系，它的问题、问题阐释及研究方式不仅来自于民族的文化与学术传统，更多地受益于人类思想文化的历史发展与当代知识的整体状况。

虽然中国文化的独特性和中国特色社会主义的原创性决定了中国实践与西方现代理论有着巨大的差别，但西方的现代学术话语又是我们必须借鉴的。改革开放以来，西方当代哲学社会科学成果大量传入国内，国内对于西方的学术也有了相当深入的了解和研究，这为推进中国学术话语体系建构提供了丰富的理论资源。但实际上，西方学术话语在中国有着三种境遇：其一，被当作与现实无关的纯粹知识体系来对待。一些学者以一种无立场的态度力图客观公正地对其展开研究。这种研究与中国现实无关，最终导致中国问题的学术构造与西方哲学社会科学理论研究的分裂。其二，有些人执着于学术研究与意识形态的机械统一，用政治语境限定学术语境，以意识形态为评价西方学术的唯一话语，往往满足于对其作简单化庸俗化的批判。其三，被当作普世性的现代“圣经”加以崇拜，被当作中国学术话语的样品和中国学术发展的理想。不少理论工作者严重脱离本土文化传统、历史基础和实践根基，无论是概念、理论、框架，还是研究方法、研究风格、问题领域、思维模式，都严重脱离了中国的现实语境，只会“照着说”。“照着说”的结果就是中国学者本应当具有的历史感、现实感和实践感再度流失，进而严重破坏了中国学者的创造性和创新性。

理论的适用性决定于一定的社会条件。在西方是适用的理论，不见得适用于中国。现代西方的学术话语是现代西方人的存在方式，它源于西方民族独特的精神与文化传统，围绕西方社会历史和现实的问题而建立起来，展示的是由西方的文化路径所决定的理想前景。历史和现实都在证明，生搬西方的学术话语，不仅不能解决中国的问题，反而会为中国的发展带来无穷的困惑与危机。西方学术话语的中国转换，目前应当注意以下问题。

其一，从历史演进来看，西方话语体系用于指导和解释 20 世纪 50 年代以来一系列新兴民族国家的发展时遭遇了严重的困境和挑战。第二次世界大战以后，非洲、拉丁美洲、南欧、亚洲的一些发展中国家，特别是 90

年代初以来，苏联、东欧等一系列僵化的社会主义国家体制崩溃后的转型国家，模仿西方国家发展道路，按照西方哲学社会科学的理论指引，使用西方话语体系，不仅未能实现迅速融入西方国家体系，而且陷入发展困境。历史实践反复证明，以西方欧美经验为主体而建构自己的话语体系，是不顾现实与国情，对西方哲学社会科学的理论与方法、对西方话语体系进行简单模仿甚至直接移植的做法，不能真正解决各个国家的特殊问题。

其二，在学术层次上回应西方对于当代中国理论与实践的歪曲和批判。近几年，有西方学者认为，中国的市场经济改革和外向型经济已经背离社会主义的根本方向，在造成国内两极分化的同时，也强化了区域间的竞争和压力，并引起不同国家工人之间的疏离和仇视，因而对于国际工人运动和世界社会主义实践是一种消极的力量。美国金融大鳄乔治·索罗斯把中国的经济组织形式称为“国家资本主义”，美国学者盖伊·索尔曼把中国特色社会主义理解为“中国特色的资本主义”，澳大利亚学者罗恩·卡利克把“中国模式”描述成这样一个较为简捷的公式，即“经济自由加上政治压制”。诸如此类的认识都要求我们以中国人的立场和生活体验为基础做出理论上的反击。

其三，西方现当代哲学社会科学的研究方法、研究视角、研究目标、研究对象、问题阐释方式呈现的多样性特征，形成复杂繁多的成果，极大地开阔了人们的理论视野，值得中国学术界认真对待。例如，中国人可能无法接受现代西方学术中精密细致烦琐的语言分析方法和理论阐释方式，但语义的敏感性训练是需要的；可以不同意西方环境伦理学的一切自然存在都具有内在价值的独断，但必须深入研究其所提出的对待环境的“不作恶”“不干涉”“忠诚”“补偿正义”等基本原则；可以不同意西方后现代主义理论的基本观点，但却需要高度关注差异性和特殊性，正视群体内部的矛盾冲突；可以批判实用主义的价值相对论，但必须认真对待其近年来所提出的建立开放的社会科学的构想；等等。在此，转换西方学术话语的目的在于推动中国学术的自我创造，从而使中国学术具有时代性水准与实践价值。

其四，当代西方哲学社会科学对于西方现实社会的批判以及人类未来发展的探索，未必具有全部的真理性，但有助于我们看清西方发展中存在的更深层次的问题，看清中国与世界的全面的复杂的关联，所以值得我们理智地对待。

中国学术话语体系建构的过程必然是哲学社会科学理论的创新过程。中国道路、中国理论、中国制度的原创性和独特性需要在哲学社会科学的原创性中展现出来。中国学术需要深切地表达中国价值观念的分量、思维成熟的程度和对人类社会探索实践的伟大创造，并以此构造自己的根基、灵魂和风格，形成自己的新观念、新范畴、新表述，从而在自立于世界学术之林的同时，真正提高我国的文化软实力和国际学术话语权，让世界了解中国，理解中国。

加强我国哲学社会科学话语体系建设的几个重要问题*

严书翰**

2013年8月20日，习近平总书记在全国宣传思想工作会议上明确提出：要着力打造融通中外的新概念、新范畴、新表述，讲好中国故事，传播好中国声音。① 这是对加强我国哲学社会科学话语体系建设（简称“话语体系建设”——笔者注）提出的更明确、更高的要求。我们要充分认识加强话语体系建设的重要性及艰巨性，扎扎实实地做好这方面的基础工作，正确处理三个重要关系，把我国哲学社会科学话语体系建设推向新的阶段。

一　加强我国哲学社会科学话语体系建设的重要性及艰巨性

思想是行动的先导。要做好加强我国哲学社会科学话语体系建设工作，首先对它的重要性要有深刻的认识。我们可以从国内和国外两个维度来认识这个问题。

首先，加强我国话语体系建设是巩固马克思主义在我国意识形态领域指导地位和巩固全党全国人民团结奋斗共同思想基础（简称“两个巩固”——笔者注）的必然要求。《中华人民共和国宪法》和《中国共产党章程》都以明确条文规定了马克思主义在我国意识形态领域的指导地位，但这并不表示，在“两个巩固”方面，我们就不需要做工作或者说就没有问

* 本文原刊于《党的文献》2014年第6期。

** 严书翰，中共中央党校教授。

① 《人民日报》2013年8月21日。

题了。其中很重要的，是如何使马克思主义内化于心。因为“两个巩固”的对象都是人，特别是青年、共产党员和领导干部。要让马克思主义内化于人心并不是一件轻而易举的事，需要有个过程和恰当的方法。所以，加强话语体系建设既是重要的，又是紧迫的。

需要指出的是，我们今天所说的马克思主义包括两大部分。一是经典马克思主义，主要是指由马克思、恩格斯创立并由列宁发展了的学说体系。二是中国化马克思主义。我们还应该看到，由于经典马克思主义有一套成熟的话语体系，所以它在世界各国的传播和发展过程中具有很大的影响力和吸引力。这可以从十月革命胜利后马克思主义传入中国，并对中国先进分子产生的巨大影响和吸引中清楚地看出来。马克思曾经说过：“理论一经掌握群众，也会变成物质力量。理论只要说服人，就能掌握群众；而理论只要彻底，就能说服人。”① 那什么样的理论才是彻底的理论？理论又是怎样掌握群众的？众所周知，理论所揭示的规律是通过话语体系来说服人的、来掌握群众的。这就启示我们：话语体系表面上似乎只是一个“说什么、怎么说”的问题，实际上涉及价值表达、思想影响和真理传播等重大问题。因此，话语体系建设对于我们党用中国化的马克思主义掌握群众是极其重要的。实事求是地说，目前我们的话语体系对于广大党员、干部，尤其是“80 后”“90 后”青年的影响力和吸引力是不足的。

其次，加强话语体系建设是增强我国国际话语权的迫切需要。当今世界处于大发展大变革大调整时期，各种思想文化交流交融交锋更加频繁。我们应该实事求是地看到，当前国际话语权较量的总体态势仍然是“西强我弱”。

160 多年前，《共产党宣言》的发表标志着马克思主义的诞生。那时，马克思主义或科学社会主义还只是一种思潮、流派，但欧洲反动势力就已经把它当作可怕的“幽灵”加以坚决反对。今天，马克思主义早已成为社会主义国家，特别是占世界人口 1/5 的社会主义中国的指导思想。在某些势力、某些人看来，马克思主义已经不只是“幽灵”，而是“洪水猛兽”了。从 20 世纪八九十年代东欧剧变后西方一些反共势力的弹冠相庆中，可以清楚地看出这种表现。今天，社会主义在历经 20 世纪八九十年代的强大冲击

① 《马克思恩格斯选集》第 1 卷，人民出版社，1995，第 9 页。

后已经稳住。中国特色社会主义正在不断发展，影响力正在不断扩大。但是我们应清醒地看到，在当前国际意识形态的交锋中，“西强我弱”态势并没有根本改变。在这样的背景下，我们往往是有理说不出，或者说了传不开。这种状况，与我们缺乏一套比较成熟的话语体系有密切关系。

问题的重要性往往决定了解决这个问题的艰巨性。正因为加强话语体系建设关系“两个巩固”，关系增强我国国际话语权，关系讲好中国故事、传播好中国声音，关系提高“三个自信”；而且话语体系建设是有其自身规律的，所以我们必须并且有可能做好话语体系建设工作。在这方面，可以研究的内容很多。比如，如何实现我们党的理论创新成果与我国哲学社会科学研究之间的融通转化；如何通过多学科、跨领域的协同研究，为把马克思主义中国化提供学理支撑等。这些问题并未解决，或者说才刚刚破题。

如上所述，我们从国内国外这两个维度论述了加强我国哲学社会科学话语体系建设的重要性及艰巨性，唯其重要、唯其艰巨，才需要我们付出巨大的努力去完成。

二　加强我国哲学社会科学话语体系建设的基础工作

虽然加强我国哲学社会科学话语体系建设不是现在才提出来的，但是，加强话语体系建设的最佳时期在当前。理论创新往往来源于实践发展。新中国成立以来，特别是改革开放以来，我们开创了中国特色社会主义道路，创造了世界上少有的发展奇迹。这些成功实践和伟大成就，是加强我国话语体系建设，并在世界上赢得话语权优势的丰富源泉。因此，对现有的哲学社会科学话语尤其是改革开放实践中涌现的原创性话语进行梳理和提炼是非常必要的。这不仅是加强我国话语体系建设的基础工作，其工作本身，也具有创新性。我们需要下大力气，扎扎实实地把这项工作落到实处。当然，我们目前已经着手做了一些工作，但还只是初步的，与时代和事业发展的要求，还有差距。要注意有效整合资源，要形成强大的合力，要将这些工作不断推向前进。

改革开放以来，与不断发展的社会主义现代化建设和经济社会变革相适应，许多原创性的特色话语先后涌现。“不管白猫黑猫、捉到老鼠就是好猫”“贫穷不是社会主义”“摸着石头过河”“两手抓、两手都要硬”“发展才是硬道理”等语句，不仅通俗易懂、生动鲜活，而且表达简练、富有哲理。可以说，它们是加强创新现有话语体系的宝贵资源。“经济特区”“一国两制”“共同富裕”等脍炙人口、广为流传的特定话语，也为加强我国话语体系建设打下了坚实的基础。

党的十八大后，以习近平同志为总书记的党中央提出实现中华民族伟大复兴中国梦的奋斗目标。实现中国梦，是当代中国实践的生动写照。围绕什么是中国梦、怎样实现中国梦，当代中国共产党人已经形成了一系列具有中国特点、中国风格、中国气派的原创新话语。如“中国梦是历史的、现实的、也是面向未来的”“国家好、民族好、大家才会好”“要把中国梦的内涵聚焦到国家富强、民族振兴、人民幸福上来”等。从这个意义上说，提出“中国梦”本身也正是话语体系的重大创新。

在梳理和提炼的基础上，我们可以把这些具有鲜明中国特色的原创话语划分为两类。

一类是党的文献语言与学科语言有机结合的话语。如“以人为本”“经济特区”“一国两制”“协商民主”“共同富裕”等。这些话语既是党的文献的关键词，又是哲学社会科学的学科话语。如“以人为本”，是西方人本主义哲学家100多年前就提出的话语，但中国共产党人在长期实践尤其是改革开放的实践中，逐步赋予了它全新的内涵，成为表达中国共产党性质和宗旨的文献语言。类似的，还有“为人民服务”“人民拥护不拥护、人民赞成不赞成、人民高兴不高兴、人民答应不答应”“始终代表最广大人民的根本利益”“科学发展观的核心是以人为本”“人民对美好生活的向往，就是我们的奋斗目标”等。我们完全可以把这类话语作为学科语言，甚至是哲学社会科学的重要范畴。

另一类是“接地气”的话语。除了前面提到的“不管白猫黑猫、捉到老鼠就是好猫”等人民群众喜闻乐见、通俗易懂的说法外，在习近平总书记系列重要讲话和十八大以来党的文献中，又出现了不少类似话语。比如，习近平总书记常用“要有天下为公的宽阔胸襟，摒弃私心杂念，夙夜在公、勤勉工作”来表达领导干部要有勠力复兴的历史担当；用“照镜子、正衣冠、洗洗澡、治治病”来表述开展群众路线教育实践活动的根本要求；用坚持“老虎”“苍蝇”一起打来表示有腐必反、有贪必肃的决心。再比如，用“小康不小康，关键看老乡”来表示“三农”问题是实现我国现代化目标的重中之重；用“不能政府一换届、规划就换届”来形象而又准确地指出以往我们在规划工作中的弊病和教训等。列宁曾经说过：真理是很朴实的。因此，我们决不能将这类“接地气”的朴实话语，简单地同无学理性画等号，而应该把包含在其中的哲理内涵揭示出来。

需要指出的是，当前的工作重点是要把实现中华民族伟大复兴中国梦作为核心思想和关键话语进行解读和运用，并把它有机地结合到相关哲学社会科学的学科中去。在这个过程中，既要揭示中国梦的丰富内涵和时代要求，又要运用相关学科的理论内容为中国梦的话语体系提供有力的学理支撑。这既是基础工作，也是艰巨的任务，需要理论工作者和实际工作者团结合作、一以贯之、久久为功，浮躁不得。

三　加强我国哲学社会科学话语体系建设需要正确处理三个关系

加强我国话语体系建设既是重要而紧迫的时代课题，又是一项长期的系统工程。这篇大文章虽然已经破题，但还有许多工作要做。总结以往经验，我们认为正确处理好以下三个关系，对于加强话语体系建设而言是十分重要的。

一是打造硬实力与提升软实力的关系。

当今世界各国的发展历史，特别是世纪之交一些大党大国的教训告诉我们：只有硬实力而缺少软实力，或硬实力与软实力不相匹配都是不行的。新中国成立 60 多年，尤其是改革开放 30 多年来，我国经济实力发生了历史性的巨变，从原先经济基础十分落后，发展成为今天的世界第二大经济体。经济力是硬实力的基础，在我国硬实力得到巨大发展的同时，我们也要不断提升与之相匹配的软实力。美国学者约瑟夫·奈认为，一个国家的软实力有三个来源：文化、政治价值和对外政策，文化是软实力来源的第一位。党的十一届三中全会以来，我们对文化的重要作用和巨大影响的认识越来越深化。党的十八大提出要扎实推进社会主义文化强国建设，也就是要不断提升我国文化软实力。习近平总书记指出，社会主义核心价值观是文化软实力的灵魂，是文化软实力建设的重点。[①] 加强我国哲学社会科学话语体系建设则是提升文化软实力的重要的内容。

二是扩大话语体系的国内影响力与增强国际话语权的关系。

加强我国话语体系建设，对扩大中国特色社会主义理论体系的亲和力、吸引力，使它走进群众、凝心聚力，发挥思想引领作用具有重要意义。在这方面，我们有成功的经验。改革开放以来在人民群众中涌现出的鲜活的名句，就是党在实践基础上形成的创新理论具有亲和力与吸引力的有力证明。近10年来，在深入调研和精心编写的基础上，每年都有一批以《理论热点面对面》为代表的通俗理论读物推出，深受群众欢迎。这是因为在这些通俗理论读物中有人民群众关注的现实问题解答，也有人民群众喜闻乐见的话语。因此，要进一步强调理论联系实际，尤其是要倡导以改革开放和现代化建设过程中的实际问题和我们正在做的事情为中心，着眼于马克思主义理论的运用，着眼于对现实问题的理论思考，着眼于新的实践和新的发展，才能不断推进我国话语体系建设，不断扩大这个话语体系在群众中的亲和力和影响力。

随着我国综合国力和国际地位的不断提高，中国特色社会主义的道路、理论体系和制度在世界上的影响也在不断增强。但也应该承认，我国话语体系的世界影响力和国际话语权还相对较弱。这种状况与我国在当今世界上的经济政治的大国地位很不相称。话语体系与国际话语权是紧密联系、相得益彰的。加强我国话语体系建设有利于增强我们的国际话语权。所以，要善于运用国外受众易于理解、接受的形式和手段，努力做到“中国立场、国际表达”，讲好讲活讲透中国故事，不断增强我国话语体系在国际上的穿透力、感染力和影响力。这是提高我们国际话语权的迫切要求。

三是克服“外来教条主义”与克服“新复古主义”的关系。

加强我国话语体系建设属于意识形态建设的范畴。意识形态建设要注意克服错误倾向。长期以来，我们主要是反对和批判自己队伍内部的教条主义，它的特点是“言必称希腊”。随着对外交往的不断扩大，外来文化越来越多地涌入。这其中当然包含很多需要我们认真吸收和借鉴的人类文明

① 《把培育和弘扬社会主义核心价值观作为凝魂聚气强基固本的基础工程》，《人民日报》2014年2月26日。

成果，但也有一些人简单地套用西方的范畴、理念和结论来解读我国丰富多彩的实践。这就是“外来教条主义”，它的特点是“言必称西方”。这种现象也必须加以克服。

“语言”与“话语权”不同。马克思主义认为，语言是人类长期在生产和交往活动中形成的，不属于上层建筑。因此，语言作为人们交往工具，同其他生产工具一样是没有阶级性的。但是，由语言构成的话语权则有阶级性，或者说带有阶级色彩。话语权的创立者法国学者米歇尔·福柯指出，话语是权力，人通过话语赋予自己权力。英国现实主义者卡尔则把国际权力划分为三种：军事权、经济权和话语权。所以，话语权反映的是某种政治经济权利，体现了人在社会中的角色或国家在世界格局中的政治经济地位。因此，正确的态度应该是：对西方话语既不能一概拒之门外，又不能简单照搬。要在全面分析的基础上，针对不同的情况采取不同的态度。

一种态度是，借西方话语的“外壳”为我所用。比如，宪法是西方资产阶级先搞起来的，法治是他们的常用话语。我们是社会主义国家，也要有宪法，也要实行社会主义法治，尽管其内涵与西方有根本区别。在使用西方话语的过程中，可以赋予它们某些新的含义。比如，人权是资产阶级在反封建斗争中提出来的。然而，二战结束后，一些西方国家以此为幌子干涉别国内政。我们坚决反对这种干涉内政的行为，但并不反对人权本身或人权的提法。在实践基础上，我们还赋予了它新的内涵。我们党强调对于发展中国家而言，人权首先是指生存权和发展权。今天，在《中华人民共和国宪法》和《中国共产党章程》中都有关于保障人权的规定。

另一种态度是，既要指出西方话语的实质，又不能加以采用。一些西方话语有其特定的语境和含义，与我们通常的理解是截然不同的。比如“私有化”，它是从新自由主义的核心观点中引申出的概念，主张全部资产私人所有。这与我们通常说的进行国有资产经营“民营化”改革，普遍实行股份制和进一步发展混合所有制经济等，根本不是一回事。还有“文明冲突”，虽然它反映了当今文明碰撞的现状，但这个提法包含了西方对文明类型划分的标准和理解上的固有范式。这种范式排斥我们一贯倡导的文明是多样的以及各种文明可以相互包容和共同发展的文明观。而且这种范式还有贬低其他类型的文明的意思。所以，如果不加甄别地简单搬用这些西方话语，只会引起语义和思想上的混乱。

我们这里所说的“新复古主义”，是指改革开放以来出现的过分拔高传统文化或其中某些内容的主张和观点。如果不对此加以克服，会造成很消极的后果。改革开放以来，我们对传统文化的认识已经达到了一个新境界。继承和发扬中华优秀传统文化，使之为培育和践行社会主义核心价值观服务，为建设社会主义先进文化服务，为党和国家事业发展服务，是实现中华民族伟大复兴中国梦的重要方针之一。但是，真理再向前跨一步，就是谬误。比如，有人主张把儒家思想上升为国家的指导思想，以取代马克思主义；还有人把“易经”和“八卦”视为科学世界观和方法论等等，这都是一种误导。早在延安时期，毛泽东就提出，我们要正确对待中国传统文化，也就是要取其精华、去其糟粕、古为今用。2014 年 10 月，习近平总书记在中共中央政治局第十八次集体学习时也指出：“我们要对传统文化进行科学分析，对有益的东西、好的东西予以继承和发扬，对负面的、不好的东西加以抵御和克服，取其精华、去其糟粕，而不能采取全盘接受或者全盘抛弃的绝对主义态度。”[①] 今天，我们要坚持用马克思主义的观点和方法对待中国传统文化。坚持古为今用、推陈出新，有鉴别地加以对待，有扬弃地予以继承，既不能片面地讲厚古薄今，也不能片面地讲厚今薄古。

从认识论上看，倾向也就是片面性，而片面性往往又是相通的。“左”是右的影子，说的就是这种情况。因此，我们要坚持和倡导马克思主义辩证法的“两点论”。在意识形态领域坚持有“左”反“左”，有右反右，坚决克服“外来教条主义”和“新复古主义”。

坚持意识形态领域马克思主义的一元化指导，是我国近现代历史发展的必然结果，也是由社会主义制度的性质决定的。坚持和发展马克思主义始终是我们不可动摇的根本原则。要在坚持这一点的基础上，处理好打造硬实力与提升软实力的关系、扩大话语体系的国内影响力与增强国际话语权的关系、克服“外来教条主义”与克服“新复古主义”的关系。只有这样，我们才能把加强我国哲学社会科学话语体系建设推向新的阶段。

---

① 《牢记历史经验历史教训历史警示为国家治理能力现代化提供有益借鉴》《人民日报》2014 年 10 月 14 日。

哲学·马列

努力构建以马克思主义为指导的哲学社会科学话语体系*

邓纯东**

构建当代中国哲学社会科学话语体系，是推进我国哲学社会科学发展创新、增强我国学术国际影响力的迫切需要，是坚持马克思主义意识形态领导权、管理权和话语权，有效应对国际各种思想文化斗争的重要途径，更是为中国特色社会主义事业提供理论支撑，不断增强中国特色社会主义道路、理论和制度自信，实现中华民族伟大复兴的根本要求。“如何在学习借鉴人类文明成果的基础上，用中国的理论研究和话语体系解读中国实践、中国道路，不断概括出理论联系实际的、科学的、开放融通的新概念、新范畴、新表述，打造具有中国特色、中国风格、中国气派的哲学社会科学学术话语体系，是理论界和学术界面临的重大而紧迫的时代课题。”①为此，我们必须在马克思主义的指导下，以高度的理论自觉和理论自信，打造融通中外的新概念、新范畴、新表述，切实增强和提升我国哲学社会科学在国际上的话语权和影响力。

一　我国哲学社会科学本身的意识形态属性，决定了它的话语体系建设必须以马克思主义为指导，鲜明地体现马克思主义的立场、观点和方法

哲学社会科学是人们认识世界、改造世界的重要工具，也是我们党和

* 本文原刊于《马克思主义研究》2014 年第 6 期。

** 邓纯东，中国社会科学院马克思主义研究院院长，党委书记，编审。

① 李长春：《在马克思主义理论研究和建设工程工作会议上的讲话》，《人民日报》2012 年 6 月 4 日。

政府进行决策的有力支撑。它具有鲜明的政治和意识形态属性，始终存在着站在什么阶级立场、代表何人的利益、为谁服务这一政治方向性的问题。

在社会主义中国，马克思主义是党和国家的指导思想，是意识形态的旗帜和灵魂，也是繁荣发展哲学社会科学的理论基础，是哲学社会科学沿着正确方向前进的根本保证。构建我国哲学社会科学话语体系，必须坚持以马克思主义及其中国化的最新成果为指导。

需要指出的是，这里所说的指导，是指哲学、法学、经济学、新闻学、宗教学等哲学社会科学学科的话语体系建设，都应坚持以马克思主义为指导，使马克思主义基本原理渗透到各学科的理论、概念、观点之中。而不是像现在有些学术观点主张的那样，仅仅把马克思主义视为和哲学、法学、经济学、新闻学、宗教学等并列的一门学科，当作“诸多学说中的一种”。认为只需要在马克思主义等具有鲜明政治性和强烈意识形态属性的学科方面坚持马克思主义的指导，而经济学、法学、史学、新闻学、宗教学等学科则要与所谓世界公认的、成熟的西方这些学科的话语体系相一致。

必须明确，我国的哲学社会科学属于中国特色社会主义经济基础的上层建筑，属于社会主义意识形态，应当以反映社会主义的思想理论和学术观点为神圣职责。无论本身就是研究和宣传马克思主义与社会主义意识形态的学科，还是意识形态特点比较突出、政治属性比较鲜明的学科，抑或是一些远离意识形态属性、政治属性不很突出的学科，都必须以马克思主义的立场、观点和方法为指导，把马克思主义在意识形态领域的指导作用自觉地贯穿到哲学社会科学研究的各个领域，不断增强哲学社会科学研究工作者的政治敏锐性和政治鉴别力，使哲学社会科学研究始终朝着正确的方向发展。否则，马克思主义在这些学科中的指导作用，中国自己的特色、风格的话语体系在这些学科中就丧失了。其后果只能是马克思主义阵地的日益缩小，马克思主义的指导地位逐渐弱化，马克思主义话语体系很难体现到其他哲学社会科学学科之中并真正发挥指导作用。

另外，这里所说的指导，主要体现在思想方法上。因为哲学社会科学各学科都有其自身特定的研究对象、内在规律和基本特征，有其自身的话语范畴、思维逻辑和表达方式。坚持以马克思主义为指导，并不是要在哲学社会科学研究和话语体系建设中，片面教条地理解和机械地套用马克思主义经典作家的一些论述和观点。而是要用发展着的马克思主义指导哲学社会科学各学科的研究，坚持运用马克思主义的立场、观点和方法分析、解决问题，自觉辨别和抵制各种不良思想文化的影响。正如恩格斯明确强调的："马克思的整个世界观不是教义，而是方法。它提供的不是现成的教条，而是进一步研究的出发点和供这种研究使用的方法。"①

二 哲学社会科学话语体系建设一定要有中国特色、中国气派、中国风格，一定要和中国优秀传统文化相结合

由于历史传统、文化积淀、基本国情、社会制度等不同，每个国家和民族的发展道路必然有着自己的特色，相应地，其哲学社会科学话语体系也应当具有自己的风格。

在我国，繁荣发展哲学社会科学、构建哲学社会科学话语体系的根本目的，在于科学总结中国发展的历史经验，有效解决中国面临的现实问题，更好地服务于中国未来的发展。为此，我们必须从中国的实际出发，立足于中国的历史与现实，牢牢植根于中华民族优秀传统文化的沃土之中，敏锐捕捉中国人民的意愿、实践、思维和语言，用中国的学术研究和话语体系解读中国实践和中国道路，打造具有中国特色、中国风格、中国气派的哲学社会科学话语体系。

一方面，中国的哲学社会科学话语体系一定要符合中华民族的文化性格，打上中华民族优秀传统文化的烙印，体现对中华民族优秀传统文化的现代传承。众所周知，中华民族具有5000多年的悠久历史文化传统，其中积淀着中华民族厚重的精神追求和根本的精神基因，代表着中华民族独特的精神标识。"历史是从昨天走到今天再走向明天，历史的联系是不可能割断的，人们总是在继承前人的基础上向前发展的。"②继承和发扬中华民族文化的优良传统，是提振民族自尊心、自信心和自豪感，实现民族文化创新发展的必要条件和基本前提。中国哲学社会科学必须注重传承那些历经岁月沧桑而积淀下来的中华民族优秀传统文化，认真汲取其中的合理元素，

---

① 《马克思恩格斯文集》第10卷，人民出版社，2009，第691页。

② 习近平：《领导干部要读点历史》，《中共党史研究》2011年第10期。

充分挖掘其中符合时代精神、具有普遍意义的思想精华，积极打造同自身历史文化和民族精神相承接、具有强大思想引领力和现实解释力的话语体系。

另一方面，中国的哲学社会科学话语体系一定要符合当代中国的现实，准确反映时代特征和时代要求，充分体现当代中国丰富而生动的实践。这是因为，理论话语只有扎根于现实土壤，才能真正具有解释力、说服力。中国特色社会主义道路的丰富实践要求我们必须坚持立足于基本国情，敏锐把握时代特征。特别是改革开放 30 多年来，中国特色社会主义的伟大实践创造了举世瞩目的伟大成就，它不仅根本改变了中国的面貌和中国人民的命运，也深远地影响了整个世界的格局和发展进程。这个奇迹的背后蕴含着先进的思想精神和伟大的理论创造，这是当代中国对人类文明的独特贡献，也是人类文明发展崭新的创造。我们的哲学社会科学话语体系一定要体现这些创造，反映这些特色。

三　哲学社会科学话语体系建设一定要吸收人类文明的有益成果

构建我国哲学社会科学话语体系，必须注重与国际话语体系的对接，广泛借鉴包括西方学术话语体系在内的一切人类文明的有益成果，并在此基础上根据我国的实际加以创造性地转化和发展。尤其是在当今西方话语依然占据国际话语体系主导地位的背景下，我们必须站在人类文明的制高点上，以马克思主义为指导，批判地继承和吸收人类一切优秀文化思想。

西方的哲学社会科学话语体系体现的是在西方社会演变进化中渗透的人文精神。在长期的演进过程中，西方国家凭借其强大的经济优势和庞大的媒体优势，创造了包括自由人权、民主法治、市场经济等在内的一系列概念，并垄断对这些概念的解释权，在国际学术话语中占据绝对优势。与西方学术话语体系的发展相比，中国的学术话语相对滞后，尽管近年来中国越来越多的优秀学术成果和人才走向世界，在国际学术舞台上的话语权和影响力不断增强，但我国哲学社会科学的话语权仍在原创性、影响力方面与西方国家存在很大差距。要有效缩小差距，必须以开放包容、兼收并蓄的态度，对西方社会的思想观念以及西方学术的概念范畴，作出马克思主义的分析和判断。既要吸取西方话语体系中的有益成分，又要根据有利于中国特色社会主义事业的发展需要赋予其中国精神和新的内容。

这就提出了我们话语体系建设的一个重要任务是：对西方一些已经流行开来、我们已接受的话语体系，要有一个全面、系统的中国界定，界定其本质、内容和特征，使其在与西方原本的吸收、借鉴关系的基础上，形成自己的特色和区别，有自己赋予的更先进、对中国更有益的内容。如民主、人权、法治、自由、平等、市场经济、公平正义、以人为本、依法治国等概念，都有这种界定的任务。如果没有，就会鱼目混珠。如果我们简单地套用，就会成为宣传其话语和思想观念的传声筒。事实上，改革开放以来，我国在繁荣哲学社会科学的同时，也引进了一些西方学术话语体系并用其解释中国问题，这种“削中国实践之足、适西方理论之履”的做法，严重阻碍了我国哲学社会科学话语体系的构建，并在一定程度上影响了中国哲学社会科学话语的价值选择，其中有些学科受西方话语的影响尤为明显。事实证明，如若一味照搬西方学术话语，定会造成“水土不服”，但如若完全脱离西方话语体系，亦会导致“盲目片面”。

因此，对于人类文明成果我们要择善而从，借鉴吸收人类文明优秀成果要同中国文化结合起来，同中国的现实需要结合起来，同中国人的接受习惯结合起来，结合新的时代要求还要创造全新的概念、范畴及方法，发展与西方社会科学话语系统相容的社会科学话语体系，使中国哲学社会科学话语能够在世界学术领域占有一席之地。

四 必须加强我国哲学社会科学话语体系的对外宣传

改革开放 30 多年来，我国经济的快速发展和综合国力的不断增强，引起国际社会对中国发展道路和发展模式的空前关注，关于“中国奇迹”“中国模式”“中国经验”的讨论持续升温。

当前在国际上，包括欧美国家左翼政党、研究机构、学校乃至一些资本主义国家机构、主流社会的重要团体与个人，对中国改革开放取得的成就相当认可，对中国道路也很有兴趣，有的在研究，有的在宣传，有的从不同角度关注。

随着我国社会主义现代化建设的发展和国际地位的提高，国际社会开始更多地关注中国人的声音。因此，在哲学社会科学领域，中国人也应该在世界范围内发出自己的声音，而不是人云亦云。这就把加强对外话语体系建设，推动中华文化走向世界，增强我国哲学社会科学的国际影响力和话语权提到了议事日程。

为此，我们必须精心建构、加快形成独具中国特色、能与国际对话的对外话语体系，积极拓展对外传播平台和载体，把当代中国的价值观念贯穿于国际交流和传播之中。用中国话语体系解读中国发展道路，讲好中国故事，传播好中国声音，阐释好中国特色。不断增强中国成就、中国理念、中国道路的说服力和认可度。

要创造更多机会，鼓励我国学者以多种方式与国际交流，走出去开讲坛，进行宣传，也可以支持和资助国外的学会、基金会研究中国的理论和实践问题，发挥外国学者在宣传中国特色社会主义方面的作用。在对外宣传上，应该明确，中国特色社会主义伟大实践及其理论成果、当代中国的形象、制度原因，不仅是重点，也是外部世界的兴趣所在。我们应当对中国成就、道路进行理论总结和概括，寻找制度原因和理论原因，形成科学准确反映党和人民这些年的奋斗、创造、经验的概念、理论、观点，向外传播，使中国道路、话语体系对西方、对全世界都具有影响力。我们必须在充斥着霸权与挑战的国际竞争中，积极建构并维护中国哲学社会科学的话语权，着力打造既符合中国国情、具有鲜明的中国特色，又与国外习惯的话语体系相对接，易于为国际社会所理解和接受的“融通中外”的新概念新范畴新表述，从而更好地将一个客观真实的中国介绍给世界，并对一些居心叵测的“关心”与质疑予以积极回应。要以事实为依据客观介绍中国的发展进步，介绍改革开放以来中国经济社会发展所取得的巨大成就，以及中国人民精神面貌发生的深刻变化，深入阐释中国发展进步的路径、轨迹和原因，说明中国政治制度、经济政策、民生安排的正当性与科学合理性。这样就能消除负面影响，让国际社会更加全面、客观、真实、理性地了解和看待中国。

五　哲学社会科学话语体系建设，必须加强对人民的正面教育

哲学社会科学话语体系要想真正发挥作用，必须走向社会、走向大众。

不能停留在理论界、学术界的圈子里，搞孤芳自赏。这是马克思主义哲学社会科学话语大众化的时代课题。

正如马克思深刻指出的："批判的武器当然不能代替武器的批判，物质力量只能用物质力量来摧毁；但是理论一经掌握群众，也会变成物质力量。理论只要说服人，就能掌握群众；而理论只要彻底，就能说服人。"[①] 要使理论能够充分彻底地被群众所掌握，变成改造社会、改造世界的物质力量，一个首要的前提条件就是要使理论本身能够为广大人民群众所感知、所认同、所接受。这就要求理论工作者运用深入浅出、形象生动、简单明了的表达方式，使用清新朴实、生动鲜活的语言，运用人民群众的思维习惯和语言习惯，把深邃的理论转化为通俗易懂的语言，把抽象的理论逻辑转化为形象的生活逻辑，从而使广大人民群众能够深入透彻地理解理论本身的具体内容，使哲学社会科学更好地宣传群众、动员群众、服务群众。

本来，对人民群众进行宣传、教育，是我党在革命和建设中有效领导的成功经验，也是党实现思想领导的基本方式。在执政条件下，采取这种方式更具备有利条件。但是，应当看到，这些年来，我们把这个方式忽略了、放松了。"武装全党、教育人民"在相当多的基层没有得到落实，在全社会，对于思想理论、正确价值观系统的正面教育和宣传较少，"灌输"成为贬义词，被有些人当成"左"的表现。相当多的群众、农民工长期没有受到马克思主义及其中国化成果的教育，他们的思想观念和价值观、是非观相当多地来自电视剧、街头小报、非法出版物、互联网，因而，相当多的人对马克思主义哲学社会科学的概念和观点不了解、不理解，而受到来自以上渠道的非马克思主义观点、理论的影响。这不仅影响到马克思主义哲学社会科学话语在全社会的地位、影响力和积极作用的发挥，而且影响到全社会的思想观念、是非观念、道德建设。所以，构建中国哲学社会科学话语体系，必须重视马克思主义哲学社会科学大众化的工作，不仅要在理论工作中树立大众化意识，尽快创造人民大众能听懂、能认同的理论及概念，而且要理直气壮地动用国家资源，利用组织优势，坚持对全体人民进行正面教育、正面引导，以此实现马克思主义及其中国化成果对全体人民的思想领导，这对于我国哲学社会科学话语体系的建设意义重大。

---

① 《马克思恩格斯文集》第1卷，人民出版社，2009，第11页。

六　哲学社会科学话语体系创新，必须坚持积极的批评、鉴别和独立自主精神

面对西方学术话语霸权的干扰和影响，我们必须增强政治敏锐性和理论鉴别力，在建构我国哲学社会科学话语体系时，对西方学术话语绝不能趋之若鹜，而是既要秉持存疑和警醒态度，积极进行批评鉴别，又必须坚持独立思考与平等对话的态度，大力发扬独立自主精神。

第一，要有积极的批判态度。历史经验表明，意识形态的主阵地，如果马克思主义不去占领，各种非马克思主义甚至反马克思主义的东西就必然去占领；如果先进文化不去占领，各种落后的、低俗的甚至反动的文化就必然去占领。针对全球化背景下互联网空前发达，西方文化影响空前扩大的情况，理论界要用马克思主义的立场、观点、方法对网络、媒体及生活中流传的非马克思主义、反马克思主义的形形色色观点进行鉴别、开展批评，帮助人们辨别是非，在鉴别和批评中形成和完善马克思主义的话语体系。

第二，要有独立自主精神。有些概念、理论本身就是色彩鲜明的政治概念。我们一定要赋予其马克思主义的内容，使之成为体现我们意识形态的概念、理论。不能迁就、屈从西方文化强势下的宣传，不能按照他们的路子、概念、是非来裁剪我们的现实。有些我们可以认可、接受的概念，要有我们马克思主义的阐释，不能仅仅允许西方的“六经注我”，而且要有我们的“我注六经”。同时，对他们基于国际话语对我们的攻击，应该走“各说各话”“公说公有理，婆说婆有理”的传播路径，不要相信那种西方的概念都有普世性的鬼话，不要以为他们可以垄断表达人类公理的权力，而我们只能按照他们的思路走。尤其是对于那些不符合我国国情的概念、范畴和思想观念，我们必须立足于中国实际、坚持为我所用，善于运用马克思主义的立场观点方法予以科学辨析和有力批驳，进而推进中国自己的学术研究和宣传。正如刘云山同志指出的：“要坚持用中国的理论、中国的学术解读中国的奇迹，充分展示中国特色社会主义道路的独特创造、理论的独特贡献、制度的独特优势，谱写反映当代中国发展进步的哲学社会科

学新篇章。”① 我们要坚信，中国的事情办好了，中国不断发展强大了，中国特色社会主义道路成功了，我们的标准就成为国际认可的标准，我们的话语就至少是他们不能否认的话语了。在这方面，要坚持实践与理论的一致性。我们在实践上坚定走自己的道路，在理论、话语建设上也要坚定走自己的路，既然有道路自信，就应有自己的话语自信，道路不照搬，语言、概念也不能照搬。

构建我国哲学社会科学话语体系是一项重要而又紧迫、繁重而又艰巨的任务。尽管构建我国哲学社会科学话语体系依然面临重重困难和挑战，但马克思主义在当代中国的最新成果——中国特色社会主义理论体系的形成和发展，为构建中国哲学社会科学话语体系奠定了坚实的理论基础；在马克思主义指导下进行的中国特色社会主义伟大实践，为构建中国哲学社会科学话语体系提供了丰富的实践依据。只要我们坚定地以马克思主义为指导，既立足中国又放眼世界，既尊重历史又关注现实，既着眼当代又面向未来，就能打破西方学术话语霸权，构建具有中国特色、中国风格、中国气派的哲学社会科学话语体系。

---

① 刘云山：《深入实施马克思主义理论研究和建设工程》，http://news.xinhuanet.com/politics/2013年10月20日。

意识形态话语权初探*

侯惠勤**

党的十八大以后，加强和改进意识形态工作的一个重要方面，就是牢牢掌握话语权，推进具有中国特色的哲学社会科学话语体系的建设。2013年，习近平在全国宣传思想工作会议上明确提出，在集中精力进行经济建设的同时，必须一刻也不放松和削弱意识形态工作，把意识形态工作领导权和话语权牢牢掌握在手中。其中，把意识形态的领导权和话语权相提并论，是值得我们思考的问题。

一　思想领导权、话语权和学术话语权

国家意识形态本质上是阶级意识，是上升为统治思想的阶级意识。因此，只有能够形成阶级意识的阶级，才可能成为革命阶级并通过革命上升为统治阶级。这就表明，思想领导权在革命阶级获得政权前是革命的先导，是夺取政权的必要前提；而在掌握政权后则是巩固政权的保障，是建立主流意识形态的思想基础。由于在受压迫的劳动者阶级中，只有工人阶级能够超越资产阶级意识形态，形成以“消灭阶级”为内核的阶级意识，因而无论是社会主义革命或建设，都必须坚持工人阶级的领导权。工人阶级的阶级意识和历史使命，集中体现在马克思主义及其政党的作用上。坚持工人阶级的领导权，就是要不断加强和改善共产党的领导，巩固和加强马克思主义的指导地位，按照工人阶级的阶级要求去改造世界，为最终实现共产主义而奋斗。

---

* 本文原刊于《马克思主义研究》2014 年第 12 期。

** 侯惠勤，中国社会科学院马克思主义研究院教授。

思想领导权的实现路径就是话语权。话语权包括提问权、论断权、解释权和批判权等。所谓提问权，就是对于时代问题及其所涉及的重大任务的发现和追问，是历史任务的提出和阶级立场的表达，是一个政党及其领袖世界观、历史观、方法论的思维特征及具体表现。所谓论断权，就是对于时代、时代特征、时代潮流及其重大问题所作出的回答和判断，是为历史任务的完成所必需的理论武装制定思想依据，是一个政党及其领袖思想创造力的体现，其表达方式通常是形成独特的思想体系或理论纲领。所谓解释权，就是在完成重大历史任务过程中开展政治动员所做的理论阐释，是一个政党及其领袖的思想深入社会实践和人民大众的方式，通常通过及时提出适当的理论概括及其“口号”，以及口号的把握、贯彻和落实，在今天，特别重要的就是要“讲好中国故事”。所谓批判权，就是对于敌对或错误思想观念进行排除，是一个政党及其领袖对于主要矛盾、主要倾向和主要危险的判断和把握，也是其感召力、战斗力的直接检验，通常通过思想斗争的方式进行。总之，通过出题目、作判断、除干扰、解困惑等环节，掌握思想领导权，实现思想引领，是掌控意识形态的一般方式。坚持马克思主义在我国意识形态领域的指导地位，首先要维护马克思主义的话语权。

通过学术话语权消解思想话语权，是今天西方意识形态对我国渗透的重要特点。马克思主义的学术话语权可能是中国哲学社会科学话语体系建设的核心问题。从话语权的角度看，我们今天面临的最大挑战在于，由于西方蓄意制造意识形态和学术的割裂并把马克思主义归入意识形态而导致马克思主义学术话语权的架空。进一步看，马克思主义在学术话语权方面的弱小，不仅仅因为西方学术思潮的强大，还与我们在一些重大问题上的失当有关。比如说，在经济全球化的时代，学术研究当然要走向世界，但是，只有拥有自身的学术根基，才不至于把学术研究的国际化变成学术的“西化”“洋化”。又比如说学术创新，那当然是学术的生命之本，但是如果只是照搬西方学界的问题和话语，那么看似热闹的创新则最后只能换来一个学术附庸的苦果，自然是事与愿违。因此，构筑和巩固自己的学术阵地，形成具有中国特色的学科体系和话语体系，是学术真正自由、繁荣的前提。

二　根本话语方式的确立是话语权的关键

话语权奠立在由基本观点、分析框架、特定视角等构成的根本话语方式之上，基础是世界观、历史观和方法论。在辩证唯物主义和历史唯物主义这个总题目下，关于哲学的基本问题，关于《共产党宣言》的基本思想，关于马克思主义的中国化等，构成了马克思主义的根本话语方式。颠覆马克思主义话语权的企图，首先表现在试图否定上述的根本话语方式上。割裂普遍性与特殊性的辩证联结，用价值关系否定和取代主客观关系，进而否定历史客观必然性，是今天试图改变和否定中国特色社会主义，把中国引向“全盘西化”的主要话语方式。

1. 不能用“普世价值”消解“中国特色”

大家知道，近几年来我国思想界的一大争论就是关于“普世价值”之争，这一争论的实质是中国走什么路、坚持什么样的发展方向问题。力主中国通过改革走“西化”道路的人，为了掩盖其“走邪路”的实质，首先要抹杀道路之争的意义，鼓吹现代化是一个没有道路分野、没有主义之辨的普世过程。在他们看来，资本主义和社会主义两条道路的选择和斗争是个可笑的伪命题，因为现代化过程中的贫富分化并非资本主义独有，“发生这种过程的两个主要原因在于技术和人口，而不是社会和政治原因”①。中国的改革开放和现代化建设因而也就必定是一个“认同普世价值、融入主流文明”的过程，不存在“姓社姓资”的斗争。“回顾改革开放以来，一轮又一轮的‘姓社姓资’的争论，是那么认真尖锐。在今天的年轻人看来，这些争论显得多么可笑！当前围绕一些问题的‘姓社姓资’的激烈争论，过一些年后，人们也会同样觉得可笑。”②

值得注意的是，他们以“普遍性和特殊性的统一”为论证工具，最终把中国社会主义的“特殊性”，湮灭在资本主义的所谓“普遍性”中。他们的逻辑是，“由于我们长期生活在经济文化落后的国家，对现代文明缺乏了解，对人类社会一般规律的认识是相当艰难的”。所以对于人类社会共性东

---

① 拉尔夫・达仁道夫：《现代社会冲突》，林荣远译，中国社会科学出版社，2000，第128页。

② 《当代中国思想状况》，《上海思想界》2014年第1、2期合刊。

西，即对西方文明“中心论”的认同和接受要放在突出的位置。[①] 这里有以下三点错误。

第一，个性和共性是性质相同的一类事物的内在关系，用资本主义的所谓共性，来吞蚀中国社会主义的个性，是荒谬的。即使在其同类事物中，其共性和个性也不是平起平坐的两极，而是以个性为主要方面的对立统一。特殊性、个性是本、是根、是具体现实，而共性、普遍性是从同类事物中衍生的抽象。个性之所以为本，就在于个性内在地包含了共性，而共性并不能完全包容个性；而不断发展、实现的个性必然体现其共性。所以，脱离了个性的共性就只是抽象的共同性，与个性不在一个层面。因此，道路、制度、发展模式之争，不是个性和共性的差异，而是不同性质的具体事物的个性和本质的差异。说到底，中国特色社会主义和西方模式之争，是两种具体事物的性质之争。在当今世界，没有一种制度各国必须照搬，没有一种发展模式各国普遍适用，没有一条道路各民族都能走得通。走自己的路，坚持和发展中国特色社会主义，这就是结论。

第二，经济社会发展相对落后的国家，并不等于认识能力和思想成就落后。正如恩格斯所说：“经济上落后的国家在哲学上仍然能够演奏第一小提琴：18 世纪的法国对英国来说是如此（法国人是以英国哲学为依据的），后来的德国对英法两国来说也是如此。”[②] 我们坚持改革开放、解放思想，不是站在落后的历史阶梯上仰望西方，而是借助于马克思主义站在历史制高点上充分吸收人类文明的一切优秀成果，不断开拓中国特色社会主义的现代化道路。尽管我们还要不断地开阔眼界，但绝不意味着我们对于世界文明发展趋势的认识落后于西方国家，更不意味着消解“姓社姓资”的界限、视资本主义为“普世价值”。自鸦片战争以来的历史证明，仅承认“落后”而向西方学习是找不到出路的，最后只能落个四处碰壁、走投无路。保持文化自信和思想定力是吸收各国优秀文明成果的前提，中国特色社会主义的创立为我们确立了这一前提。

第三，现代资本主义文明不等于人类文明的未来。事实已经证明，资本主义并没有终结人类历史，其被超越是历史的必然。因而处在当代文明

---

① 《当代中国思想状况》，《上海思想界》2014 年第 1、2 期合刊。

② 《马克思恩格斯文集》第 10 卷，人民出版社，2009，第 599 页。

优势地位的西方文明，并不代表历史的普遍规律。用普遍规律和特殊规律的关系解释当代的社会主义和资本主义之争纯属误导。从历史发展的客观规律看，资本主义文明是一个正在退出历史舞台的衰落文明，而只有社会主义、共产主义才代表了当代人类文明发展的方向。人类社会发展规律、社会主义建设规律和中国特色社会主义发展规律，不只是其本身的共性和个性之间的关系和比较，更是不同国家、民族之间先进性的比较。中国特色社会主义不仅体现了当代中国的发展要求，至少也体现了当代社会主义的发展趋势，因而也引领了当代人类文明的发展潮流。中国的改革开放，就是要坚持和发展中国特色社会主义，而不是所谓的“认同普世价值、融入西方文明”。

2. 不能离开客观真理谈“价值观念”

抹杀现代化过程的主义之争和道路选择，更为深层的扭曲是否认历史过程的客观规律性和判断历史认识的客观真理标准，取而代之的是当下大多数人认同的价值观，使得凝聚了资本主义思想、制度和价值取向的“西方模式”能以“普世价值”的面貌攻城略地。可以说，对于唯物史观的否定，是一种釜底抽薪式的根本颠覆，也是西方意识形态进行话语权颠覆的主要着力点。历史唯物主义所揭示的社会发展规律的客观真理，是正确的社会价值观和价值目标追求的社会认识前提和科学基础。正是因为如此重要，才使得某些学者想釜底抽薪，即在如何概括马克思主义哲学问题上，一直有推倒“辩证唯物主义”“历史唯物主义”概括的倾向。理由有诸如“唯物和唯心的区分已不是当代哲学的基本问题”“辩证唯物主义和历史唯物主义是无人主义”“这一概括是斯大林的遗产”等，拟取而代之的则是“实践哲学”“唯人（或人本）主义哲学”“生存论哲学”及“价值论哲学”等。虽然由于党中央的坚持，马克思主义哲学在正式场合的表述上没有改变，然而在学术领域，即讲坛、课堂、学术刊物和流行话语上，对于马克思主义哲学的表述不仅五花八门，而且基本倾向是否定这一哲学的阶级性（党性）、客观真理性，突出其所谓的“主体性”（价值性）、相对性、当下性。实事求是地说，随着“辩证唯物主义”被否弃、历史唯物主义被“重建”（哈贝马斯语），我们在马克思主义哲学上的话语权面临空前严峻的挑战。

我们现在看到的一个最新挑战例子，就是公然否定唯物史观核心思想：

“其实很多东西不像传统讲的那样，生产力决定生产关系，生产关系决定上层建筑。那什么决定生产力呢？你说科学技术，那科学技术是什么？科学技术就是一个想法，就是一种思想，不属于生产力；是思想本身决定科学技术的进步。”[①] 真是无知者无畏。尽管有不少对于唯物史观的诘难乃至否定，但是直接否定生产力的决定作用则尚属少见。况且，其否定唯物史观的提问和回答方式都十分幼稚可笑，基本上是18世纪形而上“原子式”思维的翻版。这种思维方法总是企图寻找历史发展的单一终极原因，寻找构成社会大厦的“最终砖块”。这种思维之所以是错误的，就因为事物总是在相互作用、相互转化中形成、发展、变化的，不存在单一的作用者和被作用者。说思想决定科学技术，我们可以轻松反问，思想又由什么决定的？最后陷入“鸡生蛋、蛋生鸡”的怪圈。所以，正如恩格斯指出的：“自然科学证实了黑格尔曾经说过的话（在什么地方?）：相互作用是事物的真正的终极原因。我们不能比对这种相互作用的认识追溯得更远了，因为在这之后没有什么要认识的东西了。”[②] 然而进一步考察我们可以发现，思想其实并不能决定生产力。不仅人们不能自由地选择生产力，而且创造新生产力的思想也是在相应生产力的基础上才会出现。为什么蒸汽机的想法在公元1世纪就出现了，而在18世纪才能形成生产力？为什么人类只有在19世纪末才能从蒸汽时代进入电气时代，而20世纪中叶才向信息时代迈进？人在和自然相互作用中形成的客观实际能力就是生产力，它不仅包括客观的生产能力和科技能力，也包括相应的科学知识和科学思想，其共同特点是人们不能自由选择和随意创造。

我们不难设想：如果离开了对社会基本矛盾—生产力与生产关系、经济基础与上层建筑之间的矛盾运动的把握和分析，还能有正确的社会历史观吗？科学社会主义还有理论的立足之地吗？在这种理论背景下，所谓社会“价值追求”云云，只能是唯心史观借尸还魂的“复活”。

3. 用“普世价值”否定和取代客观真理，是值得注意的动向

“普世价值”以现在大多数人的主观认同为前提，不是以符合历史发展客观规律的科学认知为前提，因此它不能等同于“普遍真理”。作为体现历

---

① 《当代中国思想状况》，《上海思想界》2014年第1、2期合刊。

② 《马克思恩格斯选集》第4卷，人民出版社，1995，第328页。

史必然性的普遍真理，具有不以人们的主观意志为转移的客观普遍性，它不以人们的主观认同状态为依据，而是以科学、正确为标准，换言之，历史发展的客观真理为大多数人所接受，往往是结果，而不是前提。因此，邓小平在苏联解体东欧剧变后坚定地表示："一些国家出现严重曲折，社会主义好像被削弱了，但人民经受锻炼，从中吸收教训，将促使社会主义向着更加健康的方向发展。因此，不要惊慌失措，不要认为马克思主义就消失了，没用了，失败了。哪有这回事！"他充满信心地预言："我坚信，世界上赞成马克思主义的人会多起来的，因为马克思主义是科学。"[①] "普世价值"则不然，它的力量主要来自某一时段大多数人的主观认同。我们常常可以听到主张照搬西方制度的一个似乎很充分的论据，就是认为虽说西方制度并非完美无缺，但它毕竟为现在绝大多数国家认可并实行，中国为什么要例外呢？然而历史反复证明，如果大多数人的认同就等同于历史规律，人类社会可能就止步于原始社会了；新制度、新道路的开辟，总是由小到大、由弱变强；历史潮流不取决于一时的人数多少，而取决于是否遵循客观真理和历史规律；甚至可以从一定意义上说，历史的每一个进步，都是对于某种所谓"普世价值"的颠覆。

4. 唯物论是马克思主义哲学的第一特征

可以用各种概括去阐发马克思主义哲学，但科学性是其核心，因而奠定了科学社会主义的世界观基础。科学性的根基是现代唯物主义，只有确认世界的客观物质性及其发展的客观规律性，科学的认识才是可能的，客观真理才得以确立。阐明世界客观物质性的困难在社会历史领域，因为这是一个由人们的利益、意志、情感等主观性支配、被唯心主义长期垄断的世界，因而历史唯物主义是马克思的第一大发现，不以人的主观意志为转移的客观真理性认识因此而第一次推进到社会历史领域。

这就决定了马克思主义哲学是在彻底唯物主义的基础上解决各种哲学问题，包括阶级性和科学性、党性和人民性、主客体的实践关系等；决定了马克思主义哲学的总体特征只能是辩证唯物主义和历史唯物主义，其他的表述（包括实践唯物主义）都是由此派生出来的；这也就决定了对于马克思主义哲学的真正推进和发展，必然是以唯物主义为基石，而离开了唯

① 《邓小平文选》第3卷，人民出版社，1992，第382、383页。

物主义的任何美妙话语，都是掩盖其背离马克思主义哲学的谎言。因此，是否坚持哲学唯物主义立场，就成为争夺马克思主义哲学话语权的根本问题。正如列宁指出的："如果把马克思在《资本论》和其他著作中的一些哲学言论考察一下，那么你们就会看到一个始终不变的主旨：坚持唯物主义，轻蔑地嘲笑一切模糊问题的伎俩、一切糊涂观念和一切向唯心主义的退却。马克思的全部哲学言论，都是以说明这二者的根本对立为中心的，但从教授哲学的观点看来，这种'狭隘性'和'片面性'也就是马克思的全部哲学言论的缺点之所在。事实上，鄙弃这些调和唯物主义和唯心主义的无聊的伎俩，正是沿着十分明确的哲学道路前进的马克思的最伟大的功绩。"①

平心而论，当代西方哲学所走的路线，和德国古典哲学正好相反。德国古典哲学高扬理性和知识的旗帜，并最终在黑格尔那里，通过概念辩证法把世界的可知性奠立在了人类理性上。此后对于黑格尔辩证法的批评，明显存在着左右两个方向。马克思主义批评黑格尔的辩证法，是因为在他那里，辩证法被神秘化了，要在唯物主义的基础上拯救辩证法。而西方现代哲学走的路正好相反。他们打着反对科学主义、抽象理性主义的旗号，通过贬低和限制知识，以及以此为基础的认识论哲学，尤其是辩证法，不可遏制地滑向怀疑论、不可知论和非理性主义。正如列宁指出的："康德贬低知识，是为了给信仰开辟地盘；黑格尔推崇知识，硬说知识是关于上帝的知识。唯物主义者推崇关于物质、自然界的知识，把上帝和拥护上帝的哲学混蛋打发到阴沟里去。"②

恩格斯早就指出，资产阶级对于德国古典哲学的抛弃，是与其利益的转向紧密联系的。随着资产阶级上升为统治阶级，形成了牢不可破且不断扩大的既得利益，它必然害怕新陈代谢的历史规律，害怕面向未来的科学知识。"相反，科学越是毫无顾忌和大公无私，它就越符合工人的利益和愿望。"因此，"德国的工人运动是德国古典哲学的继承者。"③ 一般地说，没有认识论支撑的哲学并不是真正面向未来的哲学，因为任何面向未来的哲学，其论题并不都是直接现实的，其论证更不都是能够直接依托实践检验或生存体验的，就是说不能得到充分的经验证明的，因而通过科学认识而

---

① 《列宁选集》第2卷，人民出版社，1992，第229页。

② 《列宁全集》第55卷，人民出版社，1992，第142～143页。

③ 《马克思恩格斯选集》第4卷，人民出版社，1995，第258页。

揭示的理论逻辑就必不可少。特殊地说，对于开创性的实践而言，正确的认识是实践成功的前提，“没有革命的理论，就不会有革命的运动”①。中国特色社会主义就是历史唯物主义揭示的理论逻辑和中国社会发展的历史逻辑相统一的产物。尽管社会历史领域的科学性有不同于自然科学的特殊性，但共同的是它们都是以客观真理为依据的，都有不以人们的主观意志和利益诉求为转移的客观必然性；尽管我们已知的仅仅是世界的很小部分（当然在不断扩大），但是已知和未知仍然只是量的差别，不存在我们无法认识的另一个世界；尽管意义世界、符号世界、信仰和幻想世界等极其复杂，致使多种精神方式都有其存在的价值，但真正推动人类精神发展的还是科学文化，其他大都是“不结果实的花朵”。

三 必须认真清算试图颠覆马克思主义话语权的“小伎俩”

话语权问题之所以复杂、之所以容易成为颠覆意识形态领导权的突破口，就在于它所涉及的并不都是聚光灯下的关注点，而是有很多不易察觉，但却是可以毁千里之堤的“蚁穴”。清除这些“蚁穴”，已成为牢牢掌握马克思主义话语权的又一关键点。值得注意的是，这些“蚁穴”都是通过一些“小伎俩”构筑起来的，因而清除“蚁穴”的关键是清算这些“小伎俩”。

1. 通过量的混淆，达到混淆不同事物的本质界限，从而颠覆马克思主义的分析框架乃至历史观

中国特色社会主义虽然是在充分吸收一切文明成果并立足于中国的具体国情发展起来的，但它首先是世界社会主义运动的一部分，因此，以批判和超越资本主义为标志的世界社会主义运动就成为中国特色社会主义的重要历史依托。习近平总书记明确指出：“中国特色社会主义是社会主义，不是别的什么主义。”② 如果割断中国特色社会主义和世界社会主义的联系，那么中国要不脱离人类文明的大道，就只能向西方文明回归了。这样，把中国特色社会主义和其他社会主义的探索对立起来就是关键，根本否定列

① 《列宁选集》第1卷，人民出版社，1995，第311页。

② 《十八大以来重要文献选编》上，中央文献出版社，2014，第109页。

宁、斯大林开创的“苏联模式”就是要害。当然，从毛泽东到邓小平都认为，苏联模式有弊端，我们不能照搬，中国的社会主义建设必须走自己的路，但是，这并不等于我们否定苏联模式的社会主义这一基本面，更不等于我们对于苏联模式的批评与西方的批判持同一立场，恰恰相反，我们对于苏联模式的批评不是其坚持科学社会主义的基本原理，而是这种坚持不够自觉、辩证、一贯和坚定。不照搬苏联模式和不照搬西方模式不是一回事。

全盘否定苏联模式的人为了增强话语的分量，抬出了邓小平，据他们说邓小平认为苏联模式“是不成功”的。但是查对邓小平的原话就可以看出，这是捏造。邓小平在接见波兰共产党领导人时说：“我们两国原来的政治体制都是从苏联模式来的。看来这个模式在苏联也不是很成功的。即使在苏联是百分之百的成功，但是它能够符合中国的实际情况吗？能够符合波兰的实际情况吗？各国的实际情况是不相同的。”① 邓小平的意思十分清楚，苏联模式在苏联“也不是很成功”，即便完全成功，各国也不能照搬。怎么能将此解读为邓小平完全否定苏联模式呢！不是很成功，对其基本面还是肯定的，而很不成功则是一个否定的判断，两者显然不能够等同。这里是不是有通过语言游戏在偷换概念之嫌呢？

类似的情况还出现在对于什么是社会主义的解释上。邓小平在强调社会主义必须始终把解放和发展生产力作为根本任务时指出：“什么叫社会主义，什么叫马克思主义？我们过去对这个问题的认识不是完全清醒的。”② 这个“不是完全清醒”被曲解为“完全不清醒”，以至于“什么是社会主义，谁能说得清”居然成为一个时期的流行语。事物的性质是由量支撑的，通过量的篡改必然导致对于质的否定。将“不是完全清醒”曲解为“完全不清醒”，改革开放前后的新中国两个 30 年就对立起来了，中国特色社会主义似乎就与新中国前 30 年无关，而是改革开放以后另起炉灶的结果。这个问题之所以需要警惕，就是因为事关中国特色社会主义的历史根据，事关意识形态的大是大非。正如习近平总书记指出的：“不能用改革开放后的历史时期否定改革开放前的历史时期，也不能用改革开放前的历史时期否

① 《邓小平文选》第 3 卷，人民出版社，1993，第 178 页。

② 《邓小平文选》第 3 卷，人民出版社，1993，第 63 页。

定改革开放后的历史时期。”“我之所以强调这个问题，是因为这个重大政治问题处理不好，就会产生严重政治后果。”①

2. 通过质的混淆，达到混淆不同事物的本质界限，从而颠覆马克思主义的政治价值观

四项基本原则是我们的立国之本，也是敌对意识形态极力加以否定的目标。除了对于四项基本原则的公开诋毁外，他们还试图“以子之矛攻子之盾”。比如，一些自由派人士公开提出，四项基本原则之所以不成立，就在于它与我国宪法所规定的“公民信仰自由”相抵触，因为四项基本原则中的马克思主义是无神论。这是典型的质的混淆。大家知道，将四项基本原则写入宪法的总纲，是从政治上阐明国家的性质，也是全体公民（包括宗教徒）都必须遵循的政治原则，此乃“大公”。而“信仰自由”是宪法中“公民权利”所列，信不信教、信什么教，是公民个人的自由，此乃“小私”。“大公”与“小私”怎能混为一谈？企图以此而否定立国之本则更是掩耳盗铃之举。

坚持党的领导，是中国特色社会主义本质的特征，而党之所以能够始终成为中国特色社会主义的政治核心，就在于“从严治党”。其中，要求全党全心全意为人民服务，做中国特色社会主义共同理想和共产主义远大理想的坚定信仰者和忠实践行者，是根本的一条。这种理想信念的价值追求可以简要地概括为“大公无私”。为了摧毁这种政治信念，抓住“市场经济”做文章，以“市场经济条件下承认个人（包括党员）利益，因此不是大公无私，而是大公有私”为借口，是值得注意的动向。显然，这种借口混淆了作为个人生存条件和作为个人信仰追求这两个不同质的事物界限。作为人，其生存总要有相应的物质生活条件。但是，这不等于说人们必然把物质享受作为自己的人生追求，相反，除了享乐主义等，作为信仰一般都是超越物质需要的精神追求。真正的共产党人更是以共产主义为信仰，为此而奋斗终生、奉献一切。宣扬所谓的“大公有私”，就是力图从话语权入手，颠覆共产党人的政治信仰。

3. 通过体系的遮蔽，割裂显性话语和隐性话语的内在联系，以图达到取消马克思主义话语权的功效

马克思主义既是极其严谨而彻底的理论体系，又是随着实践不断发展、

① 《十八大以来重要文献选编》上，中央文献出版社，2014，第112～113页。

不断根据实践的需要突出某些基本原理的过程。因此，我们既不能因实践需要突出某些基本原理而忘记了其整体性，又不能因强调其整体性而忽略了实践需要突出的一些方面。如果我们称时下需突出的基本原理为显性话语的话，那么，其他作为整体性支撑的基本原理则可称为隐性话语。用显性话语遮蔽体系，进而否定其他基本原理，是今天颠覆马克思主义话语权的又一手法。毫无疑义，我国现阶段的主要矛盾是人民日益增长的物质文化需要和落后的社会生产之间的矛盾，阶级斗争不是主要矛盾。但是这一判断本身就是马克思主义的整体分析框架（包括阶级分析）所得出的结论，不能把这一结论和整个思想体系割裂，甚至对立起来。

毫无疑问，阶级性话语不是我们今天的显性话语，当下流行的是人民性、人类性话语。然而不可忘记的是，如果没有阶级分析等隐性话语的支撑，人民性、人类性话语则将是彻头彻尾的欺骗，是深陷资产阶级话语陷阱而不可自拔。马克思主义重视阶级斗争的历史作用，并不是迷恋暴力和反对人类的和解，而是遵循阶级斗争的规律，真正开辟出人类走向大同的现实道路。在马克思主义看来，只要存在着阶级、阶级剥削和阶级压迫，所谓的“自由”“平等”“博爱”就必定是虚假的。而消灭阶级，在现存社会各个阶级中，只有无产阶级才具有这样的阶级要求。因此，只有坚持工人阶级的领导权，按照工人阶级的阶级要求去改造世界，人类才能最终走向大同。不难看出，马克思主义承认阶级斗争的历史作用，不是要不断强化阶级斗争，而是寻求最终摆脱阶级斗争。也就是说，马克思主义阶级理论的精髓，不是“以阶级斗争为纲”，而是坚持工人阶级领导权，最终实现共产主义。马克思自己就明确指出：“至于讲到我，无论是发现现代社会中有阶级存在或发现各阶级间的斗争，都不是我的功劳。在我以前很久，资产阶级历史编纂学家就已经叙述过阶级斗争的历史发展，资产阶级的经济学家也已经对各个阶级作过经济上的分析。我所加上的新内容就是证明了下列几点：（1）阶级的存在仅仅同生产发展的一定历史阶段相联系；（2）阶级斗争必然导致无产阶级专政；（3）这个专政不过是达到消灭一切阶级和进入无阶级社会的过渡。”①

正因为如此，无论阶级斗争是否是我国现阶段的主要矛盾，人民民主

① 《马克思恩格斯选集》第4卷，人民出版社，1995，第547页。

专政（即无产阶级专政）都必须坚定不移地加以维护。这是我们坚持社会主义现代化、坚持中国特色社会主义道路的政治保障。在这一根本问题上，邓小平和马克思完全一致，他指出："马克思说，阶级斗争不是他的发现，他的理论最实质的一条就是无产阶级专政。无产阶级作为一个新兴阶级夺取政权，建立社会主义，本身的力量在一个相当长时期内肯定弱于资本主义，不靠专政就抵制不住资本主义的进攻。坚持社会主义就必须坚持无产阶级专政，我们叫人民民主专政。在四个坚持中，坚持人民民主专政这一条不低于其他三条。理论上讲清楚这个道理是必要的。"① 邓小平确实具有深邃的政治眼光和高度的政治定力，指明光讲民主不讲专政，尚处在弱小地位的社会主义就失去了自我保护的能力，就必然被"西化"和"分化"。因此，时下流行的那种崇拜民主、贬斥专政的心态，是一种有害的政治心态，要在讲清楚理论的基础上加以改变。如果真想告别"以阶级斗争为纲"，就必须坚持人民民主专政，否则，出现新的阶级分化，阶级斗争将会不以人们的主观好恶为转移而上升为主要矛盾，"以阶级斗争为纲"就将是无法避免的选择。历史的辩证法就是如此。

意识形态话语权问题十分复杂。从宏大叙事到词斟句酌，从叙事方式到内容取舍，从醍醐灌顶到润物无声，从花样翻新到一以贯之，处处充满挑战，时时可以出新。但根本还在理论的彻底，思想的正确和认识的科学。这就是马克思主义话语权的力量所在，也是我们探讨这一问题的立足点。

---

① 《邓小平文选》第 3 卷，人民出版社，1993，第 364 ~ 365 页。

唯物史观与当代中国史学话语体系的建构*

陈筠泉**

现在史学界有三种提法：一是“唯物史观与当代中国史学话语体系的建构”，二是“中国史学研究范式的创新和转换”，三是“中国史学解释体系的建构”。这三种提法不同，研究角度也不同，但都涉及哲学方法论问题。

语言哲学中最先使用了话语和话语体系概念。过去，语言哲学界曾有过“什么是最基本的、初始的语言单位”之争：是语词，还是语句？现在学者们一般认为，从言语交际的观点看，最基本、初始的语言单位是话语。话语总是说话者为了交际目的在特定环境中说出的，因此就要考虑到语境问题。

科学哲学中使用的是范式和范式转换。科学哲学家库恩把科学看作一定的“科学共同体”按照一套共有“范式”所进行的专业活动。当已有“范式”不足以应付新问题的挑战时，科学的常规发展会暂时中断，从而陷入危机，最终导致新“范式”取代旧“范式”的科学革命。在科学革命中，则将发生范式的转换和理论框架的改变。

哲学解释学力图阐明人类一切理解和解释活动得以可能的基本条件。德国解释学家伽达默尔认为，理解者或解释者与他们所解读的文本之间，总有一段文化和时间上的距离，他把克服这种间距以达到真正的历史理解作为解释学的课题。伽达默尔把历史的演变、对文本的理解和解释者的自我理解联系起来的思想，是很有启发性的。

---

* 本文原刊于《中国社会科学报》2010 年 2 月 4 日。

** 陈筠泉，中国社会科学院哲学研究所编审。

在马克思主义哲学中，通常使用的是“概念工具”或“范畴体系”。恩格斯说，在理论认识中，应以“概念本身的研究为前提”。这就是说要对认识中使用的概念工具进行反思和分析。当然，完善和发展概念工具是手段而非目的，理论认识的最终目的是为了更加可靠和完整地把握客观现实，更加深刻而全面地反映事物的本质。因此马克思特别强调，唯物史观“不是在每个时代中寻找某种范畴，而是始终站在现实历史的基础上”。

然而，概念、范畴纯粹机械地堆积，并不能反映互相制约和转化的现实关系。只有通过概念、范畴体系，才能把复杂的现实关系完整地再现出来。因此，不仅要对每个概念、范畴的含义做出明确规定，同时还需研究概念、范畴之间的相互转化和相互关系。

恩格斯说过：“一门科学提出的每一种新见解，都包含着这门科学的术语的革命”，在当代中国，史学界要学习马克思“运用概念的艺术”。

第一，使用过去重视不够而现在仍然适用的范畴。

苏联哲学界认为，“生产力与交往形式”是马克思的早期提法，“交往形式”等同于他之后使用的“生产关系”。因此，他们在讲唯物史观时不再运用“交往”这一范畴。这是不可取的。

马克思所使用的“交往”范畴，根据他自己的说法，“是就它的最广泛的意义而言，就像在德文中使用‘Verkehr’那样”。哈贝马斯所说的“交往”局限于语言交往、精神交流的范畴；而马克思所使用的“交往”，则包括商品交换、贸易以及思想文化交流等一切物质交往和精神交往。

马克思高度重视评价社会交往，特别是民族共同体之间的交往，对于人本身的发展和文化发展的重大作用。随着交往发展为世界各民族间的普遍交往，以民族为本位的历史也就日趋成为世界历史。

第二，需要对已有的范畴进行新的解释和规定。

关于实践概念，过去人们往往满足于这样的定义：实践是人们能动地改造客观世界的感性物质活动。初看上去，此种定义似乎无可厚非。然而，一旦从这种简单理解去说明文化问题，就左右支绌了。实践活动对于人作为历史活动主体的形成和发展有着巨大作用，这种巨大作用正是实践的文化意义所在，甚至是实践活动最重要的功能，而它恰恰忽视了这一点。如果根据马克思主义哲学来全面地理解社会实践，那么它既是人们能动地改造客观世界的感性物质活动，又是人作为历史活动主体的形成和发展。二者是辩证的统一。

第三，提出新的范畴。

马克思创立了社会形态学说，并以它来说明人类社会的进步是社会形态更替和发展的有规律的历史过程。马克思所说的“社会形态”，是指“处于一定历史发展阶段上的”“具有独特的特征的社会”，其内涵包括经济基础（生产关系的总和）和上层建筑（政治上层建筑和意识形态）。在马克思的著述中，也经常使用“经济形态”或“社会经济形态”这样的范畴，用来概括社会形态的经济基础，意指由不同生产方式构成的社会经济发展的不同阶段。我们认为，相应于马克思所说的三大社会形态和三大经济形态，当有三种不同的体现着人本身发展的文化形态。因此，可以提出“文化形态”这一新范畴。

此外，建构当代中国史学的话语体系，应当注意几个问题：

其一，哲学方法论的任务之一，就是要对基本概念进行分析，确切规定它们的含义。伯特兰·罗素曾经指出：既然我们谈的是哲学的基本概念，它们也就是最难规定的了，而人们在研究和讨论问题时发生意见分歧，大都是由于他们对这些基本概念的不同理解而引起的。史学中的情况也是如此。

其二，在跨学科综合性研究日益加强的情况下，须看到这样一种趋势，即某些概念、方法起初在个别科学领域中产生，尔后发现它们对其他科学领域也有意义。这样就发生了各个科学领域之间概念、方法的交流以及知识的移植。在建构当代中国史学的话语体系时，要加强与其他学科的概念交流和知识移植。

其三，建构当代中国史学的话语体系，既要深刻把握中国传统史学的话语，又要加强与国际史学界的对话和交流。一定要注意中国史学本身独特的范畴体系和精神特质，注意它和西方史学不同的思想内涵和话语体系。同时，又要积极主动地在国际学术交流和对话中，在国际史学普遍关注的重大问题上提出我们自己的观点、形成我们的史学影响力。

建构马克思主义哲学的中国话语体系*

崔唯航**

一 为什么哲学必须建构自己的民族话语体系

哲学应当采取何种话语方式？这对于具有2000多年历史的哲学而言，是一个近代才出现的新问题。具体来说，对于哲学发展史上的大部分哲学家而言，这并不是一个问题。黑格尔是第一个提出并集中阐述这一问题的哲学家。他指出："我也在力求教给哲学说德语。如果哲学一旦学会了说德语，那么那些平庸的思想就永远也难于在语言上貌似深奥了。"① 黑格尔之所以"教给哲学说德语"，是因为在他看来，"只有当一个民族用自己的语言掌握了一门科学的时候，我们才能说这门科学属于这个民族了；这一点，对于哲学来说最有必要。"② 这意味着只有让哲学说一个民族的民族语言，它才能够真正成为这个民族的精神财富。

但反过来看，如果哲学不说民族语言，又将会出现怎样的情况呢？从历史上看，这种情况从来也没有发生过。因为哲学从来也没有像数学、逻辑学那样形成一套纯粹形式化的符号系统，而是始终将自己的言说方式和表述系统奠基于日常语言之中。当然，这并不意味着没有进行过相关的尝试。从哲学史上看，哲学也曾经试图通过模仿数学的方式来建构自己的话语体系。比如在笛卡尔、斯宾诺莎和莱布尼茨那里，都可以看到数学的话

---

* 本文刊于《马克思主义哲学论丛》第9辑，社会科学文献出版社，2014。

** 崔唯航，中国社会科学院哲学研究所副所长，副研究员。

① 苗力田编译《黑格尔通信百封》，上海人民出版社，1981，第202页。

② 黑格尔：《哲学史讲演录》第4卷，贺麟、王太庆译，商务印书馆，1978，第187页。

语体系和论证方式，但这种尝试很快就以失败而告终。“自康德以后，数学的形式已不再出现于哲学之中了。他在《纯粹理性批判》中对数学的形式毫不留情地宣告了死刑。他说，哲学中的数学形式只不过带来了一座用纸牌拼凑起来的房屋而已。”① “哲学中的数学形式”之所以被视为“一座用纸牌拼凑起来的房屋”，乃是因为脱离时代和社会实践的纯粹形式化的符号系统乃是一种人工制造出来的“死”的语言。这种语言尽管在精确性上具有得天独厚的优势，但“这种精确定义的、明确的术语只有当它们嵌入语言的生活时才能生存并起交往的作用。”② 对于与人类的现实生活息息相关的哲学来说，无疑不能运用“死”的语言。因为这种语言在悬置掉一切社会现实内容的同时，也将哲学的生命力悬置掉了。这就涉及对哲学自身的理解。

哲学对自身的理解，同样经历了一个从自发到自觉的过程。在哲学漫长的发展历程中，关于哲学自身的看法林林总总。从主导方向上看，哲学基本上被视为一种人类主观思维活动的方式或结果。黑格尔的出现从根本上改变了这一根深蒂固的观念。在《法哲学原理》序言中，黑格尔指出：“就个人来说，每个人都是他那时代的产儿。哲学也是这样，它是被把握在思想中的它的时代。妄想一种哲学可以超出它那个时代，这与妄想个人可以跳出他的时代，跳出罗陀斯岛，是同样愚蠢的。”③ 这一貌似平常的论述在哲学史上却具有石破天惊之效，因为哲学的秘密在此第一次被揭开了。“哲学的秘密现在被无情地揭示了。”④ 哲学不再是人的主观的思维活动，而是思想中的时代。

既然哲学是思想中的时代，而民族语言又是一个民族须臾不可脱离的“呼吸”，“语言仿佛是民族精神的外在表现；民族的语言即民族的精神，民族的精神即民族的语言，二者的同一程度超过了人们的任何想象。”⑤ 那么，让哲学说民族语言还会是一个需要斟酌和选择的问题吗？从根本上看，让

---

① H. 海涅：《论德国宗教和哲学的历史》，海安译，商务印书馆，1974，第105页。

② 汉斯-格奥尔格·加达默尔：《哲学解释学》，夏镇平、宋建平译，上海译文出版社，2004，第88页。

③ 黑格尔：《法哲学原理》，范扬、张企泰译，商务印书馆，1961，第12页。

④ 张汝伦：《现代西方哲学十五讲》，北京大学出版社，2003，第5页。

⑤ 威廉·冯·洪堡特：《论人类语言结构的差异及其对人类精神发展的影响》，姚小平译，商务印书馆，1997，第50页。

哲学说民族语言之所以成为一个问题，其根源一方面在于对哲学自身的理解；另一方面在于对语言自身的理解。就前者而言，如果把哲学理解为人的主观的思维活动的方式或结果，而不是视为“思想中的时代”的话，那么就有可能设想出一套人工的符号系统以更好地促进哲学思维的运转，比如数学、逻辑乃至计算机语言。就后者而言，如果把语言理解为纯粹外在的传递信息的符号工具，认为语言与对象之间乃是一种简单的一一对应关系，而不是“把语言看作一种世界观”① 的话，那么让哲学说人工的“死”的语言，或者说逐渐退出人们日常生活的历史舞台的“半死”的语言，比如黑格尔时代的拉丁文，就是一件可能的事情了。

事实上，在德国古典哲学时期，哲学说拉丁语的现象十分普遍，“有如我们在路德以前只知道用拉丁文来研究神学一样，在伏尔夫之前，我们只知道用拉丁文来研究哲学。”② 而此时的拉丁文已经不再是人们日常使用的语言，而是已经成为一种文化传承意义上的学术语言和古典语言。相对于人们日常使用的英法德等活生生的语言而言，它是一种“半死”的语言。因此黑格尔不遗余力地“教给哲学说德语”，为此不惜把在哲学上的贡献并不十分突出的沃尔夫称为：“德国人的教师”，因为是沃尔夫开始让哲学讲德语，“沃尔夫第一个使哲学成了德国本地的东西。”在黑格尔看来，这是“一种不朽的贡献”。③ 一旦哲学开始说德语，那么也就意味着它可以说英语、法语、日语、汉语等各民族语言。换言之，哲学必须要说民族语言的问题迎刃而解。

二　为什么马克思主义哲学尤其需要建构民族话语体系

马克思曾经明确宣称自己是黑格尔的学生，“我公开承认我是这位大思想家的学生”④，这在一定意义上可以体现二者之间的继承关系。在关于哲学自身的理解上，马克思继承了黑格尔“思想中的时代”的基本观点，并

---

① 威廉·冯·洪堡特：《论人类语言结构的差异及其对人类精神发展的影响》，姚小平译，商务印书馆，1997，第 47 页。

② H. 海涅：《论德国宗教和哲学的历史》，海安译，商务印书馆，1974，第 76 页。

③ 黑格尔：《哲学史讲演录》第 4 卷，贺麟、王太庆译，商务印书馆，1978，第 187 页。

④ 《马克思恩格斯选集》第 2 卷，人民出版社，1995，第 112 页。

进一步指出，“任何真正的哲学都是自己时代精神的精华，……哲学不仅从内部即就其内容来说，而且从外部即就其表现来说，都要和自己时代的现实世界接触并相互作用”①。关于语言问题，马克思具有更加深刻的理解，在《1844年经济学哲学手稿》中，他把语言理解为“思维本身的要素”“感性的自然界”“思维本身的要素，思想的生命表现的要素，即语言，是感性的自然界。”② 在《德意志意识形态》中，马克思更加明确地指出：“‘精神’从一开始就很倒霉，受到物质的‘纠缠’，物质在这里表现为振动着的空气层、声音，简言之，即语言。语言和意识具有同样长久的历史；语言是一种实践的、既为别人存在因而也为我自身存在的、现实的意识。”③ 这一论断意味着纯粹的精神、意识植根于语言的土壤之中。作为人类文明活的灵魂的哲学，只有获得民族语言的形式，才能够真正为一个民族所掌握。

到此为止，我们可以说马克思主义哲学必须说民族语言，但还不能说马克思主义哲学尤其需要说民族语言。因此接下来问题的关键就在于这“尤其”二字之上，为什么马克思主义哲学尤其需要说民族语言？对于这一问题的回答，实质上涉及对马克思主义哲学基本性质的理解和把握。学界一般认为，马克思主义哲学的诞生实现了哲学史上的一场革命。这一革命从根本上改变了整个哲学的基本性质、存在方式和实现路径。我们以为，正是马克思主义哲学的根本特质及其所引发的哲学革命决定了马克思主义哲学尤其要说民族语言。

如前所述，马克思是黑格尔的学生，这展现了二者之间的继承关系。但仅限于此，还不能说明马克思何以能够创立自己的哲学并成为马克思。马克思之所以能够成为马克思，在于他对黑格尔哲学乃至整个传统哲学的变革和超越，关于这一重大事件的发生时间，国内外学界存在不同意见。比较公认的看法是写于1845年春的《关于费尔巴哈的提纲》标志着马克思主义哲学的正式形成。之所以如此，是因为《关于费尔巴哈的提纲》的第十一条揭示了马克思主义哲学的基本性质和根本旨趣：“哲学家们只是用不

---

① 《马克思恩格斯全集》第1卷，人民出版社，1956，第121页。

② 《1844年经济学哲学手稿》，人民出版社，2002，第90页。

③ 《马克思恩格斯选集》第1卷，人民出版社，1995，第81页。

同的方式解释世界，而问题在于改变世界。”①

应当说，《关于费尔巴哈的提纲》的第十一条以最为简洁的文字揭示了马克思主义哲学的基本性质和根本旨趣：改变世界。如果说以往的哲学都是解释世界的哲学的话，那么马克思主义哲学就是改变世界的哲学。在此问题的关键在于如何理解改变世界。进而言之，作为观念形态的哲学如何改变世界呢？是通过揭示世界的本质规律来改变世界吗？当然不是，如果是这样的话，那么马克思主义哲学也只能归属于解释世界的哲学，只不过是以一种新的方式或范畴来解释世界而已。倘若如此，那么马克思所引发的哲学革命也不过是传统哲学内部的“改朝换代”而已，不过是“一些原则为另一些原则所代替，一些思想勇士为另一些思想勇士所歼灭”，而这一切又“都是在纯粹的思想领域中发生的”。② 因此，它们在最好的情况下也只能是给人类的哲学殿堂增添几尊圣像，而不可能真正触动并改变哲学的基本性质和存在方式。

事实上，马克思已经在此前的《〈黑格尔法哲学批判〉导言》明确指出：“批判的武器不能代替武器的批判，物质力量只能用物质力量来摧毁。”③ 在此后的《德意志意识形态》中更是予以了富有原则高度的论述：“对实践的唯物主义者即共产主义者来说，全部问题都在于使现存世界革命化，实际地反对并改变现存的事物。”④ 不难看出，马克思主义哲学作为改变世界的哲学，其关注点在于使现存世界革命化，实际地反对并改变现存的事物，这就开启了一种全新的哲学视域和地平线。在这种全新的哲学地平线上，一切问题，甚至传统哲学中最为基本和核心的问题，都会呈现出完全不同的面貌。为了更为清晰地说明问题，我们可以引用一段对马克思的访谈。

1880 年，英国《太阳报》通讯员约翰·斯温顿对马克思进行了访谈，以下为访谈记录：“我（斯温顿——引者注）思考着现今时代和过去时代的空虚和苦痛，思考着白天的谈话和夜间的活动，脑子里产生了一个涉及存在的最终规律的问题。我想从这位哲人那里得到回答。在人们沉默下来的

① 《马克思恩格斯选集》第 1 卷，人民出版社，1995，第 61 页。
② 《马克思恩格斯选集》第 1 卷，人民出版社，1995，第 62 页。
③ 《马克思恩格斯选集》第 1 卷，人民出版社，1995，第 9 页。
④ 《马克思恩格斯选集》第 1 卷，人民出版社，1995，第 75 页。

时候，我搜索枯肠寻求最有分量的字眼，后来我用下面这样字字千钧的语句向这位革命家和哲学家提问：‘什么是存在?’他（马克思——引者注）眼望着我们面前咆哮的大海和海滩上喧闹的人群，一瞬间好像陷入了沉思。对我问的‘什么是存在’这个问题他用深沉而庄重的口气回答说：‘斗争!’”① 存在问题是西方传统哲学的核心问题，对于受过西方传统哲学影响的人而言，在面对“什么是存在”的问题时，心中预期的答案必然是一系列概念术语的组合和推演，但马克思却以最为朴素的日常语言——“斗争”来回答“什么是存在”这一纯粹哲学问题。这将令绝大部分“哲学家”有“踏空”之感。

通过这一访谈片段，我们可以理解马克思主义哲学的诞生彻底改变了哲学的基本性质和存在方式。哲学不再是一门像数学、物理学意义上的学科，不再是“作为哲学的哲学”，而是成为现实生活的一部分。考虑到马克思为之奋斗终生的伟大事业乃是实现人类解放，再加上马克思发现了实现人类解放的物质力量——无产阶级，并努力使无产阶级联合起来，“哲学把无产阶级当作自己的物质武器，同样，无产阶级也把哲学当作自己的精神武器；思想的闪电一旦彻底击中这块素朴的人民园地，德国人就会解放成为人。”② 哲学遵循的就不再是思辨的规律，而是现实生活的规律，因为只有在现实世界之中并通过现实的手段才能真正实现人类解放。要完成人类解放这一前无古人的伟大使命，马克思主义哲学还会有可能不说民族语言吗？换言之，一种脱离生活实践的纯粹形式的符号系统有可能完成实现人类解放的历史使命吗？答案无疑是否定的。

回到马克思的文本，我们不难发现，马克思在叙述自己的思想时总是选择那些人们所熟悉的日常语言，比如笛卡尔的“我思”、康德的“统觉”、费希特的“自我”，到了马克思那里，就变成了“现实的个人”。对于“现实的个人”的界定，也同样运用了常人易于理解的日常语言：“这些个人是从事活动的，进行物质生产的，因而是在一定物质的、不受他们任意支配

---

① 《马克思恩格斯全集》第 45 卷，人民出版社，2003，第 721 ~ 722 页。原文载于 1880 年 9 月 6 日《太阳报》。这篇访问记见报后，马克思曾于 1880 年 11 月 4 日写信给斯温顿说：“应该谢谢你在《太阳报》上所写的友好的文章”（《马克思恩格斯全集》第 34 卷，人民出版社，1972，第 446 ~ 447 页）。

② 《马克思恩格斯选集》第 1 卷，人民出版社，1995，第 15 ~ 16 页。

的界限、前提和条件下活动着的。”即使在表述历史唯物主义的基本原理时，马克思也同样采用了非常朴素的语言：“不是意识决定生活，而是生活决定意识。”①

需要指出的是，马克思对自己语言的选择和运用绝不是偶然和随意的，而是深思熟虑之后的“有意为之”。当然，在其思想的早期阶段，难免因受到传统哲学的影响而采用了“人的本质”“类”等传统哲学的抽象语言，但马克思很快就发现了问题，在《德意志意识形态》中回顾“通向唯物主义世界观的道路”时，他曾对此予以了如下分析：“这一道路已在‘德法年鉴’中，即在‘黑格尔法哲学批判导言’和‘论犹太人问题’这两篇文章中指出了。但当时由于这一切还是用哲学词句来表达的，所以那里所见到的一些习惯用的哲学术语，如‘人的本质’、‘类’等等，给了德国理论家们以可乘之机去不正确地理解真实的思想过程并以为这里的一切都不过是他们的穿旧了的理论外衣的翻新。”② 可见，马克思清晰地意识到自己“旧瓶装新酒”的做法乃是一种权宜之计，这从一个侧面也可以再次说明，马克思主义哲学比其他任何哲学更需要说民族语言，而且是说人们熟悉的日常语言。

三 怎样建构马克思主义哲学的中国话语体系

经过上述研究我们可以知道，马克思主义哲学尤其需要说民族语言。对于中国的马克思主义哲学而言，让马克思主义哲学说汉语应当说是题中应有之义。换言之，问题已经不在于是否应当建构马克思主义哲学的中国话语体系，而在于应当怎样建构马克思主义哲学的中国话语体系。

（一）建构马克思主义哲学中国话语体系的根本旨趣：不是解释世界，而是改变中国

“十月革命一声炮响，给我们送来了马克思列宁主义。”这是 1949 年毛泽东在总结中国共产党 28 年的光辉历程时提出的一个著名判断。这一颇为

---

① 《马克思恩格斯选集》第 1 卷，人民出版社，1995，第 71 ~ 73 页。

② 《马克思恩格斯全集》第 3 卷，人民出版社，1960，第 261 ~ 262 页。

形象的描述已经进入了现代中国人思想的深层空间，成为“生在红旗下，长在新中国”一代人的集体记忆。

从语言的角度来看马克思主义哲学中国化的存在方式，可以发现一大批马克思主义哲学的核心术语已经深入到了现代汉语的话语体系之中，比如革命、资本、阶级、封建、劳动、解放、唯物论、矛盾、辩证法、价值、意识、人民、理论、实践、意识形态、经济基础、上层建筑、生产关系、社会主义、共产主义、政治经济学、布尔什维克……，这些马克思主义哲学的核心术语已经成为现代中国人话语体系中不可分割的组成部分，人们对这些术语的使用是如此之频繁、如此之随意、如此之自然，完全意识不到它们是异域文化的“舶来品”，也完全意识不到相对于底蕴深厚、历史绵延已达数千年之久的中华文化而言，它们的存在时间不过只有短短百年。“在当下的大众话语中有如此众多的‘革命话语’影响着国人的思维和语言体系，也可以说‘马克思主义中国化’已经达到了一定程度上的‘无意识’状态，因为人们如此频繁而平常地使用这些马克思主义术语，基本意识不到这些原本属于‘外来’的‘革命话语’。”①

同马克思主义哲学的中国化相似，马克思主义哲学话语系统的汉语化同样不是一蹴而就的，而是历经波折。以《共产党宣言》开头第一句话为例，“一个幽灵，共产主义的幽灵，在欧洲游荡。”② 中的“幽灵”一词为例，从1907年德文Gespenst第一次出现汉译，到1995年新版《马克思恩格斯选集》出版，88年间一共出现了9个汉语词汇来对应Gespenst，分别为“异物、妖怪、怪物、巨影、幽灵、精灵、怪影、魔影、魔怪。”③ 这表明马克思主义哲学基本概念中国化的过程往往需要经历一个众多词汇共存并相互竞争的阶段，之后才会逐渐归于统一。在此需要注意的是马克思主义哲学中国化过程中的一个特殊现象，即对马克思主义及其哲学著作的翻译不是为了翻译而翻译，即翻译的根本目的不是为了进行纯粹的学术研究，而是为了解决当时中国所面临的重大问题。“《共产党宣言》也是在中国的社会问题空前严重的时期被引入汉语的，那些译者们和马克思恩格斯一样是

① 刘兴民：《马克思主义中国化研究的新视角》，《人民论坛》2011年第2期。

② 《马克思恩格斯选集》第1卷，人民出版社，1995，第271页。

③ 马天俊：《对〈共产党宣言〉中国化的一点反思——Gespenst如何说汉语?》，《马克思主义与现实》2009年第1期。

饱学之士，但他们翻译《共产党宣言》却不是作为学者来进行学术翻译，而是感到《共产党宣言》的内容和中国问题的深切关联，觉得翻译乃是他们带头变革中国社会的崇高行动的一部分，他们才从事翻译的，这和马克思恩格斯之所以撰写《共产党宣言》堪称殊途同归。”[①] 既然翻译的根本目的不是为了纯粹学术研究，而是为了“变革中国社会”。用我们熟悉的语言来说，即不是为了解释世界，而是为了改变中国。“中国人选择马克思主义，目的是寻求解决中国向何处去的根本道路问题。”[②] 这就意味着在汉语词汇的选择上就不是以精确性为唯一选择，而必须进一步考虑到普通中国人的可接受性，只有借助于中国人易于接受的语言形式，马克思主义哲学才能够通过影响普通中国人的思想观念来引导他们从事改变中国的行动。

（二）建构马克思主义哲学中国话语体系的根本路径：改造与创造

从历史上看，作为一个具有悠久历史和深厚文化底蕴的文明古国，中国的语言和文化具有很强的稳定性和包容性。在与外来文化的交流中，中华文化总是从本国语言的词汇中寻找相应的词汇来解读外来文化；与之相应，外来文化要真正进入中国并实现中国化，就必须借助于汉语词汇中的对应词并予以语义上的改造。从历史上看，汉唐之际的佛教中国化是如此，百年来马克思主义哲学中国化的历程也是如此。比如我们以上提到过的众多术语：革命、资本、阶级、封建、劳动、解放、矛盾、价值、意识、人民、理论、实践、唯物论、辩证法、意识形态、经济基础、上层建筑、生产关系、社会主义、共产主义、政治经济学、布尔什维克……，除了布尔什维克为音译之外，其他均为汉语词库中的既有词汇。德国学者李博在《汉语中的马克思主义术语的起源与作用》中曾对此予以总结：“像其他所有现代汉语术语一样，任何马克思主义术语在中文中的发展史都以初造词为开端。也就是说，中文在吸收来自西方的概念时，必须在中文中为它找

① 马天俊：《对〈共产党宣言〉中国化的一点反思——Gespenst 如何说汉语？》，《马克思主义与现实》2009 年第 1 期。

② 余品华：《论“马克思主义中国化”与“马克思主义哲学中国化”》，《湖南科技大学学报》（社会科学版）2010 年第 1 期。

到相应的语言形式以作为它恰当的物质载体。”① 只有这样，才能使中国读者产生一种先天的亲和力，从而有助于他们理解和接受马克思主义哲学，以最终推动马克思主义哲学在中国的传播和发展。

需要注意的是，汉语中的既有词汇在成为马克思主义哲学重要术语的同时，其原有含义逐渐被淡化，乃至遗忘，新的含义则打上了鲜明的时代烙印。比如“封建”一词，汉语中原意指：“封土建国”“封爵建藩”，《诗·商颂·殷武》：“命于下国，封建厥福”谓大立。《左传·僖公二十四年》：“昔周公吊二叔之不咸，故封建亲戚，以蕃屏周”。后以“封建”来译feudal，遂有了社会形态和社会制度层面上的含义，后来在引申意义上又有了“前现代”“落后”“思想保守”等含义。这与“封建”的古义已相距遥远，但也从一个侧面印证了语言乃是一条流动不居的河流，流动越久，距源头越远。语言之河在流动过程中不停地吸收沿岸支流，这些汇聚的支流不断改变着河流自身的构成。正是在这种永不停息的继承与改造之中，语言获得了蓬勃的生机和活力。

从现实上看，马克思主义哲学中国化的生命力在于深入实践、把握时代。要完成这一使命，就不仅需要利用马克思主义哲学中国化的话语体系来解读中国问题，而且需要从社会实践和现实生活中挑选出理论和时代所需要的新话语，并予以提炼和创造，使之成为马克思主义哲学话语系统中最具生命力的部分。毛泽东在此方面堪称典范。以实事求是一词为例，实事求是最初出现于东汉史学家班固撰写的《汉书·河间献王传》，讲的是西汉景帝第三子河间献王刘德“修学好古，实事求是”。唐代学者颜师古在给这段话作注时写道：“务得事实，每求真是也。”意思是说必须要以事实为根据，以求得正确的结论。1941 年，毛泽东依据革命实践的需要，撰写了《改造我们的学习》一文，文中借用了“实事求是”一词，并对其做出新的解释。“‘实事’就是客观存在的一切事物，‘是’就是客观事物的内部联系，即规律性，‘求’就是我们去研究。”② “实事求是”指从实际对象出发，探求事物的内部联系及其发展的规律性，认识事物的本质。此后，实事求是逐渐成为中国共产党的思想路线和行动指南，深刻改变了现代中国

① 李博：《汉语中的马克思主义术语的起源与作用》，赵倩、王草、葛平竹译，中国社会科学出版社，2003，第 1 页。

② 《毛泽东选集》第 3 卷，人民出版社，1991，第 801 页。

人的生活和实践。

需要注意的是，让马克思主义哲学说汉语绝不意味着马克思主义哲学研究应当沉浸于现实世界之外的概念推演和语言分析之中，这种研究方式恰恰是马克思所反对的“解释世界”哲学的惯常做法。回顾历史，马克思主义哲学自从进入中国以来，就一直通过对中国问题的深刻反思和中国道路的不懈探索改变着中国人民的历史命运。可以说，马克思主义哲学中国化的百年历程以历史画卷的方式形象展现了马克思主义哲学的根本性质：改变世界。面向未来，中国的马克思主义哲学不仅要说人民群众喜闻乐见、新鲜活泼的现代汉语，而且要将自己思想的触角牢牢植根于中华民族的精神土壤之中，敏锐捕捉中国人民的光荣与梦想、痛苦与希望，深刻把握世界历史发展的时代逻辑和现实矛盾。唯有如此，马克思主义哲学中国化的历史使命才能够得以实现，唯有如此，中华民族的复兴之路才能够越走越宽。

论社会主义核心价值观的国际话语权[*]

毛　跃[**]

世界历史进程表明，一个国家要走向世界、要发展强大，重要的是在国际各领域特别是在意识形态领域拥有自己的话语权。从目前世界范围的政治文化形势来看，西方发达国家主导的国际话语权格局仍使西方意识形态的话语权一直保持着巨大的能量，霸权主义和强权政治的渗透，使得国际交流与对话中一系列的对立和斗争日趋尖锐，压制着发展中国家的声音，消解着发展中国家的话语权的崛起，对于我们巩固社会主义主流价值理念、扩展社会主义核心价值观的国际话语权、提升社会主义国家的文化软实力、扩大社会主义核心价值观的影响力，构成了极大的挑战。本文拟就提升社会主义核心价值观的国际话语权问题作些探讨。

一　进一步提升社会主义核心价值观国际话语权的现实要求

美国当代著名的国际政治理论家塞缪尔·亨廷顿指出："文化和文化认同（它在最广泛的层面上是文明的认同）形成了冷战后世界上的结合、分裂和冲突模式。"① 在全球化进程中，随着近年来资本全球扩张，裹挟在经济交往中的资本主义核心价值观在全球范围广泛传播，由此而引致的全球价值观冲突、"文明的冲突"不断加剧。世界范围内各种思想文化相互交

---

* 本文系2012年浙江省哲学社会科学规划课题（12JCML04YB）的研究成果；本文原刊于《浙江社会科学》2013年第7期。

** 毛跃，浙江省社会科学院副院长。

① 塞缪尔·亨廷顿：《文明的冲突与世界秩序的重建》，周琪等译，新华出版社，2002，第4页。

织、相互激荡，西方各种敌对势力对我西化、分化有增无减的严峻现实，当前复杂的国际经济、政治、文化形势对社会主义核心价值观赢得价值引导的国际话语权、提升价值评价的国际话语权、夺取价值整合的国际话语权、展开价值批判的国际话语权提出了现实而紧迫的要求。

1. 面对复杂的国际经济形势，必须取得价值判断和价值批判的国际话语权

“资本主义的经济危机，过去是八年到十年出现一次，经过多次反复。”[①] 2008 年由美国为中心扩散至全球的国际金融危机和经济危机，深刻地影响着世界经济的格局和走向，暴露了资本主义发展模式的缺陷，近年来愈演愈烈的美债危机和欧洲主权债务危机，更加说明了西方自由主义理论的不足和无力。在严峻的现实面前，马克思主义再次显示出它的强大生命力。在“中国模式”成为全球话题，中国经济发展世人瞩目的情况下，应该在解释中国实践和经验的基础上，进一步丰富和发展中国特色社会主义理论体系，形成自己的话语体系，发出自己的声音，对世界形势和事务，作出自身的价值判断，对带有负面价值因素的事物，作出价值批判，从而取得价值判断和价值批判的国际话语权，更好地坚持和发展中国特色社会主义。

2. 面对西方文化扩张、价值渗透，以及覆盖世界的“西方话语霸权”，必须掌握意识形态领域话语权和舆论主导权

当前，全球思想文化交流交融交锋呈现新特点，国际敌对势力西化、分化我国的重要手段之一就是利用强势话语权进行意识形态渗透，近几年，接连不断地针对中国抛出新自由主义、反思改革、民主社会主义、普世价值和茉莉花革命等言论和思想，尤其是普世价值，对中国产生了非常严重的不利影响。塞缪尔·亨廷顿指出，文明断层线上的冲突或战争比单纯由政治与经济造成的冲突更难以协商调和，同时还有暴力水平高、时断时续、意识形态混乱等诸多特点，在时间上相对持久。在不同思想文化猛烈激荡、价值之战从未停息并且愈演愈烈的当下，我们必须警惕西方普世价值论的陷阱，坚定中国特色社会主义共同理想，以及对社会主义价值本性的理论自信，有效维护社会主义的意识形态安全。

---

① 《毛泽东文集》第 8 卷，人民出版社，1999，第 105 页。

3. 面对国内社会思想观念多元多样多变更加明显，必须最大程度上增进我国主流意识形态的社会价值认同、增强民族凝聚力

社会主义核心价值观从价值理念的层面体现了社会主义的本质，是社会主义社会的灵魂和支柱，影响着国家、社会个体或群体的思想观念与价值取向，是社会主义先进文化区别于另一种文化的基本价值观念。全球化浪潮迅速发展的今天，多元文化冲突为我国主流意识形态建设带来前所未有的威胁。与此同时，西方的渗透同国内的噪音、杂音相呼应，影响人们的思想，干扰改革发展大局。自由主义思潮的泛滥、西方民主化浪潮的冲击和意识形态终结论的影响，都在很大程度上淡化了我国主流意识形态的社会认同。最大限度地统一思想，引领社会思潮，增强民族凝聚力，必须提升社会主义核心价值观的话语权。

4. 面对建设社会主义文化强国的长远战略目标，必须增强国家文化软实力、提升中国国际形象

当今世界，衡量综合国力的一个重要标准就是看一个国家的文化在国际上的影响力，特别是其价值理念、发展道路、国民素质、国家形象等能不能在国际上有竞争力。有一个现象应引起我们思考：在当今世界对重大现实问题的人文关切与思考中很少有“中国学派”的声音，我们的学术前沿就是学习和传播西方的学术话语。要使我们的文化具有无形的集体认同力和感召力，以优秀文化影响国民的思想和行为，增强民族自信心自尊心，必须推广我们的价值观，维护国家文化安全，扩大我国的国际影响力，输出传播社会主义核心观，增强当代中国的国家认同，从而提升中国文化的国际影响力。

5. 面对全球互联网的广泛普及和传播格局的深刻变革，必须维护国家文化安全和核心利益

面对网络化和全球化的迅猛发展，文明在政治、经济等领域的作用越来越突出，将是人们所无法回避的大趋势，亨廷顿提出文明的冲突真可谓是这种大趋势的一种反映。凭借信息技术上的优势以及英文作为网络的主要传播语言，西方国家主宰了互联网的“话语权”。随着信息网络技术的发展，西方国家正悄然冲破民族国家的传统国界和主权，以数字化的方式在虚拟空间中大肆传播西方的价值观念，使我们习惯于在享受中接受着西方文化的熏陶，而不断排斥着中国传统的价值认同和行为方式。对此类现象若长期听之任之，必然会对我国政界、舆论界和民众产生潜移默化的影响，从而威胁到社会主义核心价值体系的建设。

二　社会主义核心价值观及其国际话语权的内在逻辑

从词源学上看，“话语”（discourse）来自拉丁语，是社会互动过程中呈现的复杂的语言和言语方式。话语的构成要素包括：话语所运用的概念、所选择的论述对象或议题、对事实的陈述、对规则的把握、逻辑推理的严谨性与论证方式方法的科学性、话语所包含的价值观和意识形态本质等。语言本身是由世界和意识决定的，语言的范畴中包含有世界和意识的范畴。话语之所以能产生权力，关键在于话语中裹挟的核心价值观得到认同，其表达方式和潜在内容赢得认可。

法国后结构主义的主要代表人物米歇尔·福柯（Michel Foucault），在1970年当选法兰西学院院士时发表的就职演说《话语的秩序》中，提出了著名的论断：话语即权力。话语内含着主体特定的意图或目标，在舆论形成中造就优势，进而形成一定的社会权力。福柯认为，话语是与社会权力关系相互缠绕的具体言语方式。“话语意味着一个社会团体依据某些成规将其意义传播于社会之中，以此确立其社会地位，并为其他团体所认识的过程。”[①] 福柯进一步指出，话语的外在功能，就是“对世界秩序的整理”，因此，谁掌握了话语，谁就掌握了对世界秩序的整理权，也就掌握了“权力”。因而，话语权的产生，在于言说者通过合适的言语谋求舆论的主动，获取最大程度的受众认可，以达到既定的目的。其言语影响力的大小就是话语权的大小。[②]

话语权作为通过话语的运用体现和获得的权力，有别于“言语权”，后者强调的是主体表达语言的权利，而前者突出的是主体表达的语言含义为外界认可的权力。因此，话语权就是对外影响力、控制权，本质不是“权利”（right），而是“权力”（power）。

话语权所展现的影响力主要是价值观的影响力。马克思主义认为，价

---

① 王志河：《福柯》，湖南教育出版社，1999，第195页。

② 邹应猛：《国际体系转型与中国国际话语权提升战略》，《东南亚纵横》2010年第10期。

值观是主体以其需求系统为基础，对主客体之间的价值进行整合而形成的观念形态（及思想和思想体系）[①]，是主体对外在于自身的事物或现象所蕴含意义的根本观点、根本看法和根本态度。话语作为文化的载体，文化化人作用发挥的原动力是价值观效用的发挥。价值观作为文化的核心，是话语背后观点、看法、态度的承载者，不仅是个体实现自我认同和社会认同的基本路径，也是社会对成员实现整合、对外界施加影响的重要手段。话语权以价值观为重要支撑，没有鲜明价值观支撑的话语苍白无力，影响力和控制力势必微弱。同时，话语权的提升有助于增强价值观的传播力和影响力，缺失话语权的价值观，效用发挥受到限制，必将行而不远。

在全球化浪潮势不可挡的今天，国与国之间的联系日益紧密。在当前国际格局和权力结构深刻变化的背景下，国际话语权的作用日益凸显。

所谓国际话语权，即一国由话语产生的权力，该权力能以非暴力、非强制的方式改变他人、他国的思想和行为，是国家文化软实力的重要组成部分。众所周知，战争时期，武器是最重要的权力，谁的武器先进和强大，谁能在战争中取胜，谁就具有最大的权力。和平建设时期，国际话语权就成了最重要的武器，谁在国际上有资格说话，谁说的话最有影响力和号召力，谁就掌握了最大的权力。

任何一个国家的发展强大，都需要在国际舞台上彰显自身的实力，不仅是经济、军事、科技等方面的硬实力，更包括以核心价值观为主的文化软实力，并拥有一定的国际话语权，从而得以在国际上，特别是意识形态领域占据一席之地。

国际话语权问题的提出，与国家文化软实力问题的提出，同样基于国际竞争方式的变革。冷战后，随着第三次科技革命影响的日益深入，国际竞争中单凭硬实力称雄天下的格局难以恒久维持，新的综合国力竞争方式浮出水面。其中，文化软实力的竞争逐步成为竞争的重点因素和最终决定力量。所谓软实力，是指“国域（民族）文化的吸引力和感染力、意识形态和政治价值观的吸引力、外交政策的道义和正当性、处理国家关系时的亲和力、发展道路和制度模式的吸引力和国际规范、国际标准、国际机制

---

① 田海舰、戴沐：《社会主义核心价值观初探》，《道德与文明》2007 年第 1 期。

的导向制定的控制能力以及国际舆论对一国国际形象的赞赏和认可程度。"① 从根本上讲，就是文化所具有的核心价值观的生命力、凝聚力。

就某种意义而言，文化软实力是国际话语权的内在要素，侧重吸引力；话语权是软实力的外部表现，映现的是影响力。国际话语权与国家文化软实力，二者一体两面、不可分割，有机统一于一国的核心价值观。一个拥有强大文化软实力的国家，必定拥有生动凝练的核心价值观念，从而拥有坚实稳固的国际话语权。

正如美国政治学家汉斯·摩根索指出的，当今国际政治"不仅以传统的政治压力和武力方法进行，而且在很大程度上是争夺人心的斗争"②。所谓文化的竞争，本质上，就是价值的比拼，是核心价值观念的较量。一国的核心价值观念，作为文化软实力的基本资源要素，成为国家话语权确立与提升的基本依托。

当前，在世界各种思想文化交流交融交锋日益频繁的背景下，谁占据了文化发展的制高点，谁拥有强大的文化软实力，谁的核心价值观念赢得更多认可和支持，谁就能在国际舞台上拥有稳固的国际话语权，就能在国际竞争中赢得主动权。

从我国实际看，中国"文化软实力显著增强……中华文化走出去迈出更大步伐，社会主义文化强国建设基础更加坚实"③。在国际上有了一定的话语权，但"权力"还不大，有话语权的领域还比较少，特别是社会主义核心价值观的国际话语权，更是亟待加强。

中国共产党历来高度重视文化建设，党的十七届六中全会更是鲜明提出了建设"文化强国"的长远战略。党的十八大报告提出要"扎实推进社会主义文化强国建设"，并积极探索社会主义核心价值观的科学表述，对社会主义核心价值观的内涵做出了开放性的、富有创新性的探索——"富强、民主、文明、和谐，自由、平等、公正、法治，爱国、敬业、诚信、友

① 唐晋主编《大国策：通向大国之路的中国软实力·文化产业发展战略》，人民日报出版社，2009，第40页。

② 汉斯·摩根索：《国家间的政治——寻求权力与和平的斗争》，汤普森修订，徐昕等译，中国人民公安大学出版社，1990，第115页。

③ 胡锦涛：《坚定不移沿着中国特色社会主义道路前进为全面建成小康社会而奋斗》，《人民日报》2012年11月18日。

善”。这“二十四字”的表述立足中国特色社会主义核心价值观演进史，承继马克思主义经典作家对社会主义核心价值观探索的历史成果，传承中华优秀文化价值传统，又汲取西方价值观探寻的有益成果，从历史、社会、个体三个层面凝集了社会主义的核心价值取向、价值准则与价值目标，凸显社会主义制度的先进性与优越性，构成了较为系统的价值观念体系，是社会主义核心价值观探索的最新成果，为其国际话语权的确立奠定了良好的文本基础。因而，赢得价值引导的国际话语权、提升价值评价的国际话语权、夺取价值整合的国际话语权、展开价值批判的国际话语权，突出地摆在中国面前。中国与西方话语权之间的对立，究其本质，是意识形态之间的对立，是马克思主义价值观与西方价值观的对立，是试图将世界纳入西方价值体系的努力和马克思主义价值观的扩展的努力之间的对立。基于此，社会主义核心价值观国际话语权的提升现实而紧迫、任重而道远。

不可否认的事实是，中国在争取国际话语权上正面临着严重挑战。美国和西方之所以在总体上拥有强势话语权，是在于“话语特性”与它们强大的“话语能力”，尤其是话语所包含的意识形态和价值的影响力。与此同时，美国和西方还拥有强势的媒体与传播能力。目前四大西方主流通讯社美联社、合众国际、路透社、法新社每天发出的新闻量占据了整个世界新闻发稿量的4/5。传播于世界各地的新闻，90%以上是由美国等西方国家垄断的。西方发达国家主导世界新闻舆论和控制世界传媒市场，从而形成了这一平台的话语霸权。

面对国际话语权的失衡局面，中国如何处理与国际社会的关系、应对外在世界的各种质疑和挑战、向国际社会说明自身发展道路的正当性、保障自身的合理权益等，都依赖于自身在国际话语秩序变迁过程中的具体努力。

三 进一步提升社会主义核心价值观国际话语权的基本路径

社会主义核心价值观国际话语权的提升是一项系统工程。面对当下西方话语仍在国际话语结构中拥有的似乎难以逾越的“霸权”地位，如何加大提升社会主义核心价值观国际话语权的建设力度，提升中国的国际话语权，任重而道远。

1. 突破现有国际话语格局

中国是全球第二大经济体和贸易大国，也是联合国安理会常任理事国，并在国际社会扮演重要角色。中国希冀在国际事务上拥有更多话语权，是顺理成章的。因此，要以高度的文化自觉和文化自信，及时总结社会主义核心价值体系建设的经验，从中精炼出一些具有普遍意义的话语，积极主动地贡献给世界，以提升我国国际话语权。

当今国际话语格局也出现了一些新的发展态势，西方谋求话语霸权也面临着重重困境。在国际政治中，中国、俄罗斯等有影响力的国家都坚决拒绝西方的话语霸权，并积极发展自己的话语权。美国和西方在东欧推动的“颜色革命”，在中东推销“大中东民主计划”，结果陷入泥沼，使这些国家更加动荡不安，西方的话语权不断削弱。在这些问题上，不是中国接受西方话语的问题，而是西方如何克服自己话语僵化的问题，是西方最终可能要接近甚至接受我们话语的问题。社会主义核心价值观建立在对包括“普世价值”在内的全人类一切优秀文明成果的批判继承之上，社会主义的基本理念、价值体系和基本制度，进一步放射出理性的光辉，显现出比资本主义更具优势，更有生命力的前途，因而充分展现出吸引力。

但社会主义核心价值观国际话语权，不会自动实现，要靠我们主动去争取，这就要求我们寻找出现实有效路径进一步突破现有国际话语格局。尽管美国等西方发达国家拥有强势的国际话语权，但国际话语权并不完全按照国家实力的大小来分配，就具体议题而言，小国掌握主流话语权的例子比比皆是。如北欧一些小国在全球气候变暖与二氧化碳减排问题上比中国、印度甚至美国这样的大国更“理直气壮”，梵蒂冈这样的“国中之国”比绝大多数国家在宗教问题上有更多的话语权。① 身处西方国家对中国和平崛起的“百般挑剔”的国际环境，中国要突破现有国际话语格局，一方面要进一步把握话语主动权，抵御对西方话语霸权的进攻态势，以继续维护国家核心利益为原则进行坚定而有力的回击，另一方面也要从自身话语实际出发，构建中国特色的话语体系，注重展示责任中国的大国风范和形象。

---

① 张志洲：《和平崛起与中国的国际话语权战略》，《今日中国论坛》2012 年第 8 期。

2. 推动形成“中国话语体系”

如果认为国家实力强大了自然就有强大的国际话语权，那就无法理解当今实力不断崛起的中国为何反而走不出话语权不足的困境。走出“由实力决定话语权”的迷信，是直面中国崛起的话语权需求，踏实地构建中国国际话语权战略的一大理论前提。①

如果话语本身体系完备、逻辑性强，那么自然容易说服人。根据话语的构成要素可知，一个国家的“话语能力”事实上可分解为概念的创新能力、议题的设置能力、对事实的说明能力、对规则的制定和把握能力、逻辑性和科学性上的说服能力、价值观和意识形态的被认同度，以及基于上述这些能力之上的话语引导能力。话语产生权力，关键正在于话语质量。②因而，我们要进一步提升话语质量，特别是反映出本国的核心价值观。核心价值观是一个国家各种话语阐述的价值源泉，只有核心价值观明确，才能构建起一国的国际话语体系。

坚持用蕴含着先进的价值观的话语对外讲话，着力回答人类面临的共同问题。面对棘手的全球性挑战，如贫困问题、战争问题、恐怖主义问题、文明冲突问题等，西方价值观拿不出有效的对策。西方主导的国际政治、经济秩序及“民主输出”模式使多数发展中国家继续贫困、世界更加动荡不安。针对这种情况，中国政府要高度关注和深入研究当今人类社会所共同面临的各种重大理论和现实问题，紧密结合时代特点，开展系统研究，提出独立见解，推出具有国际影响力的原创性研究成果，使中国声音“走出去”，发出响亮的中国声音，积极谋求国际共识。要充分认识到知识分子往往是话语的制造者和传播者，学者的看法与意见有时比政府宣传更有效，大力推进中国模式的学术话语体系创新，努力形成有说服力、感染力、影响力、竞争力的“中国话语体系”。

推进中国话语体系创新，既要学习借鉴世界各国哲学社会科学研究的有益成果，又要防止照搬照抄、“削足适履”、“妄自菲薄”。西方文明有其长处，值得我们学习，但也有其短处，特别是过多的自我中心，过多的对抗哲学，过多的好为人师，这种狭隘的政治话语解决不了今天这么复杂的

① 张志洲：《和平崛起与中国的国际话语权战略》，《今日中国论坛》2012 年第 8 期。

② 张志洲：《和平崛起与中国的国际话语权战略》，《今日中国论坛》2012 年第 8 期。

世界性难题。倒是中国的崛起，特别是中国文化软实力的崛起，为解决世界性的问题带来了一些希望。中国独特的发展模式和消除贫困的经验，中国在对外关系中奉行的“平等互利”的理念，中国“和谐包容”“和而不同”的思想，体现了中国文化中的“整体观”“辩证观”“天下观”，为解决世界“文明冲突”这个难题提供了宝贵的思路。要立足我国改革开放的巨大成就和丰富实践，对中国特色社会主义道路、科学发展、和谐社会、和谐世界、包容性发展，以及社会主义核心价值体系中蕴含的一系列重要理念进行深入阐释和解说，不断概括出理论联系实际的、科学的、开放融通的新概念、新范畴、新表述。

3. 建构提升国际话语权的平台与渠道

明确战略构想。坚持以开放、融合的心态，制定社会主义核心价值观的国际话语权提升战略。党和国家要研究提出实质性的战略内容，对社会主义核心价值观的国际影响能力有清晰的定位，对国家的核心价值观及其话语体系要有精到的重构，对建设发达的人文社会科学要有具体的举措，对具体的领域与问题也应有具体的话语权要求，对用什么来和对象国社会中的舆论权威进行竞争与争夺要有全面的考量与对策。

采取针对策略。亨廷顿一直对当今世界正处于上升势头的儒家文明与伊斯兰教文明充满忧虑，为对抗儒家文明与伊斯兰教文明的结盟和延缓西方文明的没落，他的策略是利用北约以维护和保卫现在强势将来可能会衰落（但不是直线式的衰落、会出现反复、时间上来讲可能与西方兴起所需的时间差不多）的西方文明。针对亨廷顿的策略，我们必须采用针对性的有效策略，进一步建构提升社会主义核心价值观国际话语权的平台与渠道。国际话语权争夺的历史表明，能发出自己的声音，表明其拥有自己的世界和自我的历史意识，反之，则表明世界和意识对其的外部化。无言状态和失语状态说明言说者的缺席或被另一种力量强行置于“盲点”之中。改革开放30多年来，我们一直在吸收西方的先进文化，却没能很好地将自己的文化与核心价值观及时地送出去。在面向未来、走向世界的进程中，必须着力提高传播、输出社会主义核心价值观的能力和水平，从而提升中华思想文化的国际影响力。

构建多元平台。中国在国际话语权的话语平台方面，进一步加强中国政府与各国政府的交流与沟通，构建顺畅的“官方平台”，通过彼此交流，强化核心价值观的国际话语权，提升中国国家形象。充分发挥外交的作用，要把“以人为本”的理念体现在中国对外关系的具体实践上，开辟和建设以“和谐世界”为特色的国际话语平台来增强中国在国际事务问题上的话语权。

除了走“官方渠道”外，还要特别注意“民意渠道”（中国外部和内部的民意力量）。中国民间对西方的一些带有偏见和成见的媒体报道所作出的强烈反应，体现了中国民间国际话语权渠道的逐步打开。进一步加强中国非政府组织与国际非政府组织之间的接触和沟通，通过彼此交流扩大国际话语权。

提高传播能力。应建设受众广、信息广大、影响力强、覆盖全球、高质量的国际一流媒体，进一步提高国际舆论引导能力，掌握话语权、赢得主动权。总结发扬中国自己的优势话语，强化学术理论支撑，及时转化为国际话语，赢得话语权。主动设置议题，设置对自己更有利的国际话语和国际议程，使我们成为这个世界的“文明议题”的“提出者”，而不仅仅是被动的“文明议题”的“回应者”，引导人家从我们的角度看待问题，获得话语权。对涉及当代人类基本价值观中的民主、自由、人权等核心概念，要努力争夺定义权、解释权，对与意识形态相关的重大理论和现实问题要认真梳理和研究，把“话语权”掌握在自己手中。“好的宣传就是做得不像宣传”，充分利用图书、电影、电视节目、音乐、舞蹈、戏剧，以及讲台、会议、论坛交流等手段与阵地，形成全方位中国声音“走出去”的通道。实施文化走出去工程，完善支持文化产品和服务走出去的政策措施，支持重点主流媒体在海外设立分支机构，培育一批具有国际竞争力的外向型文化企业，开拓国际文化市场，借助文化精品推广社会主义核心价值观。

4. 学习借鉴西方有益方式与经验

不可否认，当今世界西方文化（尤其是美国文化）是一种强势文化，而广大发展中国家的文化处于劣势。西方文化正是凭借着庞大的科技和经济实力，通过强大的媒体、互联网、各种文化电子产品和消费主义生活方式等的渗透和售卖其价值观，对发展中国家不断侵蚀，使发展中国家的文化受到威胁。美国前国务卿基辛格始终坚持认为，“美国不能只是为了维持力量均势而在世界上继续有目的地存在下去，除此之外，还要推广美国的观念和价值”[①]。西方主要国家总想垄断这些价值的解释权，搞“话语霸权主义”，为自己的战略利益服务。西方的话语权以其“普世价值”为支撑，并占领当今世界的“道德”高地。但是我们必须清醒地看到，促进“普世价值”的过程是一个不同文明、不同民族取长补短的互动过程。“普世价值”并不是西方的专利，“普世价值”是个不断演变和发展的过程，因而要辩证地看“普世价值”内涵的发展。当下人类所面临的新问题层出不穷，需要更加丰富的价值观来引导和处理，中国的话语权应该以社会主义核心价值观为支撑，打破西方话语霸权主义。

社会主义核心价值观，体现出普遍性与特殊性的统一，既有社会主义特有属性的一面，又有人类共同价值属性的一面，有利于世界各国友好相处、人民友好往来，它比西方的自由、民主、人权的价值观具有更加丰富、更加全面的内涵和普世意义。在多元意识形态和价值观的权衡比较中，要以开放、包容的气度面对多元价值，大胆、自信地吸纳人类共同价值，坚持在尊重差异中扩大社会认同，在包容多样中增进思想共识，发展壮大社会主义价值观，逐步反守为攻，掌握话语主导权。要以实事求是的理论品格，肯定普世价值的历史进步性，揭示普世价值的缺陷性和欺骗性，坚持用先进的价值观对外讲话，进一步增强社会主义价值观的吸引力。

在提升社会主义核心价值观国际话语权的进程中，我们要认真研究和学习借鉴世界各国包括西方国家在软实力建设、核心价值观提炼、话语体系建构等方面的经验，认真研究和学习借鉴世界各国包括西方国家思想文化中一切进步的、有益的成分，认真研究和学习借鉴各国文化交流与对话、话语接受的规律以及话语权提升的经验。此外，我们在传播渠道和传播能力上，也应学习借鉴西方的有益做法与经验，做大做强各种媒体，加强互联网建设，生产出更多蕴含社会主义核心价值观的文化与电子产品，进一步提升社会主义核心价值观的理论影响力、现实说服力、社会整合力、舆论引导力及文化自信力。

---

① Henry Kissinger, Years of Upheaval, Boston: Little Brown Company, 1982, p. 242.

新一届领导集体话语创新案例研究*

刘立华**

党的十八大以来，习近平总书记在国内、国际发表了一系列重要讲话。这些讲话大量使用中国优秀传统文化所特有的话语，同时注入新的时代内涵，在充分表达我国立场观点的同时又兼顾了受众的情感和利益诉求。对习近平总书记话语创新实践的考察，不单单是对其个人话语风格的总结，其对我国在国际社会中的互动与身份建构过程的考察以及软实力的提升都具有重要的意义。话语创新实践也因此构成了中华民族复兴进程中重要的表现形式。

话语的界定

通俗讲，话语（discourse）是指语言或是符号的具体运用，是一种意义的实践活动，是社会变迁过程中留下的痕迹，是社会变化的“凝固体”，是社会实践和社会现实的变化的“晴雨表”，话语同时也是观测社会互动和变迁以及身份磋商的重要的标识之一。话语实践的重要性在于其不仅仅是一种言语的呈现、信息的传递，或是观点的表达，更为重要的是，现实生活中的话语实践传递了一种价值和立场，这些价值和立场一方面是话语主体的利益表达，同时也是形塑话语双方主体（说话方和受众）身份的重要手段，也正是在这种以话语为主要形式的互动过程中，话语双方主体的身份被逐步建构起来，这种被不断建构或是重构的身份进而影响着社会活动的进行。对中国新一代领导集体话语创新实践的研究和梳理，能帮助我们揭

---

* 本文系国家社会科学基金项目“中国对外传播话语模式研究”（项目号 13BXW031）阶段性成果；本文原刊于《对外传播》2014 年第 10 期。

** 刘立华，北京交通大学语言与传播学院教授。

示我国与外部世界在互动过程中的身份建构与磋商过程。

案例考察

截至2014年6月5日，习近平总书记外访主要演讲有6次，分别是："顺应时代前进潮流，促进世界和平发展"（在莫斯科国际关系学院的演讲，2013年3月23日），"永远做可靠朋友和真诚伙伴"（在坦桑尼亚尼雷尔国际会议中心的演讲，2013年3月25日），"共同谱写中非人民友谊新篇章"（在刚果共和国议会的演讲，2013年3月29日），"促进共同发展，共创美好未来"（在墨西哥参议院的演讲，2013年6月5日），"携手建设中国-东盟命运共同体"（在印度尼西亚国会的演讲，2013年10月3日），以及在布鲁日欧洲学院的演讲（2014年4月1日）。在以上习总书记的6次演讲中，我们选取习近平总书记在坦桑尼亚的演讲作为个案考察的对象，基于以下理由：非洲一直是中国的传统朋友，坦桑尼亚与中国在历史上结成了深厚的友谊。但是随着时代的发展，中国经济的强势增长，中非之间的关系出现了新的问题，一些非洲国家开始怀疑我国的对非政策。正如这次习总书记访问坦桑尼亚，该国内部出现了质疑这次访问的舆论：一个经济总量排名第二的国家为何要在访问俄罗斯后来到非洲？其目的是不是为了非洲的资源和自己的产品外销？从这一角度理解，我们选取习总书记在坦桑尼亚的演讲更具有个案意义和价值。

2013年3月22~30日，国家主席习近平对俄罗斯、坦桑尼亚、南非、刚果共和国进行国事访问并出席金砖国家领导人第五次会晤。访问内容丰富，日程紧凑，习近平主席出席了66场活动，与32位国家元首及政要举行了会谈和会见，发表了20多次演讲和重要讲话，多角度、深层次阐述了中国的外交政策和重大主张。习近平主席首次出访就踏上非洲热土，表明我国珍视中非传统友谊，并赋予中非友谊新的时代内涵。习主席在坦桑尼亚发表重要演讲，用"真、实、亲、诚"四个字阐述新时期中国对非政策，面向国际社会宣示：中非是命运共同体，永远做可靠朋友和真诚伙伴，相互支持、相互帮助，努力实现各自的"中国梦"和"非洲梦"。

话语创新

1. 话语理念的创新

话语这一概念起源于西方，有关这一概念的研究或是论述也大多与西方的叙事有关。所谓话语理念，则是我们对待话语的态度。中国学术巨匠钱钟书先生曾经指出，西方文化是一种决斗文化（duel），而中国文化则是一种二重奏文化（duet）。前者注重言说的作用，强调辩论和修辞的力量，而中国文化则崇尚“和谐”，因此对于“言说（speaking）”和“沉默（silence）”，中西文化具有不同的历史文化动因。西方的传教士传统注定了西方文化对“说”和“宣传”的重视；而中国文化则更侧重“少说”和“关系”。在跨文化视野和话语修辞的视角下，在中西文化的分野下，这种话语理念的不对称性往往是造成我国在外交领域被动局面的原因。西方记者总是试图去“发现”思想，总是试图以某种隐含的方式“邀请”一种反应或是试图去让受众对某一报道感到震惊，而我国往往被动地解释与说明。党的十八大以来，我党对话语传播的理念有了进一步的提高，我们重视对外传播能力的建设，同时更加注重话语体系和话语实践的创新。

2. 话语主题的创新

话语主题，通俗来讲则是讲话涉及的题目。国家主席和总理的出访演讲在内容上各有侧重。由于职务的不同，两人选择的演讲内容也会不同。习近平总书记的演讲视野更广阔，阐述外交理念比较多；而李克强总理的出访演讲更偏重介绍中国的经济形势和两国贸易往来，阐述中国的政策。同时，受众的不同也会影响到演讲内容。例如习近平总书记在美国加利福尼亚州安纳伯格庄园同美国总统奥巴马举行中美元首会晤时的讲话侧重“共同推动构建新型大国关系”；而习总书记在非洲的讲话主题则是推动中非共同发展，共同谱写中非人民友谊新篇章。我们不妨以习总书记在坦桑尼亚的演讲为例，来具体阐释其话语主题选择的创新。由于中国与坦桑尼亚的特殊渊源关系，两国关系尤为密切。这种两国之间的友谊得益于中坦两国领导人和两国人民的努力。但是在我国对坦桑尼亚的外交话语中，“援助”“支教”“医疗队”构成了中坦两国话语互动的主题。历史走到了21世纪，出于一种民族尊严，没有哪个国家或是民族希望永远在别人的援助或是支援下发展，坦桑尼亚人民也希望和中国老大哥建构一种“共生”、共同发展的新型国家关系。达累斯萨拉姆大学的教授巴什瑞·阿里（Bashiru Ally）说：“（中非）现在是一个单向的关系。理想的情况是中非关系能够改变，变得更加平等互利一些。”总部设在纽约的《国际财经时报》（*International Business Times*）为此撰文指出：“中国目前面临的一个任务是要说服非洲，中非之间的关系是一种共生的关系，而不是从非洲拿走其资源然后大量涌进中国的产品。”反观习总书记的讲话恰恰消除了非洲人民的忧虑，中非之间的合作不仅仅是资源换产品，而是旅游、文化、投资等方方面面的合作，是一种共同的进步。习总书记最后提到：

> 中国基本国情仍然是人口多、底子薄、发展不平衡，经济总量虽大，但除以13亿多人口，人均国内生产总值还排在世界第90位左右。根据联合国标准，中国还有1.28亿人生活在贫困线以下。让13亿多人民都过上富裕的日子，仍然还有很长的路要走，还需要付出长期的艰苦努力。随着中国不断发展，中国人民生活水平必将不断提高。但是，无论中国发展到哪一步，中国永远都把非洲国家当作自己的患难之交。

以上话语阐述，把中国放置在了一个和坦桑尼亚的同等地位，即中国和坦桑尼亚以及非洲其他国家一样都是发展中国家，都面临经济发展、社会进步的历史任务和使命。演讲的最后一句则又凸显了中国的大国责任以及对非洲兄弟国家的慷慨情怀。以上话语实践在主题层面建构了一种中国与非洲国家“同舟同济”的身份标签，这种身份标签自然而然地获得了共同发展，共同前进的动力。

3. 话语模式的创新

话语模式是指话语的具体形式，即话语信息的传递形式。中国新一届领导集体，特别是习近平总书记在其话语实践中，使用鲜活生动的话语模式，征服了国内、国际受众，传递了中国的价值观。他在坦桑尼亚尼雷尔国际会议中心的演讲中充分利用多种话语模式，例如列数据、讲故事、引典故、谈个人体验等，充分利用话语的“移情”作用，拉近了中非之间的社会距离。外交部公共外交咨询委员会委员、前驻瑞典和新西兰大使陈明明表示，习近平的演讲风格非常鲜明：亲和、生动、接地气，每次演讲时谈自己、引谚语、讲故事，更容易引起听众共鸣。

在习总书记的演讲中，各种数据信手拈来，这些数据既包括坦桑尼亚人民对我国汶川地震的捐赠金钱数额，也包括“非洲人才计划”中的具体数字。这些数字一方面是中非传统友谊的见证，又是中非未来合作的重要指南。它们不仅仅是我国原来对非洲做了什么，也是对非洲兄弟国家未来援助的承诺。在习总书记访问坦桑尼亚之前，这个国家对于中国国家领导人的到访到底能给他们国家带来什么持怀疑的态度。坦桑尼亚—莫桑比克外交关系中心的前主任阿卜杜拉·萨法里（Abdallah Safari）在接受坦桑尼亚报纸《国民报》时说：“我们需要反复求证的一个问题是，中国强调中非关系的目的是不是为了非洲大陆丰富的自然资源以及其巨大的有潜力的市场，他们（中国人）是来为他们的工业寻找坦桑尼亚能提供的工业资源，但是坦桑尼亚会得到什么?”习总书记用话语策略消除了坦桑尼亚人民的担忧，其演讲也得到了当地人民的认可。根据央视网的报道，“坦桑尼亚媒体 3 月 26 日纷纷刊载头条，认为习近平的此次访问给非洲的发展带来希望。”从话语传递的效力来看，习总书记的演讲凸显了事实（数据和坦赞铁路），语言生动鲜活（引典）、故事性强（一对新婚夫妻旅游的故事）都极大地增强了话语信息传递的效力。例如，在其演讲中提到下面的故事：

> 我听说了一个故事，有一对中国年轻人，他们从小就通过电视节目认识了非洲，对非洲充满了向往。后来他们结婚了，把蜜月旅行目的地选在了坦桑尼亚。在婚后的第一个情人节，他们背上行囊来到了坦桑尼亚，领略了这里的风土人情和塞伦盖蒂草原的壮美。回国后，他们把在坦桑尼亚的所见所闻发布在博客上，得到了数万次的点击和数百条回复。他们说，我们真的爱上了非洲，我们的心从此再也离不开这片神奇的土地。这个故事说明，中非人民有着天然的亲近感，只要不断加强人民之间的交流，中非人民友谊就一定能根深叶茂。

这则中国新婚夫妻在坦桑尼亚蜜月之旅的故事既是中国人对坦桑尼亚美丽旅游环境的认可，同时也极大地唤起了坦桑尼亚人民的民族自豪感和亲近感。中国的年轻人所蕴含的希望，婚姻蜜月的喜庆与非洲大地优美、干净的自然环境完美结合起来，这一话语现实在中非两国人民的头脑中呈现出一幅美丽的画面，中非人民之间的距离也因这幅美丽的画卷而自然地消解。以上话语策略的创新使用增强了话语的对话互动性，摆脱了官方话语“自说自话”的尴尬境地，增强了传播的力度。

以受众为指向的话语新模式

通过我们对习总书记在坦桑尼亚讲话的个案考察，他的讲话有以下几个特点。一是讲话的互动性强。美国语言哲学家格莱斯于 1967 年在哈佛大学的讲座中提出，为了保证会话的顺利进行，谈话的双方必须共同遵守一些基本原则，即所谓的合作原则。在这些原则中，首要的一个原则是量的原则，即在谈话或是沟通的过程中，交际双方必须提供足量的信息，否则容易导致沟通失败。这种失败又往往表现为谣言的入侵或是对说话方提供信息的过分解读。在习总书记的坦桑尼亚演讲中，其讲话具体直接，所引用的数据精确具体，谈论的都是具有个人色彩的小事或是一些小的细节。美国社会语言学家塔嫩（Tannen）曾经指出，呈现细节有助于帮助说话者和听众建立一种联系，进而能拉近说话者与听众的距离。

习总书记的话语实践又表现出很大的对话性空间。话语实际是一个话语作者和潜在读者对话的场所，话语在展开过程中也在动态地建构一种读者和作者之间的关系，这种关系即话语的对话性空间。话语实践中对话性空间的存在，表示了讲话者对话语中多种观点存在的包容，进而显示了一种平等的对话。从传播的分类来看，对人类沟通行为的研究可以分成两个传统，分别是注重修辞的传统和注重关系的传统。传播学研究的修辞传统侧重对对方的影响，侧重让听话方按自己的要求去做，去想。而传播学研究的关系传统则侧重在沟通中达成某种相互都满意的观点或是事务。但是在具体的沟通中，以上两种观点往往没有具体的清晰的界限。无论何种形式的沟通，能够与受众建立起相对友好和亲近的关系往往构成了沟通过程的重要策略。习近平总书记的讲话恰是以上特点的反映，这种话语实践也反映了中国的大国心态和宽广胸怀。季羡林先生在谈到好人坏人的区分时曾经说：“考虑别人比考虑自己稍多一点就叫好人。”作为一个大国，中国在21世纪的今天，习近平总书记的讲话恰是对“别人”的考虑多了一点。中国的大国责任与担当也正是在习总书记的话语实践中被逐步深化、固化。这种话语实践连同中国的政治面孔必将如习总书记在科协大会上所提到的那样，“苟日新，日日新，又日新”。中国也必将以一个更加崭新的面孔和更加自信的心态迎接伟大民族复兴的到来。

习近平话语风格与新时期中国马克思主义话语体系重构*

董伟武　程　银**

党的十八大以来，习近平总书记发表了一系列重要讲话。这些讲话大量使用中国优秀传统文化所特有的话语，同时注入新的时代内涵，巧妙地将民族风格与时代精神糅合在一起，为重构新时期中国马克思主义话语体系作出了很好的示范与引领。

一　习近平对新时期中国马克思主义话语体系重构的积极探索

习近平总书记深谙中国传统文化的精髓。在他的系列重要讲话中，通过“去粗取精”中国传统文化话语，“恰当借用”民间俗语，“推陈出新”人民群众喜闻乐见话语素材，“巧妙运用”外交话语等多种方式，对新时期中国马克思主义话语体系重构进行了积极探索。

1. “去粗取精”中国传统文化话语

习近平指出：“独特的文化传统，独特的历史命运，独特的基本国情，注定了我们必然要走适合自己特点的发展道路。对我国传统文化，对国外的东西，要坚持古为今用、洋为中用，去粗取精、去伪存真，经过科学的扬弃后使之为我所用。”① 习近平以这一原则为基础，对中国的历史文化传统进行了话语调整和改造，把抽象的马克思主义理论话语转化为具体的通俗话语。他提出的“中国梦”，是以中国传统文化习俗和人民群众追逐信仰

---

* 本文原刊于《湘潮》（下半月）2014 年第 4 期。

** 董伟武，广西大学副教授；程银，广西大学法学硕士研究生。

① 习近平：《在全国宣传思想工作会议上的讲话》，《人民日报》2013 年 8 月 21 日。

理念为基础的，这一梦想的提出，把人们心中的梦想与中华民族伟大复兴的民族梦、国家梦紧密地联系在一起，把抽象的国家梦和民族梦进行话语的转化，转化为具体的实实在在的可以实现的梦想。把人民心中追逐幸福生活的信念与马克思主义中实现共产主义的信念有机地结合起来，把共产主义这一伟大的信仰通过中国梦的话语转为人民心中的理想，使共产主义的信仰不再是遥不可及的空中楼阁，而是实实在在的人民理想。同时，在习近平的系列重要讲话中，他通过对中国古典文化、汉语诗词话语的加工提炼，创造性地与政治话语、哲学话语等有机融合起来，比如，他在要求领导干部要学以致用时强调，“学习的目的全在于运用。领导干部加强学习，根本目的是增强工作本领、提高解决实际问题的水平。‘空谈误国，实干兴邦’，说的就是反对学习和工作中的‘空对空’。战国赵括‘纸上谈兵’、两晋学士‘虚谈废务’的历史教训大家都要引为鉴戒。”① 这一话语的结合与转化，形象生动地说明了领导干部要充分发扬理论联系实际的马克思主义学风，带着问题去学，带着问题去干，在学中干，在干中学，学以致用，千万不能像赵括一样夸夸其谈，陷于“客里空”的尴尬局面。

2. “恰当借用”民间俗语

在习近平的系列重要讲话中，通过对民间俗语的“恰当借用”，把人民群众的心声反映得淋漓尽致，充分体现了他爱民如子、百姓至上的治国思想。正如他在同中外记者见面会上说的那样：“我们的人民热爱生活，期盼有更好的教育、更稳定的工作、更满意的收入、更可靠的社会保障、更高水平的医疗卫生服务、更舒适的居住条件、更优美的环境，期盼着孩子们能成长得更好、工作得更好、生活得更好。人民对美好生活的向往，就是我们的奋斗目标。”② 说到了人民的心坎，反映了人民的愿望，深受人民的爱戴。再如，他在同各界优秀青年代表座谈时说到，“展望未来，我国青年一代必将大有可为，也必将大有作为。这是‘长江后浪推前浪’的历史规律，也是‘一代更比一代强’的青春责任。广大青年要勇敢肩负起时代赋予的重任，志存高远，脚踏实地，努力在实现中华民族伟大复兴的中国梦

---

① 习近平：《在中央党校建校 80 周年庆祝大会暨 2013 年春季学期开学典礼上的讲话》，《人民日报》2013 年 3 月 3 日。

② 习近平：《在十八届中共中央政治局常委同中外记者见面时的讲话》，《人民日报》2012 年 11 月 16 日。

的生动实践中放飞青春梦想”。[①] 习近平总书记成功地把握住青年的社会心理因素，运用高超的语言艺术把民间的俗语与历史发展规律、青年的梦想和责任融合起来，激励和鼓舞着广大青年。

3.“推陈出新”人民群众喜闻乐见话语素材

习近平善于用人民大众所熟知和喜欢的话语素材，进行新时期中国马克思主义的话语转化。在他的系列重要讲话中，对一些常见的例子和故事的话语素材“推陈出新”，具有极强的说服力和感召力。他接受金砖国家媒体联合采访时说：“我会见一些国家的领导人时，他们感慨地说，中国这么大的国家怎么治理呢？的确，中国有13亿人口，治理不易，光是把情况了解清楚就不易。我常说，了解中国是要花一番功夫的，只看一两个地方是不够的。中国有960万平方公里，56个民族，13亿人口，了解中国要切忌‘盲人摸象’。”[②] 以中国之大这一简单的事例来形象说明治理中国的不易，用“盲人摸象”这一典故来说明需要全面了解中国，通过对这一简单素材的话语转化，生动形象地回答了记者朋友们的提问。同时，他在强调领导干部要加强学习，增强本领时谈道：“‘盲人骑瞎马，夜半临深池’，虽勇气可嘉，却是鲁莽和不可取的，不仅不能在工作中打开新局面，而且有迷失方向、落后于时代的危险。”[③] 通过对“盲人骑瞎马”这一话语素材的别出心裁，有效地强调了领导干部本领恐慌的危险性，给各级领导干部敲响了加强学习的警钟。

4.“巧妙运用”外交话语

习近平对新时期中国马克思主义话语体系重构的探索还表现在他在外交上的话语转化。比如，他在访问坦桑尼亚时用斯瓦希里语“哈巴里”向坦桑尼亚人民打招呼，一下子就拉近了与听众的距离，全场响起热烈的掌声。他在同美国总统奥巴马会谈时更是以巧妙的外交话语开头，“总统先生，感谢你的邀请，很高兴来到‘阳光之乡’的安纳伯格庄园同你举行会晤。这里是离太平洋很近的地方，大洋彼岸就是中国。我去年访美时曾讲

---

① 习近平：《在同各界优秀青年代表座谈时的讲话》，《人民日报》2013年5月5日。

② 习近平：《在接受金砖国家媒体联合采访时的讲话》，《人民日报》2013年3月20日。

③ 习近平：《在中央党校建校80周年庆祝大会暨2013年春季学期开学典礼上的讲话》，《人民日报》2013年3月3日。

过，宽广的太平洋有足够空间容纳中美两个大国，我现在依然这样认为。”[①]这样的“开场白”，充分利用语言环境“离太平洋很近的地方”，借景生情，借境说理，中美两国的发展关系，应该是理解与包容，和平与发展。把如此高端的“政治会晤”与具体场景的自然交融来呈现，创造了“政治话语”可以用“生活语言”来表达的政治哲学和政治艺术。

二　习近平系列重要讲话的话语风格分析

习近平总书记的讲话风格在他同中外记者见面会上的讲话初见端倪，之后的一系列重要讲话更凸显了他极具特色的话语风格，具体可以总结为“四性一味”，即具有“唯物性、实用性、通俗性、针对性、中国味”的话语特征。

1. 唯物性

习近平系列重要讲话始终是站在马克思主义的立场，代表着马克思主义的观点，始终以马克思主义科学的世界观和方法论去解决实践中的问题，具有显著的唯物性。譬如，在2013年8月19日全国宣传思想工作会议的讲话中，通篇都贯穿着马克思辩证唯物论和历史唯物主义观。在强调如何做好宣传工作时，习近平指出：“创新对外宣传方式，着力打造融通中外的新概念新范畴新表述，讲好中国故事，传播好中国声音。”[②]体现了习近平总书记善于用唯物辩证法去解决实践中的问题。他还进一步谈道：“坚持人民性，就是要把实现好、维护好、发展好最广大人民根本利益作为出发点和落脚点，坚持以民为本、以人为本。要树立以人民为中心的工作导向，把服务群众同教育引导群众结合起来，把满足需求同提高素养结合起来，坚持以民为本、以人为本。”[③]运用了人民是历史的创造者的历史观。在谈到“中心工作”和“意识形态工作”的问题上，习近平强调了经济基础与上层建筑的关系，既要有硬实力，也要有软实力。在关于“正面宣传”和“舆论斗争”的问题上，既要坚持以正面宣传为主，巩固壮大主流思想舆论、弘扬主旋律、传播正能量，更是凸显了“两点论”的辩证思维观。

---

① 习近平：《中美元首“庄园会”》，《北京晚报》2013年6月8日。.

② 习近平：《在全国宣传思想工作会议上的讲话》，《人民日报》2013年8月21日。

③ 习近平：《在全国宣传思想工作会议上的讲话》，《人民日报》2013年8月21日。

2. 实用性

习近平总书记善于用讲故事、举事例、摆事实的方式同频共振、凝聚共识，让故事来讲理，让事实来说话，具有很强的实用性。比如，在国外的一系列演讲中，他用苏联飞行大队长库里申科来华同中国人民并肩作战的事例来说明中苏两国人民互相支持和帮助的事实。同时，在国内的系列重要讲话中，他也常常列举秦王朝、唐王朝由兴而衰的例子来告诫全党，贪污腐败只会导致人亡政息。以事例明道理，这是习近平系列重要讲话的重要特征。

3. 通俗性

习近平系列重要讲话的话语特征最显著的是口语化、接地气，善于讲简洁、朴实的大白话，大实话。在同中外记者见面会上便是以“大家好，让大家久等了”来开场。他用“鞋子合不合脚，自己穿了才知道”来说明一个国家的发展道路选择。

4. 针对性

习近平系列重要讲话的针对性主要体现在反腐倡廉上，他善于以问题开刀，一针见血地指出存在的问题，可谓振聋发聩，具有极强的震慑力。他在十八届中央纪委二次全会上说：“反腐倡廉必须常抓不懈，拒腐防变必须警钟长鸣，关键在‘常’、‘长’二字，一个是要经常抓，一个是要长期抓。”① 在谈到惩治对象时，习近平总书记以“老虎”“苍蝇”一起打形象地说明了惩治贪污腐败的决心。

5. 中国味

习近平总书记的系列重要讲话具有浓厚的中国味，他以大量的中国俗话、谚语、诗词等来表达发自内心的勤政爱民思想。他讲改革要辨证施治，“既要养血润燥、化瘀化血，又要固本培元、壮筋续骨”，讲树典型不能用“开小灶”“吃偏饭”的方式来催生。他还指出：“全国各族人民一定要牢记使命，心往一处想，劲往一处使，用13亿人的智慧和力量汇集起不可战胜的磅礴力量。”② 在参观《复兴之路》展览时，他借用毛泽东和李白的诗词来概括近代以来中国过去、现在与未来：“雄关漫道真如铁”“人间正道是

① 习近平：《在十八届中央纪委二次全会上发表重要讲话》，《人民日报》2013年1月23日

② 习近平：《在第十二届全国人民代表大会第一次会议上的讲话》，《人民日报》2013年3月18日。

沧桑”“长风破浪会有时”。在河北调研时借用“知屋漏者在宇下，知政失者在草野”来强调党的群众路线教育实践活动。

三　习近平与毛泽东的话语风格比较

习近平系列重要讲话中蕴含着对新时期中国马克思主义话语体系重构的积极探索，而毛泽东则是把欧洲话语下的马克思主义进行了话语转化，创立了具有中国风格的马克思主义话语。二者有异曲同工之处，但因中国各阶段社会矛盾的特殊性和所面临问题的不同，他们所代表时代的话语也自然有所不同。

1. 习近平与毛泽东的话语具有共同的民族风格

仔细研读《毛泽东选集》和《毛泽东文集》就能够发现，习近平与毛泽东的话语具有共同的民族风格。究其在各种场合的讲话所表达思想的艺术和方法，都给人以“幽默风趣、通俗朴实”之感，使人百听不厌，百读不倦。他们“巧用比喻、善说新话”，具有极强的语言艺术性。这些话语特点与他们极其重视语言表达艺术是密不可分的，正如毛泽东所说：“至于艺术技巧，这是每个艺术工作者都要学的。因为没有良好的技巧，便不能有力地表现丰富的内容。艺术技巧是多方面的，并不只限于语言。但是，对于艺术工作者来说，掌握语言的能力确是非常重要的。”① 同时，习近平和毛泽东都非常善于立足中华传统文化的话语风格，把马克思主义的深刻哲理用中国人所熟悉的语言文字和思维方式来阐述，并形成了“新鲜活泼的、为中国老百姓所喜闻乐见的中国作风和中国气派。”② 毛泽东话语的“幽默风趣、通俗朴实”可以在他的系列重要讲话中得到印证。譬如，毛泽东在阐述团结合作的重要性时曾生动形象地说道：“人为什么要长两个耳朵，长一个岂不好吗？这很可以研究一下，我看长两个耳朵的好处是：这个耳朵听这一面，那一个耳朵听那一面。团结加上分析，对各种矛盾的意见、不对头的意见，对每个人的意见，都加以分析：或者全部是对的，只是句把话不好；或者一部分是对的，一部分是不对的；或者全部是不对的。分清

① 《毛泽东文集》第2卷，人民出版社，1993，第125页。

② 《毛泽东选集》第2卷，人民出版社，1991，第534页。

是非，然后落在一个地方，就是团结。”① 用这样一段风趣幽默的话来强调辩证法中的团结合作，把严肃的场合活跃化，把抽象的道理具体化，深入浅出，让人易于理解，乐于接受。另外，巧用比喻、善说新话也是习近平和毛泽东话语的共同特点。例如，毛泽东在对陕北公学毕业同学的临别赠言中，巧妙地将中国比喻为月亮，把日本比喻为“天狗”，风趣地说：“日本一定吞不下中国的。哪一年的‘天狗’把月亮吞下去了？”② 同时，为了突出敌后战场在抗日战争中的重要地位，毛泽东形象地说：“如果说日本帝国主义是一头野牛，那么我们中国在山西的几万大军正在这牛的背后拖着牛尾巴，阻止它南下。”③ 毛泽东和习近平除了巧用比喻说明问题，他们还善说新话，对大量的俗语、成语、典故、诗词、言语、格言等加以提炼改造，推陈出新，赋予新的内涵，把深奥的道理讲得生动活泼，极大地丰富了中国马克思主义话语体系。

2. 习近平与毛泽东的话语风格拥有不同的时代性

尽管习近平与毛泽东的话语具有共同的民族风格，但就其二者话语的时代背景来看，毛泽东的话语主要是革命和建设的话语。顺应时代和革命发展的要求，毛泽东成功地把马克思主义与中国的传统文化、与中国的民族风格相结合，赋予了马克思主义中国式话语，实现了马克思主义的话语转换，形成了具有中国风格、中国气派的话语体系。党的第二代、第三代中央领导集体在和平与发展的时代主题下，不断继承和发展了中国马克思主义话语体系，实现了实践发展不止，话语创新不断的良好发展态势。以习近平为总书记的新一届党的领导集体接过历史的接力棒，更加自觉地重构中国马克思主义话语体系。在改革和发展的话语背景下，他紧跟时代步伐，立足中国实际，以中华民族实现伟大复兴的中国梦继承了中国马克思主义话语，以其亲民、爱民、简洁、朴实的话语风格引领着传统话语体系的重构，努力把抽象的政治话语、哲学话语通俗化，引领着新时期中国马克思主义话语不断走向完善。

---

① 《毛泽东文集》第 3 卷，人民出版社，1996，第 257 页。

② 《毛泽东文集》第 2 卷，人民出版社，1993，第 107 页。

③ 《毛泽东文集》第 2 卷，人民出版社，1993，第 118～119 页。

四 习近平对新时期中国马克思主义话语体系重构的贡献

习近平以其务实的改革精神与朴素的大众语言引领着新时期中国马克思主义话语体系建设。他的话语风格摒弃了一切形而上学话语的可憎面孔，充分体现了马克思主义“改造世界”的理论指向，为中国马克思主义话语体系在新时期的重建树立了典范。

1. 继承与弘扬毛泽东话语风格，推动新时期中国马克思主义话语体系重构

习近平系列重要讲话以中国传统文化为载体，结合不同群体的语言气息和语言特点，用中国的俗语、方言、格言、谚语等语言和文字进行阐述和表达。用群众听得懂，群众易于接受的通俗化和生活化的语言讲述马克思主义，充分继承与弘扬了毛泽东话语风格。他强调：“认真学习马克思主义理论，这是我们做好一切工作的看家本领，也是领导干部必须普遍掌握的工作制胜的看家本领。毛泽东同志曾经提出，‘如果我们党有一百个至二百个系统地而不是零碎地、实际地而不是空洞地学会了马克思列宁主义的同志，就会大大提高我们党的战斗力量。’这个任务，今天依然很现实地摆在我们党面前。”[①] 习近平不但强调学习马克思主义理论的重要性，而且他还强调学习历史的重要意义，在他看来，“历史是最好的教科书。学习党史、国史，是坚持和发展中国特色社会主义、把党和国家各项事业继续推向前进的必修课。这门功课不仅必修，而且必须修好。要继续加强对党史、国史的学习，在对历史的深入思考中做好现实工作、更好走向未来，不断交出坚持和发展中国特色社会主义的合格答卷”。[②] 从讲话中可以看出，习近平继承与弘扬了毛泽东的话语风格，非常重视对马克思主义理论的学习，非常重视把马克思主义的话语转化为具有中国味的话语，注重语言的艺术性与实效性，非常重视以史为鉴，把马克思主义与中国的历史文化融合在一起，实现了话语的时代转换，极大地推动了新时期中国马克思主义话语

---

① 习近平：《在中央党校建校 80 周年庆祝大会暨 2013 年春季学期开学典礼上的讲话》，《人民日报》2013 年 3 月 3 日。

② 习近平：《在中共中央政治局第七次集体学习时的讲话》，《人民日报》2013 年 6 月 27 日。

体系的重构。

2. 深深根植于群众生活实践，推动新时期中国马克思主义话语体系重构

习近平系列重要讲话紧扣时代主题，以解决当今中国社会主要矛盾和主要问题为中心，充分挖掘中国传统文化的宝贵资源，运用通俗易懂的群众话语讲述国家发展战略。他在接受金砖国家媒体联合采访时说："对我来讲，人民把我放在这样的工作岗位上，就要始终把人民放在心中最高的位置，牢记人民重托，牢记责任重于泰山。这样一个大国，这样多的人民，这么复杂的国情，领导者要深入了解国情，了解人民所思所盼，要有'如履薄冰，如临深渊'的自觉，要有'治大国如烹小鲜'的态度，丝毫不敢懈怠，丝毫不敢马虎，必须夙夜在公、勤勉工作。人民是我们力量的源泉。只要与人民同甘共苦，与人民团结奋斗，就没有克服不了的困难，就没有完成不了的任务。"[①] 习近平话语风格的突出表现是讲实话、讲真话、讲贴近群众的大白话、讲人民群众爱听的实实在在的话，这源于他正确的马克思主义群众观。正如毛泽东在讲述改造旧文艺，创造新文艺时谈道："历史本来不是帝王将相创造的，而是劳动人民创造的，可是在旧戏中，比如孔明一出场就神气十足压倒一切，似乎世界就是他们的，劳动人民不过是跑龙套的。世界上本来百分之九十的人是工人、农民，我们住的房子，都是他们双手盖起来的，土豪劣绅连个柱子都搬不动，可是许多的旧戏却把劳动人民表现成小丑。"[②] 习近平继承了毛泽东的话语风格，以通俗朴实的话语向人们讲述人生道理，突出了人民群众的历史地位，以立得住、叫得响、传得开的马克思主义话语把抽象的哲学话语、政治话语用群众爱听的生活话语转化出来，使马克思主义话语真正回归到群众，为人民群众所真正理解和掌握。习近平的话语风格深深根植于群众生活实践，其宗旨是服务于广大人民群众的，其本质是属于中国特色社会主义群众语言。而新时期中国马克思主义话语体系重构的历史发展方向也只能是服务于广大人民群众的方向，是中国特色社会主义群众语言，任何形式的"洋八股""土八股"和"杂八股"都必将被广大人民群众所拒斥、所抛弃。

---

① 习近平：《在接受金砖国家媒体联合采访时的讲话》，《人民日报》2013 年 3 月 20 日。

② 《毛泽东文集》第 4 卷，人民出版社，1996，第 325 页。

文　学

对话与重构*

——建设当代形态的马克思主义文艺理论的重要理路

陆贵山**

学术事业的发展和学术理念的创新密切相关。原创是最可宝贵的，但原创是非常艰难的。学术理念的创新往往都是通过学术对话来实现的。我这里所说的对话，主要是指传统经典的马克思主义文艺理论与西方文论，尤其是西方现当代文论，包括西方马克思主义文艺理论的对话。这种学术对话是发展和建设当代形态的马克思主义文艺理论的重要理路。

一 对话的重要话题

当代中国文论的现实语境中，充满了西方话语。西方文论的本土化和马克思主义文艺理论的中国化是同步进行的。西方文论，特别是西方现当代文论呈现出强势状态，拥有话语的主导权。马克思主义文艺理论的中国化往往受到西方现当代文论和西方现当代文论本土化的阻遏，实际上是在西方现当代文论和西方现当代文论本土化的夹缝中艰难进行的，处于被边缘化的地位。鉴于此，推动马克思主义文艺理论的中国化必须正确对待西方现当代文论的思想理论资源，通过学术对话，承接西方现当代文论之所长，融入马克思主义文艺理论的建设之中，重构新质态的当代形态的马克思主义文艺理论。

1. 文学的自然生态研究、社会历史研究和人文研究的关系

首先谈文学的自然生态研究和人文研究的关系。由于自然生态的危机，

---

* 本文原刊于《中国人民大学学报》2014 年第 2 期。

** 陆贵山，中国人民大学文学院教授。

这个问题越来越得到学界重视。围绕自然与人的关系，同时或交替出现两种对立的理念，即“人类中心论”和“自然中心论”。“人类中心论”强调自然是人类的一部分，主张自然服务于人类，是造福人类的物质资源。英国爱丁堡大学的一个学科组提出了提升知识社会学的“强纲领”，即把自然科学社会化和人文化，并将自然科学视为一种实质上的“社会政治结构”。这种理念客观上有助于进一步推进现代化的历史进程，但如果极端运作，又可能会加剧人类掠取自然资源的竞赛，从而引发对自然生态的破坏，加重自然生态的危机。“自然中心论”主张人类是自然的一部分，认为人类不过是自然界的一个物种。人类与自然的关系应当是平等关系。我们注意到，西方一些生态主义者和中国古代的道家思想不谋而合，对维护自然生态是有益的，但如果过度强调，又可能遏制人类对自然资源的合理开发和利用。这两种理念都具有一定的合理性和片面性。人类和自然的关系不应当是不可调和的对立关系，而应当友好互惠，和谐相处。大自然是人类的母亲。人类与自然的关系应当是哺育和反哺的关系，是共存和互养的关系。我们既要善待人类，也要善待自然环境，促进和建构两者关系的良性发展。马克思、恩格斯、列宁通过对巴尔扎克和托尔斯泰等作家作品的评论，主张通过社会变革，实现从封建宗法式农耕社会向民主制市民社会的转型。同时，他们又提醒人们注意，对自然的每一次胜利，都会付出沉痛的代价。马克思在《巴黎手稿》中颇有预见地揭示出建构人类和自然和谐关系的前景。经过深刻的漫长的历史过程，自然主义和人道主义相互走向，彼此靠拢：即人道主义走向自然主义，自然主义趋于人道主义，使两者得以双重实现，逐步达到完美和谐的理想境界。我们应当以马克思主义经典作家的相关论述为基础，以开放的心态，吸纳西方文论中有价值的思想理论资源，创构当代形态的马克思主义文艺生态学理论。

其次，谈谈文学的社会历史研究和对文学的人文研究的关系。马克思主义拥有深刻系统的现实主义文艺理论，对文学与社会历史和现实生活的关系的阐释缜密而精当。相对而言，马克思主义文艺理论对文学与人的关系的研究显得薄弱些。但马克思主义的经典作家对人学思想仍然具有许多深刻的框架式表述。如关于人的社会属性和人的自然属性的关系理论，关于人的客体性和人的主体性的关系理论，关于人的群体性和人的个体性的关系理论，关于人的认知关系和人的价值关系理论，关于人性的共同性和人性的差别性的关系理论，关于人的自由、异化和解放的理论，都具有重要的指导意义。马克思主义文艺人学理论理应得到更具有时代感和当代性的发展。西方文论具有极其丰富的人文主义的理论思想资源。从文艺复兴时期古典的、传统的人道主义到现当代各式各样的新人本主义，如归属于“主体哲学”和“意识哲学”的主要派别的胡塞尔的“现象学”的人本主义，以萨特为代表的“存在主义”的人道主义，狄尔泰的“解释学”的人本主义，伽达默尔的“教化解释学”的人本主义，法兰克福学派的“文化批判”的人本主义，都从不同层面对文学与人文的关系进行了深入开掘，对发展马克思主义文艺理论的人文维度大有助益。这中间也出现过一些非常极端的主张，如福山宣告“历史终结论”，德里达声称“人的终结论”和福柯鼓吹“人的死亡论”，尼采宣扬“上帝已死”“理性的人已死”，罗兰·巴尔特主张“作者已死”等。对这些“深刻的片面”的真理，应当进行科学的鉴别和剖析。

马克思主义文艺理论非常注重对文学的社会历史研究，但并不是只强调文学与社会历史的关系，忽视文学与人的关系，不是只强调文学的社会理性和历史精神，拒斥文学的人文关怀和人文精神，而是主张文学的历史精神和文学的人文精神的和谐统一。反对脱离人文精神片面地强调历史精神，或脱离历史精神孤立地强调人文精神。在与人文精神的联系中倡导历史精神，或在与历史精神的联系中提升人文精神，都是应当支持和鼓励的。文学与人的关系和文学与社会历史的关系实际上是密不可分、血肉相连的一个问题的两个方面。论述文学与社会历史的关系，实质上也应当是从社会历史的视域阐发文学与人的关系；论述文学与人的关系，实质上也应当是从人的视域解释文学与社会历史的关系。因为社会历史是人的社会历史，人是社会历史的人。历史只不过是人的实践活动过程的记录而已。正如马克思、恩格斯所指出的：“历史什么事情也没有做……历史不过是追求着自己目的的人的活动而已。”① 人的进步和社会历史的进步是分不开的。没有社会转型和历史的发展，就不会有人的自由和解放，不会给人带来利益和福祉；没有人的观念和素质的提升，就没有人的变革意识，也不会有社会的进步和历史的发展。两者是互动共进的。

---

① 《马克思恩格斯全集》第2卷，人民出版社，1957，第118~119页。

研究文学与社会历史的关系和研究文学与人的关系是相互补充的，因而都是必要的和重要的。擅长于研究文学与社会历史的关系的学者和钟情于研究文学与人的关系的学者，理应相互尊重。人与社会历史的关系是非常复杂的：有时是和谐的，当社会历史的发展给人们带来自由、幸福和解放时，这样的社会历史对人来说，是温暖亲切的；当社会历史捉弄人、压抑人、给人造成痛苦和灾难时，这样的社会历史对人来说，是冷酷无情的。人与社会历史的关系往往是不相协调的。实际上，处于完全均衡状态的历史精神和人文精神是不存在的，总会有所倾斜和偏重，这是正常的。

然而在时代发展的过程中，经常发生人与历史的矛盾，人被历史的强势的制度、体制、物质力量和文化氛围所压抑，甚至受捉弄，遭践踏。人与社会历史的矛盾，实质上是一定时代的社会历史结构中人与人之间的矛盾，尤其表现这一部分人和那一部分人在占有和再占有、分配和再分配物质资料和生活资料方面的矛盾，表现为不同群体在权力、财富和利益方面的占有和再占有、分配和再分配方面的矛盾，往往引发出社会历史结构中具有压倒优势的集团和个人与弱势群体之间的矛盾。因此，人与社会历史的矛盾可以表现、还原、转化为这一部分人和那一部分人之间的矛盾。只有解决不同人群之间在占有和分配物质财富和精神财富之间的不合理和不公平的畸形状态，才能从根本上消除人与社会历史的矛盾。那些激愤地指控人与社会历史的矛盾的言论，只能流为一种美好而无效的空谈。

2. 文学的客体性研究和主体性研究的关系

文学与自然和社会历史的关系以及文学与人的关系反映到文学自身，集中表现为文学的客体性和主体性的关系问题。这个问题具有根本性和母源性的意义。马克思主义文艺理论比较强调对文学的客体性研究。但并不是只主张客体性，不要主体性，而是主张客体性和主体性的完美融合，反对单方面地强调客体性和孤立地夸大主体性。西方现当代文论，个别的后现代主义者，如德里达消解人和文学的主体性，宣扬“人已终结”和“主体已死”，还有一位美国学者帕森斯・哈丁倡导突出政治基因的“强客观性”，最近又涌现出一种彰显客体性的“物质性批评”。除此而外，大多数学者，特别是以强调人文主义为旨意的理论家都是宣扬人和文学的主体性的。著名的存在主义者海德格尔和萨特都把人的主体性强调到不恰当的程度。海德格尔的“此在”和萨特的“先于本质”的“存在”被赋予极强的排斥客体性的封闭的孤立自足性。萨特竟然宣称：在人的世界，人的主体性世界外，并无其他世界。脱离主体性的“强客体”和消解客体性的“强主体”，都是不妥当的。

笔者认为，在文学的客体性和主体性的存在和组合结构上，往往表现为几种形态：和谐统一的融合形态，表现为现实主义和浪漫主义相结合；合理适度的倾斜形态，或向客体性倾斜，表现为现实主义和写实主义，或向主体性倾斜，表现为浪漫主义、现代主义和表现主义；如把客体性推向极端，则表现为以直观反映论和庸俗社会学为基础的自然主义，如把主体性推向极端，则表现为以唯心主义为依托的意志主义。我们应当提倡和谐统一的融合形态，支持和鼓励合理适度的倾斜形态，同时也要吸收偏执失衡的极端形态所蕴含的那些具有正价值和合理性的元素。这些元素往往蕴藏着“深刻片面的真理”，以尖锐的挑战姿态和冲击力量，给人们以警醒和启迪。如极端张扬主体性的意志主义，特别是尼采的意志主义，从哲学和诗学的结合上宣示超人的“权力意志”和张狂的“酒神精神”，曾迷醉鲁迅一代文人。把客体性推向极端的自然主义，尽管有点模拟和拘泥于生活，但自然主义艺术流派的首创者左拉的一些小说很有特点，充满着生活的质感，洋溢着淳朴的真情。又比如自然主义画派的领军人物米勒的《拾穗者》等画作描绘勤劳善良的农民的劳动和生活，温润和激荡着浓郁的田园牧歌式的世俗风情。因此，我们没有理由拒绝这些奇特的精神之花。

与研究文学的客体性和主体性问题紧密相关，存在着一个怎样理解对文学的反映论研究和价值论研究的关系问题。长期以来，马克思主义文艺理论是重视对文学的反映论研究的，但并不是只主张反映论，不要价值论，而是认为应当把反映论和价值论有机地结合起来。我们所反对的是那种直观的、被动的反映论，主张能动的、积极的反映论。科学的反映论永远是行之有效的价值论的基础。人们的价值诉求是认知活动的驱动力。脱离价值论的反映论是空洞的，撇开反映论的价值论是盲目的，至少会使价值诉求、价值取向和价值选择失去明确的方向感和目标感，从而局限人们价值目标的圆满实现。人们活动的合规律性和合目的性是密切联系着的。只有合规律性，才能达到合目的性；为了实现合目的性，必须追求合规律性。我们应当把人的认知活动和人的价值活动视为追求和实现人的预期目标的同一个过程和同一件事情。因此，用反映论去价值论，或用价值论去反映论，会使反映论和价值论受到同样程度的伤害。

3. 文学的内部规律和外部规律研究的关系

文学的存在和发展都是有规律的，包括内部规律和外部规律。不承认文学有内部规律是不妥当的。事物有外因和内因，矛盾分外部矛盾和内部矛盾。研究文学的内部规律是完全必要的。俄国形式主义、新批评派、索绪尔等都从语言学视阈对内部规律和外部规律进行了探索。一般认为，马克思主义文艺理论比较注重文学的外部规律。确实存在着一个怎样正确理解文学的内部规律和外部规律的关系问题。

任何事物都存在于内部和外部的关系中，并通过这些关系的变化而不断建构和发展。探讨规律，叩问对象富有真理性的内部联系和外部联系都是完全必要的。文学的内部规律和外部规律是相互依存和竞相发展的。一位文艺理论界的前辈曾把文学的内部规律和外部规律比喻为地球的自转和公转的关系，十分贴切。地球是围绕着公转的轨道自转的，又是通过自转实现公转的。如果只自转不公转，地球永远停留在一个地方；如果地球不自转，就无法实现地球的公转，如果地球的自转脱离公转的轨道，人类唯一的绿色星球会消失在茫茫的宇宙中。

与文学的内部规律和外部规律紧密相关，还存在一个文学的内容研究和形式研究的关系问题。从俄国形式主义到英美新批评派，对作品的语言形式符号研究取得了长足进展，诸如关于“陌生化”的理论、关于“文学性”的理论、关于“骨架和机理一体化”的理论、关于“诗学”的理论、关于“结构—解构功能”的理论，都富于启发性。但一些学人倡导的“文本本体论”和“形式本体论”几乎完全消融和隐去了文本内部的语言形式、外部对象和创作主体的密切联系。一些研究者作为对“内容决定论”的反拨，开始从“内容决定论”走向“形式决定论”。对形式研究的日趋深入，产生了一些诸如“内容是完成了的形式”，形式是“有意味的形式”等有代表性的观点。实际上，“内容决定论”和“形式决定论”都是不完整的。从与内容的联系中，强化形式研究，或从与形式的联系中，优化内容研究，都是值得提倡和鼓励的。尽管形式具有一定的相对独立性，但形式和内容共存于一个机理相关的共同体中，把两者断然分开是不可能的。马克思主义文艺理论关于“内容决定形式”“形式是内容的形式”“内容是形式的内容”，这些传统的经典性的理论表述仍然具有一定的合理性和生命力。忽视和脱离形式强调内容是不妥当的。西方现当代文论一味地遮蔽、隐匿、消解、掏空内容，倡导所谓“纯形式”“炫形式”和“玩形式”，也是不可取的。我们应该在当代形式研究取得新成果的语境中，重构文学的内容与形式的新关系。

4. 文学的科学研究和诗学研究的关系

文学是既具有思性，又具有诗性的；是既具有思想，又具有情感的。在文学艺术中，无诗性的思性和无思性的诗性、无情感的思想和无思想的情感，实际上都是不存在的。别林斯基和普列汉诺夫都主张文学中的思想和感情的融合和统一。基于文学中存在着的思性或思想，对文学进行科学研究；基于文学中存在着的诗性和感情，对文学进行诗学研究，都是合理的、必要的。因此，对文学进行科学研究和对文学进行诗学研究都应当得到同样的尊重。这两者都是不可或缺的，对提高文学的思想性、说服力、亲和力、感染力和艺术魅力都是非常重要的。

现当代的西方文论和诗学，附着了强烈的政治色彩，带有突出的意识形态特征。如福柯的“知识权力说”、新历史主义文化诗学的代表人物格林布拉特和海登·怀特的凸显文本“权力结构”的“文化政治学”、詹姆逊对文学中的政治和意识形态的强调、伊格尔顿等人的“审美意识形态”理论，都十分重视文学的政治诉求和社会的政治权力对文学的重大影响，富有浓郁的意识形态性质，可以说是一种追求政治化的诗学理论。我们过去比较轻视对文学的诗学研究，以致造成作品的冷漠感和概念化的倾向。

现在，当代中国和西方已经开始形成诗学研究的热潮。诚然，这种趋向带有明显的反拨传统的反映论和现实主义的意味。实际上，对文学的诗学研究和对文学的科学研究都是必要的。不脱离文学的诗性和感情，侧重于对文学进行科学研究；或尊重文学的思性和思想，对文学进行诗学研究，都是应当得到支持和鼓励的。用文学的思性和思想去文学的诗性和感情，或用文学的诗性和感情去文学的思性和思想；用对文学的科学研究去对文学的诗学研究，或用对文学的诗学研究去对文学的科学研究都是不妥当的。

相对而言，马克思主义文艺理论比较重视对文学的科学研究，但对文学的诗学研究也应当得到同样的重视。我们应当维护两者的和谐，使两者互补共进，竞相发展，把对文学的科学研究和对文学的诗学研究有机统一起来。

对文学进行科学研究可以充分体现文学的科学精神，对文学的诗学研究，可以充分体现文学的人文精神。对文学的科学研究，实质上是突出表现文学中的科学精神和人文精神的关系问题。文学中的科学精神并不能完全等同于自然科学中的科学主义，如表现为自然基础主义、逻辑实证主义和分析哲学，而是属于人文哲学、人的精神哲学和部分语言哲学的范畴。尽管人文哲学意义上的人文科学的思想内涵还是一个尚待解析的问题，但其基本的精神意向应当是追求公平、正义和真理，揭示符合历史发展规律和广大人民的根本利益，反映那种大势所趋和人心所向的社会理性和价值诉求。与这种人文哲学所蕴含的科学精神相联系的人文精神表现为坚持真理、公平和正义的民主自由精神，与时代相协调的和谐精神，与历史发展规律相适应的人的历史的主动性、能动性和创造性，在社会转型时期表现为强烈的奋发进取的变革精神。

文学中的科学精神和人文精神，既悖立又互补，两者相辅相成，竞相发展。任何用科学精神反对人文精神或以人文精神抑制科学精神的言论和行为都是非理性的。明智的学者们把两者比喻为孪生兄弟、姊妹花、双翼鸟、并蒂莲，把科学精神比喻为发动机，把人文精神比喻为方向盘。现代学者应当让文学中的科学精神和人文精神之花绽放得更加丰富多彩，万紫千红。

综上而论，我们应当巩固和发挥马克思主义文艺理论的强项，吸纳西方现当代文论的优势，以补充、丰富马克思主义文艺理论中那些空疏、模糊、弱势和缺失的部分，使其发生结构性和新质性的变革。我们应当把握上述两大学理中所蕴含的那些有意义的、有价值的、有科学性和真理性的思想文化资源，通过两者的富有成效的对话，重构和发展中国当代形态的马克思主义文艺理论。

二　西方现当代文论的基本特性

西方现当代文论有魅力，也有局限。而这种魅力与局限又往往是互为一体，杂然并存的。从西方现当代文论的总体精神中，可以概括出一些基本特性。

1. 高度的内向化和自我化

以海德格尔和萨特为代表的存在主义者的人生哲学表达了处于异化状态下的人生体验。这种描述是高度内向化和自我化的。他们对所处历史条件下的人生境遇和人生感受，如“世界是荒诞的，人生是痛苦的”，“他人即是地狱”，人们感到孤独、烦恼、操劳、畏惧、迷惘、困惑、恶心、沉沦，乃至悲观失望，这些人生体验是十分真挚痛切的。这些心理症候实际上都是两次世界大战所酿成的心理创伤。

一些存在主义者好比精神病态的心理医生，他们对这些精神病态心理的体验和描述，颇能为处于生存逆境中命运多舛的人们感同身受。一些存在主义者觉察到世界的非人化的陌生和冷漠，提出使自身成为“此在”或“亲在”的祈盼。他们以高度内向化的自我意志和主观欲望作为“先于本质”的“自我存在”，一切从自我出发，提出一套“个人自由”“自我选择”“自我设计”“自我塑造”“自我实现”的“拯救自我”的方案，完全是“以自我为中心”的不可能实现的主观幻想。但他们为了追求个体自由，欲想摆脱心理痛苦的愿望，对启发文艺真切地表现人的生态和心态，重视文艺的主体性和自由性，处理好文艺中的个体性和群体性的关系都是颇有助益的。同时要看到，这种封闭性十足、排他性极强的个人主义的人生观和价值观冷漠现实，贬抑群体，脱离大众，对以集体主义思想为基础的爱国主义和民族精神的确立以及核心价值体系的建设，可能会产生一定的负面作用。

2. 极度的语言崇拜

文学是语言的艺术。西方现当代文论对文学语言的研究取得了深层次、全方位的进展。批判继承西方现当代文论的这些语言理论的成果是理所当然的事。19 世纪中叶后，语言哲学崛起，一定程度上取代了传统的形而上学和自然哲学，成为一种有主导性和影响力的学术思想。西方现当代文论家多半都是具有很深的学术造诣的书斋学者和擅长语言研究的专家里手。他们中间有一些人是具有变革意识的左翼人文知识分子，想通过文本语言和语言文本的研究介入社会现实，以引发社会变革，但多半都停留在语言层面。有的语言学家极端地夸大了语言的作用，认为不是人说语言，而是语言说人；不是人塑造语言，而是语言塑造人。这种表述显然是把语言和现实生活中的人的关系搞颠倒了。从第一性的意义上说，是人塑造语言；

只有在第二性的意义上才能确认和肯定语言的反作用，即在一定的社会和文学语境中，人也要接受语言的陶冶和塑造。还有的学者主张采用语言的阐释学革命，即通过发动语言结构变革去推动和实现社会结构变革。语言朝人文主义的转向被称为语言阐释学的“哥白尼革命”，这种意图是左翼进步知识分子的语言幻想。

首先，自“语言学转向”以来，结构主义语言学把人隐匿和遮蔽在孤立自足的封闭的语言结构中。一些解构主义者和西方马克思主义文论家主张打破僵硬的语言结构，倡导“冲破语言的牢笼”是有道理的。诚然，还有的语言学家意识到语言功能的局限性。如从逻辑实证主义者转为日常语言学派的代表人物维特根斯坦，并不承认语言是外部客观世界的反映，但又曾经追求语言与对象的同构性，后来又强调语言按照人的约定俗成的规则运作的游戏性，从而夸大了语言的相对性和随意性。可能是由于维特根斯坦懦弱的性格和带有悲剧色彩的人生态度，他觉察到因主体和对象双方都存在着极其复杂的差异性和流变性，语言不可能非常清晰、准确地说明和解释事物，往往陷入无能为力和捉襟见肘的困境。面对语言功能的软弱无力，对那些特别陌生的神秘的事物，主张只能“保持沉默”。尽管如此，西方的一些语言学家把语言从客观对象的对应物转换为对象的主体性构成符号，变成表现人的生存方式和主观意向的工具，为语言学研究提供了新的向度、新的内容和新的视域。承接和吸纳这些新的语言观念，对充实和丰富马克思主义文艺理论的文学语言学，从而提升马克思主义文艺理论的话语权力是完全必要的。

其次，由于西方现当代文论的语言学理论和语言的叙述学理论艰深晦涩、诡秘玄奥，往往陶醉于无法使常人意会的语言游戏。语言学家们应当考虑运用简明易懂的表达方式，以便为广大读者所接受。只有通过西方语言理论的大众化和通俗化才能真正实现西方语言理论的中国化和本土化，才能真正化到大众的心里，融入普通作家和评论家的实践中。语言革命或许在组织社会意识形态，影响社会心理，发出精神呼吁，调动世俗舆论方面起到一定的积极作用，但认为“文本之外一无所有”的绝对的语言文本主义，想通过解构和重塑语言文本来解构和重塑历史，从根本上改变社会结构和政治体制是不可能的。这种愿望大体上相当于“词句革命论”的奢望，并不意味着对现实生活和社会环境发生什么实质性的改变。

马克思、恩格斯曾在批判青年黑格尔派的“词句革命论”时尖锐指出：“尽管青年黑格尔派思想家们满口讲的都是‘震撼世界’词句，而实际上他们是最大的保守分子。”“他们之中最年轻的人……说他们仅仅是为反对‘词句’而斗争。不过他们忘记了：他们只是用词句来反对这些词句，既然他们仅仅反对现存世界的词句，那么他们就绝不是反对现实的、现存的世界。”语言批判的作用是十分有限的。马克思、恩格斯说：“历史的动力以及宗教和任何其他理论的动力是革命，而不是批判。”“要真正地、实际地消灭这些词句，要从人们的意识中消除这些观念，只有靠改变条件，而不是靠理论上的演绎。”[①] 马克思、恩格斯的相关论述对正确理解和评价语言变革的作用和功能具有重要的方法论启示。

3. 沉迷于审美学幻想

黑格尔说：“审美带有令人解放的性质。”[②] 西方现当代的文论家和美学家都想把审美和人的解放问题联系起来。这是非常重要的思路。倡导审美，对人的解放和社会的进步是颇有助益的。审美是令人感到温暖和慰藉的精神灵丹。对人的心灵世界具有安抚、滋润、补偿、调解、激荡、救赎的作用。有贴近现实的审美理论，也有耽于幻想的审美理论。总的感觉是，西方现当代的文论和美学与现实生活大有隔膜，多半痴迷和沉溺于审美幻想。

如果说，席勒的《美育书简》还表现出通过审美教育改造和培育人生的美和美的人生的现实感，那么到弗洛伊德的“白日梦”，到各式各样的“审美乌托邦”“审美救赎”，再到海德格尔的“诗意地栖居”，都带有浓郁的幻想色彩。“白日梦”中的人生故事可能非常美丽迷人，但醒来后，穷苦的人们仍然要在痛苦和灾难中煎熬；“乌托邦”是美的，但这种“美”毕竟是“乌托邦”的；从根本上说，“审美”对人是无法实现“救赎”功能的；没有巨额的金钱和财富，想实现物质上和精神上的“诗意地栖居”是不可能的。海德格尔所追求的本来是荷尔德林所倡导的“诗意地栖居”也存在着虚假和伪善的一面。令人惊异和痛惜的是，为了充当法西斯帝国哲学王，他竟然在法西斯的营垒中“栖居”了相当漫长的岁月。“审美理想”“诗意地栖居”是人们憧憬未来生活的美好愿景。

① 《马克思恩格斯全集》第3卷，人民出版社，1960，第22~23、43、45页。

② 黑格尔：《美学》第1卷，商务印书馆，1978，第142页。

笔者主张把具有现实根据、能够通过实践可以实现的审美理想和没有现实根据、不能通过实践实现的审美幻想加以区分，使审美理想多一点实际，少一点空洞的幻想。让现实更理想些，让理想更现实些，不要过于痴迷和崇拜审美幻想。从根本上说，纯审美理论是无助于人的解放和社会进步的。

马克思、恩格斯曾在《神圣家族》中指出："否认纯理论领域内的解放"是"世俗社会主义的第一个原理"，"认为这是幻想"，"为了真正的自由它除了要求唯心的'意志'外，还要求完全能感触得到的物质的条件"①。恩格斯曾经批评所谓"真正的社会主义者"倍克的一些"飘浮在云雾中的"诗，只歌颂"朦胧的幻想"，并嘲讽"他的诗歌所起的并不是革命的作用，而是'止血用的三包沸腾散'"②。

4. 非理性主义倾向

非理性主义是现当代西方文论的主要特征和思想灵魂。非理性主义社会文化思潮贯穿于人文、主体、心理、生理、审美、内部规律、表现主义、现代主义、后现代主义、解构主义之中。非理性主义无疑是具有两面性的。非理性主义在人文、主体、心理、意识和语言形式符号领域中进行了许多有益的探索，取得了相当显赫的学术成果。这些学术成果作为人类的思想文化资源，必须得到尊重、承接和吸取，以丰富和补充传统的学术格局中所空疏和缺失的部分。非理性元素是人类的生理机能和意识思想结构中不可忽视和不可或缺的组成部分。对失去了历史的先进性和合理性的、过时的、僵化的旧理性的反叛、消解和颠覆，对超稳定的社会结构和社会体制、思想结构和思想体制的冲击和破坏，对旧权威的亵渎和颠覆，对大一统的文化专制主义的抗争和搅扰，从这些意义上说，具有思想解放的意义。

我们一方面要肯定非理性研究的学术价值，另一方面又要反对一切去科学化、非科学化、反科学化的研究理路，应当科学地评价包括现代主义、后现代主义、解构主义和各种非理性主义的是非功过。对一切无节制地反对主流、反对中心、反对权威、反对稳定、反对统一性和整体性，主张平面化、边缘化、碎片化、无深度、去价值的观念，理应采取有鉴别、有选择的具体问题具体分析的科学的理性态度。

---

① 《马克思恩格斯全集》第2卷，人民出版社，1957，第121页。

② 《马克思恩格斯全集》第4卷，人民出版社，1958，第242页。

一切反对认知理性、道德理性和科技理性的论说只能使一个民族陷入被动和愚昧的状态。非理性意识，作为人类思想结构中的必要的组成部分是不可或缺的。事实上，世界上不存在没有非理性渗透的纯理性，也不存在脱净理性元素的单纯孤立的非理性。我们在批判非理性主义社会文化思潮时，不要把非理性主义的合理性也一并抛弃了；我们在破除旧理性主义时，也要克服和防止把正确的、有价值的理性一股脑扔掉了。这种“弃水泼婴”的幼稚病是昏昧的表现。旧理性过时了，非理性太时兴了，有的学者提出新理性的概念加以回应。这种新理性应当理解和阐释为实践理性。如果新理性只是停留在舆论、语言和幻想层面，会局限、缩小乃至损害它的意义和价值。只有通过实践实现了新理性，只有变成现实生活的物化形态的实践理性，才是新理性的理想境界。

5. 缺乏震撼人心的力量

由于不同程度地脱离现实生活、人民群众和社会实践，使西方现当代文论缺乏震撼人心的力量。书斋中的左翼人文知识分子本身并没有力量。知识要通过实践才能转化为力量。必须清醒地认识到，与群众相结合的知识分子才是有力量的，不掌握权力和财富的知识分子是没有力量的。葛兰西关于“文化霸权”的理论，对推动建立文艺的领导权和话语权具有特别重要的现实意义。拥有领导权和话语权的文学理论和文学作品才是有力量的。

从整体上看，西方现当代文论和文学是缺乏力量的。尼采的“权力意志”和“超人哲学”从表面上看是有力量的。这种哲学亵渎上帝、冒犯权威、反叛传统。这种思想的表述方式如狂飙烈火，似有摧枯拉朽般的磅礴气势。尼采以批判家的雄伟，傲视一切。但由于全然拒斥理性，缺乏坚实的生活基础，显得底气不足，似有虚脱和内荏之憾。

法兰克福学派的社会文化批判理论对遮蔽社会问题的“虚假意识形态”的批判，对压抑人的、表现出某些悲剧元素和负面作用的“启蒙理性”的批判，对导致人的异化、使人成为“单向度的人”的“工具理性”的批判，对包括大众文化在内的依附资本意志、被文化工业和商业社会所同化、一定程度上被主流意识蒙蔽、误导和改塑的大众意识、实际上带有“反文化”性质的“文化批判”，都具有重要的理论价值和现实意义。文化批判作为一个新兴的学科领域是不可或缺的。文化批判企图从文化层面介入政治，表现出一定的文化批判力量。法兰克福学派的社会文化批判理论对阐释意识形态、工业理性、文化生产如何按照符合人性的方向发展，具有深刻的思想启示。但这种文化批判理论也是有局限的。它只敏锐地看到了工具理性的非人性的一面，如可能造成对人的欲望、个性、灵韵、浪漫情怀、自由意志和创造精神的压抑，但并没有论述工具理性肯定人，如提高人的智慧、技能和力量，健全自身、征服和善待自然、捍卫真理和维护正义的一面。存在主义比较关注“实践”的功能，表现出改变人的生态的意向，但忽视群体的力量，这种学说所张扬的孤独的悲观绝望的个体实际上是没有力量的。

由于受到金钱拜物教、权力拜物教、商品拜物教的侵害，人们一度变得怯懦了。反映到现代主义和后现代主义作品中的人物形象都是缺乏力量的，如卡夫卡的著名小说《变形记》，描写人在社会重压下变成了大甲虫那样的软体动物，有的作品表现处于异化状态下的人由于承受痛苦和灾难的折磨心灵上受到重创所造成的病态和畸形。这些荒诞的和处于异化状态下的“单面的”或“偏型的”弱势的小人物是值得怜悯和同情的，却是没有刚气和血性的。现代派的一些作家和理论家在国家机器、战争机器、工业机器和强大的物质力量的辗压下，人生步履维艰，命运坎坷不幸。他们本身十分软弱，卡夫卡被他的研究者们称为“弱的天才”，绝不可能创作出震撼人心的理念和作品。

我们有时只能在一些科幻影视作品中看到少许孔武有力的超常的巨人形象。即便是那些带有批判意念的理念和作品，对现实的批判多半也都停留在舆论、幻想、语言层面，或迷信于道德说教、精神呼吁、审美救赎，甚至新感性革命、文化批判都带有不同程度的“坐而论道”或“纸上谈兵”的性质，一切精神批判都无法超越和取代实践批判，只能靠塑造“新人形象”，培育出被马克思、恩格斯称为“有实践力量的人”，通过变革现状的物质批判去加以解决。因为只有“新人形象”才能从正面充分体现出全新的价值体系和思想体系，才能作为“有实践力量的人”变革现实，改变旧环境，创造新世界。正如马克思所指出的：“哲学家们只是用不同的方式解释世界，问题在于改变世界。”① “对实践的唯物主义者，即共产主义者说来，全部问题都在于使现存世界革命化，实际地反对和改变事物的现状。”②

① 《马克思恩格斯全集》第3卷，人民出版社，1960，第6页。

② 《马克思恩格斯全集》第3卷，人民出版社，1960，第48页。

只有服务并推动和促进社会的全面进步和人的全面发展的文学作品和文学理论才是有力量的。

三 对话的思维方式

学术思想的对话实质上也是思维方式的对话。思维方式和思想方法作为客观对象的对应物，需要尽可能最大限度地切合客观对象的基本性质和主要特征。

以新人本主义为主潮的西方现当代文论，都随心所欲地夸大主体心理、精神和意志的作用，包括海德格尔和萨特宣扬的“存在论”，都带有浓郁的主观成分。一些本来很有价值的思想，都这样那样地脱离了客观世界，消解和遮蔽与现实生活的深层关联。对这些带有主观随意性的文学模式、理念、思想和学说理应进行历史唯物主义的解析，通过对话和改制，将其置放在坚实的客观世界的基础之上，赋予这些文论思想以可靠的现实性生活的根基和源泉，从而加强和提升这些文论思想的科学性。

对西方现当代文论中的一些所谓“深刻的片面的真理”应当进行辩证的解析。西方的文论史上，一种文艺理念崛起后，不久便被另一种文艺理念所取代，像走马灯那样，风水轮流转，各领风骚三五年。一点论、片面性、绝对化、走极端、具有浓厚的“自恋情结”和强烈的排他性。同时或交替地出现两种不可兼容、相互对立的观点。如客体性和主体性相互排斥，历史精神和人文精神彼此消解，有的宣扬“历史终结论”，有的则主张“人的终结论”。有人强调语言的可通约性，有人则认为语言具有不可通约性。所谓物极必反，一种理念讲过头了，又要回过头来重新言说，以至于不断出现学术研究的轮回现象和钟摆现象。我们注意到，一些西方现当代文论家，特别是一些后现代主义者、新历史主义者、西马文论者，由于新的历史条件和文化需要的驱动，又峰回路转，明显地表现出从他们所心仪的人文主体性学理向历史客体性学理回归的走向和趋势。

西方现当代文论，无论是现代主义、后现代主义、结构主义，还是解构主义，都具有非理性主义的思想特征，不少消解社会理性、追求生理欲望、玩弄语言游戏、炫演“娱乐至死”的精神意向，都不同程度地陷入非理性主义的偏执。因此，运用理性的思维方式对各种非理性主义社会文化思潮进行鉴别和解析，在肯定非理性因素的合理性的同时，创造富有时代精神和实践精神的新理性是完全必要的。

总之，我们应当运用宏观、辩证、综合、创新的思维方式，改制和整合西方文论。为了实现马克思主义文艺理论的全局性和总体性的理论创新，必须对西方现当代文论进行重组和整合。文学艺术和任何事物一样，实质上都是一个包括多层面各种复杂元素的有机集合体，因此必须对其进行跨学科的全景式整体性探索和宏观的综合性研究。我们注意到，当代西方的一些学者已经意识到并开始努力改变迷信“深刻的片面的真理”的局限性。美国哲学家奎因力倡“整体主义”的学术研究。科学史家库恩主张打破学科壁垒，提出一种“范式理论”，强调对学科进行“系统结构研究”。伽达默尔的解释学、社会知识学的“强纲领”，特别是一些人类学和西方马克思主义文艺家的许多论述，都有意识地对文学进行各种形态的跨学科多层面的综合研究，表现出西方现当代文论从局部的微观分析研究追求向全面性、总体性的宏观综合研究转型的发展势头。

文艺学既然是科学，便应当以科学态度、科学精神和科学的思维方式，通过平等的、有选择的学术对话，梳理和整合各种具有一定科学价值的文艺理论资源。对待人类的一切思想文化遗产和理论资源，既要有开放、包容、拿来的心态，同时又要有鉴别、批判、改造的精神。既要尊重和吸纳西方现当代文论的有益的学术成果，又要破除对西方现当代文论的盲目迷信和极端崇拜。在文化交流、交锋和交融中，我们应当本着以我为主，为我所用，择善而从，取长补短，优化组合的原则，经过批判继承，把西方现当代文论中那些先进的有价值的东西融入和重构到马克思主义文艺理论中。

我们应当学习马克思那样的胸襟、智慧、胆识和勇气，像对待黑格尔和费尔巴哈那样来批判继承西方现当代文论的学术成果。马克思并没有全盘否定黑格尔，而是从黑格尔那里拿来了辩证法，抛弃了唯心主义；同样，马克思也没有完全否定费尔巴哈，而是从费尔巴哈那里拿来了唯物主义，抛弃了唯物主义机械性，从而开创了崭新的哲学体系和思维方式。马克思主义从来都是一个开放的思想体系，具有分析、鉴别、整合、改制、重塑人类的一切文化思想资源的卓越能力。我们应当以马克思主义的科学态度、科学方法和科学精神，对待一切有科学价值的文化思想理论资源，重构、创造和发展当代形态的科学的马克思主义文艺理论。

马克思主义问题性与文艺理论创新[*]

谭好哲[**]

一　“马克思主义问题性”的提出背景与内涵

理论作为人类把握现实的精神对应物，在很大程度上说就是要提出问题和解决问题。问题构成理论内容的基本骨架，而问题切入现实的深度则构成理论研究和创新的思想深度和价值意义的大小。所以，任何理论研究和创新，都不可缺少问题意识。然而，从自我反思的角度来看，中国当代的理论研究，包括马克思主义文艺理论研究在内，却比较普遍地欠缺问题意识，致使理论创新能力不强，学术影响力度较小，这一点，似已成为学界共识。为此，近些年来学界业已发表不少文章，呼吁增强问题意识，并就如何增强提出一些主张和见解。这是问题意识觉醒的一个可喜表现。不过，通观这方面的一些文章，会发现泛泛之论较多，而且许多论者面对问题的理论立场以及提出问题、解决问题的理论方法并不明确，明显地缺乏一种“马克思主义”的主体自觉。为此，必须明确指出，对马克思主义文艺理论研究而言，仅仅停留在一般性地呼吁和谈论增强问题意识是远远不够的，还应再进一步，深入到“马克思主义问题性”与文艺理论研究的关系上来，在“马克思主义问题性”的寻找、研讨与确立、坚守中切实有效地推进马克思主义文艺理论研究的学术发展和思想创新。

就大的格局而言，20 世纪 50 年代初期至今，中国当代文艺理论研究与马克思主义的关系，经历了两个不同的历史阶段，呈现为多种不同的关系

---

* 本文原刊于《文学评论》2013 年第 5 期。

** 谭好哲，山东大学文艺美学研究中心教授。

状态。自50年代初期到新时期启动前的二三十年间，由于政治一体化的特殊历史现实，当时在思想文化领域是马克思主义一统天下，文艺理论研究也不例外，只是由于历史条件的局限，那时的所谓马克思主义文艺理论研究不见得都是真正贯彻和坚持马克思主义的。新时期以来，由于国际国内历史条件的变化，思想文化领域里的多样化和多元化趋向不断加剧，以马克思主义一种面目而存在的文艺理论研究已成历史。这里，不必过多政治的考量，仅仅从学术研究的角度来看，当下的文艺理论研究与马克思主义之间已逐渐形成了三种不同的理论面相：其一，有的学者对马克思主义不仅不感兴趣，而且从思想上予以排斥，因而其文艺理论研究根本上与马克思主义毫无关联，有的甚至是相互抵牾，这是不能回避的一种客观事实；其二，有的学者只是把马克思主义作为多元思想文化中的一元加以看待，在文艺理论研究中实用主义地随意拼合各种思想文化资源，因而其理论研究中的学术立场和主导精神不明确，“主义”模糊、泛化，树不起理论旗帜，这是另一种情况；其三，许多学者还是认同马克思主义的，并真诚地努力于马克思主义文艺理论研究，以图在新的历史条件下推进其创新与发展。基于思想自由的学术原则，这里不拟对前两种理论面相加以评说，只想与第三类学者一同来思考一下究竟什么样的研究才算是“马克思主义”的，如何才能推进马克思主义文艺理论的创新和发展，而这方面的思考就与“马克思主义问题性”紧密相关。

“马克思主义问题性”的提法来自于当代美国新马克思主义文化和文艺理论家詹姆逊。在谈到“后结构主义”时，詹姆逊说：“它是一个历史概念，而作为一个历史概念，它又是从马克思主义的问题性中生发出来的。”在论及德里达等法国学者为何要介入马克思主义的主题时，他又指出个中的原因是在法国知识界非马克思主义化之后，“大理论家更为明确地意识到他们自己的工作是如何建立在马克思主义问题性（再强调一次：不是马克思主义本身）之上的”。那么，什么是“马克思主义问题性”呢？詹姆逊也有他的解释：“我说的不是马克思主义本身，而是马克思主义所致力探讨和解决的问题。”① 所谓“马克思主义问题性”不是指马克思主义本身，即不

① 詹明信：《晚期资本主义的文化逻辑》，张旭东编，陈清侨等译，三联书店、牛津大学出版社，1997，第2、3页。

是说马克思主义本身有什么问题，不是要对马克思主义自身发展中的理论过失和问题进行反思，尽管这种反思也是马克思主义的发展所必须的。而马克思主义所致力探讨和解决的问题，詹姆逊明确说指的是基础和上层建筑的问题，意识形态的本质问题，表象的问题，等等。简要言之，詹姆逊所谓“马克思主义问题性”就是基于“马克思主义”而对现实文化和文艺问题的理论应对和聚焦，这一提法所强调的重点在于对文化和文艺问题理论言说的马克思主义性质。比如就语言问题来说，从结构主义理论和方法出发所提出的是语言是否人类意识活动的最终决定因素之类问题，从精神分析理论和方法出发所提出的是语言是否无意识的表征问题，而从马克思主义理论和方法出发所探讨的则是语言在社会文化生活中的作用和位置的问题。语言在社会文化生活中的作用和位置的问题之所以属于马克思主义的问题，在于这样的提问方式归属于或者说源出于上述基础与上层建筑的关系之类马克思主义理论框架，其马克思主义性质是学界公认的。

应该说，詹姆逊对“马克思主义问题性”的强调特别是他在理论研究中对“马克思主义问题性”的坚守，值得中国马克思主义文艺理论研究界反省和深思。反观中国当下的文艺理论研究，还有多少人在基础和上层建筑以及意识形态的本质之类问题上费心思呢？如果我们不能够或者干脆就没有“致力探讨和解决”马克思主义的基本理论问题，又何谈马克思主义文艺理论的创新和发展呢？由此不妨直白一点说，不是一般的问题意识的缺失，主要是“马克思主义问题性”的缺失才是中国当代马克思主义文艺理论研究缺乏创新并由之引生创新焦虑症的一个重要原因所在，因而也正是需要引起我们特别关注和思考的一个重大理论问题。

二　方法论与“问题性”的解释维度

那么，在具体的文艺理论研究中，问题性何以发生？马克思主义文艺理论凭借什么来建构自己的问题性呢？这首先涉及马克思主义文艺理论研究的方法论问题。

通常，当我们判定一种理论属于何种“主义”也就是“主义”性质或“主义”属性时，主要指的是这种理论所显露出来的立场、观点和方法。立场即认识和处理问题时所处的地位和所抱的态度，它是由理论研究者的观点以及所运用的方法决定的，具有什么样的观点和方法就会有什么样的立场。这样说来，理论的“主义”性质主要取决于观点和方法。就马克思主义而言，观点与方法、世界观与方法论是有机统一的，历史唯物主义和辩证唯物主义既是世界观也是方法论，这是大家熟知的。但是，世界观是对宇宙自然、人类社会和人类思维各个领域种种现象和规律的认识和看法，而方法论涉及的则是人类借由形成这些认识和看法的具体思维路径、手段和方法，观点和形成观点的方法之间就此而言又是有一定区别的，二者的统一性不是无区别的混一。就观点与方法的相对区别来看，中国当代以往的马克思主义文艺理论研究显然更多也更习惯于用观点的选择来显示立场，而较少且不善于由方法的运用显示立场。在一个半多世纪的发展历程中，马克思主义已经在经济学、哲学、美学、文艺学诸多方面产生了一些已成经典的理论观点和论断，作为马克思主义的后来人，继承这些观点和论断并将之运用于文艺研究和文艺批评之中理所应当，无可厚非。一般来说，这种做法的确可以比较明显地反映文艺研究者的学术立场，不少情况下其学术效应也是正面的。但是，应该看到，在以往的理论发展过程中，这种通常的做法也显示出诸多消极和负面的影响。由于不是根据现实发展来创造理论，而只是为了说明和评判现实去运用理论，久而久之，便造成经典理论和经典运用者两方面的问题。在经典方面，原有的理论原地踏步、依然如故，没有发展、没有增值；在研究者方面，其头脑长期充当留声机、传声筒的作用，因而只会传经、注经，理论创新的能力大大弱化，等而下之者，也就剩下翻着经典书本鹦鹉学舌，或是用现实景观图解经典的本事了。进而言之，马克思主义的许多经典理论和论断都是基于特定社会历史条件而生发出来的，有其一定时空范围内的适用阈限，而我们的研究者却常常是把它们作为神圣不可更易、放之四海而皆准的东西，机械地、教条主义地对待和取用之，不管自身的现实境况究竟如何，结果只能是无的放矢，甚至胡乱评判，不仅没有解决现实的问题，而且糟蹋、毁坏了经典的名声。

如果说以往在用观点的选择表达立场方面存在不少问题的话，那么在用科学的方法形成观点以表达立场方面就更成问题了。方法是理论创新的手段和动力，是学术真理的理性显示器，没有科学的方法就没有科学的理论，没有研究方法的新探索也就没有思想观念的新收获，研究者也就无从向现实表达立场。或许正是在这个意义上，现代西方最重要的马克思主义思想家和文艺理论家之一卢卡奇才在《什么是正统马克思主义?》一文中不无偏激地说“马克思主义问题中的正统仅仅是指方法”，而且只有正确的方法才能使马克思主义的学术研究“按其创始人奠定的方向发展、扩大和深化”[①]。从以往的历史来看，注重方法问题，具有科学的方法论和自觉的方法意识正是马克思主义文艺理论的强项，那些已经成为经典的论著和思想，比如马克思恩格斯关于19世纪现实主义创作的有关论述和思想，列宁对于列夫·托尔斯泰的研究，毛泽东《在延安文艺座谈会上的讲话》等，无不深深地刻烙着辩证唯物主义与历史唯物主义的印记，显示着鲜明的马克思主义方法论特色和巨大理论生成能力。而西方马克思主义中本雅明关于现代传媒技术与艺术发展关系的研究，詹姆逊关于后现代主义文化与后工业社会关系的研究，马克思主义方法论的底色也清晰可辨。然而，比较来看，我们自己当代的理论研究，真正由马克思主义方法来彰显“主义”和立场的成果却并不多见，乏善可陈。更有甚者，有些研究者甚至将马克思主义的理论和方法作为陈旧过时的东西弃之如敝屣，争先恐后地竞相追逐来自当代西方的各种以“新”和“后”命名的时髦理论和方法，朝秦暮楚地追来逐去，最终却将马克思主义科学方法的传家宝丢失了，致使种种理论创新的宣言和构想成为空论。

这里，我们强调方法论，强调方法的重要性，还不仅是因为离开方法就形不成观点，不仅是因为以往在由方法创新理论方面存在缺陷，还在于理论的社会功能的实现、理论的“主义”性质和色彩的彰显与方法紧密相关。理论的价值首先在于发现、说明和解释现实，可以称之为认识功能或解释功能，理论如何认识或解释现实，与其方法论的选择和具体方法的运用有关。可以说，现实的面貌是由理论呈现出来的，而理论的面貌是由方法塑造出来的，也可以说，有什么样的理论就有什么样的现实观，而有什么样的方法就会形成什么样的理论，你不可能用精神分析的方法、结构主义的方法形成马克思主义的理论观点。尽管精神分析的方法、结构主义的方法等可以补充或者说包容于马克思主义的方法之内，却并不是、更不能替代马克思主义研究方法。正如詹姆逊所指出的那样，文化文本是社会的

---

① 捷尔吉·卢卡奇：《卢卡契文选》，李鹏程编，人民出版社，2008，第2页。

象征行为，会以辩证的方式把文本叙事与历史语境统一起来。因此，坚持马克思主义的方法论，“最终这会导向基础和上层建筑的关系，也就是说如何把文化、意识同语境或形势联系起来”[①]。詹姆逊甚至认为以“生产方式”为阐释基础的马克思主义阐释模式比之当今时代其他各种阐释模式都更具语义的优先权，是“最终和不可超越的语义地平线——即社会地平线”[②]。可见，马克思主义是有其方法论规定的。詹姆逊之所以能够成为当代西方新马克思主义文化和文艺理论家的主要代表，他所呈示的后现代社会与后现代主义文化的理论景观之所以能够迥异于其他后现代理论言说，毫无疑问是得自于他对“马克思主义问题性”的坚守，得益于其基于历史唯物主义理论的辨证阐释方法。他的理论成就从一个侧面提示我们，方法论与“问题性”的解释维度密不可分，不可不察，不可忽视。

三 历史性与“问题性”的时代维度

理论研究的问题性虽然出自研究者的头脑，却并不是研究者个人主观意识的外化，从根本上讲是由历史发展的客观进程所决定、由研究者对现实进程和矛盾的把握而生成。黑格尔在谈到哲学创造时曾经指出：“每个人都是他那时代的产儿。哲学也是这样，它是被把握在思想中的它的时代。”[③]马克思也曾明确地提出：“问题就是公开的、无畏的、左右一切个人的时代声音。问题就是时代的口号，是它表现自己精神状态的最实际的呼声。”[④]可见，理论的具体内容及其问题性有其生成基点和动力源泉，这就是历史，也就是理论不能逾越的时代生活。“马克思主义问题性”的建构不能缺少了时代的维度。

面向时代，研究实际问题，解决实际问题，是古今一切优秀的文艺理论共同具有的品格，马克思主义文艺理论和美学更是如此。马克思主义经

① 詹明信：《晚期资本主义的文化逻辑》，张旭东编，陈清侨等译，三联书店、牛津大学出版社，1997，第11页。

② 詹明信：《晚期资本主义的文化逻辑》，张旭东编，陈清侨等译，三联书店、牛津大学出版社，1997，第147页。

③ 黑格尔：《法哲学原理》，范扬、张企泰译，商务印书馆，1961，“序言”第12页。

④ 《马克思恩格斯全集》第40卷，人民出版社，1982，第289～290页。

典文论家的许多论著和理论思想，都是基于时代境况和文艺发展实际所提出来的，比如马克思关于资本主义同艺术和诗歌相敌对的论断，恩格斯关于“现实主义的最伟大胜利之一”即优秀的现实主义创作能够违反作家自己的阶级同情和政治偏见的见解，列宁关于了解和改造旧文化是建设无产阶级新文化的必要前提的思想，毛泽东关于延安文艺实践中普及与提高关系的论述，都是如此。这些思想论断不是从马克思主义基本思想中直接抽象出来的理论教条，而是有着丰富的时代生活内涵和明确的现实问题指向。就西方马克思主义文论而言，英国伯明翰学派对文化的重新定义和对通俗文化的理论研究，法兰克福学派对资本主义文化和大众文化工业的单向度性的批判，伊格尔顿在《文学理论导论》中对政治批评的张扬以及在新近出版的《后现代主义的幻想》和《理论之后》中对各种文化理论的批评与对后文化理论时代人类依然要面对的真理、道德、邪恶、死亡、宗教与革命等全球性问题的强调，都是极其富有问题意识和强烈的现实针对性的。詹姆逊在谈到他自己的理论研究时也说过：“贯穿我著作的框架来自我们所处的时代本身。其马克思主义的成分来自这个历史阶段的根本的经济动态。”[①] 学习经典马克思主义文艺理论，拜读一些西方马克思主义理论家的代表性论著，一个突出的体会就是，从他们的理论文字中能够深切地感受到时代脉搏的跳动，倾听到时代精神的呼声，这正是他们的理论能够具有经典性的一个根本原因所在。反观我们自己的许多理论研究，却往往不能让人得到这种感受，原因即在于我们的许多所谓理论研究往往不是生发于对时代的感应，从观点到方法都是从他人那里拿来的，是从书本上读来的，正所谓“纸上得来终觉浅”，岂止是一个浅字，关键是这样的理论与时代无涉，对现实无解释效力，更无指导价值，其学术影响力和生命力也就可想而知了。

认真思考和分析当代文艺所处的具体历史语境及其时代特征，由现实的历史语境和独特的时代特征中提炼出自己的理论问题，并借此对当代文艺实践做出马克思主义的阐释和评判，是当代马克思主义文艺理论研究应该承担、无所逃避的一项时代任务。当今时代，正处于一个由资本的全球扩张而演化成的球域化发展时期。球域化包含着全球化和本土化两股相反

① 詹明信：《晚期资本主义的文化逻辑》，张旭东编，陈清侨等译，三联书店、牛津大学出版社，1997，第18页。

相成的发展趋势，因而当代人类的生存和生活也存在着两个向量，一个是全球化、世界性的向量，另一个是本土化、民族性的向量。当代文艺理论家应该从这两个向量思考文艺的当代性问题。就前一个向量来说，当代的文艺活动在现象形态上表现出与此前各个时代大为不同的种种新的文化景观，如文艺的商品经济属性的崛起，新媒体艺术的快速发展，文艺的跨文化交流的世界性潮流等。这些新的时代性文艺景观背后潜隐着种种规约性的社会机制和因素，其中最为重要的有三个方面，这就是以现代生产方式为基础的市场经济，以现代电子与信息技术为支撑的现代传媒，以世界经济一体化为主导的全球化浪潮。因此，经济或直接点说就是资本与文艺的关系、传媒与文艺的关系、全球化与文艺的关系等，自然应该成为马克思主义文艺理论关注的重点，包括在“马克思主义问题性”之内。不过，对当今时代的文艺理论研究来说，不仅应该通观和思考这样一些全球性、共通性的问题，还要体验和思考那些属于本土性、特殊性的问题。诚如詹姆逊所指出的，尽管当今不同的思想社区和团体面对着一些共同的处境，之间的交流也越来越多，但理论来自特定的处境，“知识分子是附着于自己的民族情境的”①。就中国当下的具体历史语境而言，在现代化的追求中文化传统与现代性艺术发展的关系就成为一个问题，文艺创造与民族文化身份认同的关系也是一个大问题，同时作为一个发展中国家，文学艺术如何反映和介入诸如由发展而导致的生态问题、社会公正问题、信仰危机问题、道德失范问题等，也都是分量颇重的时代性理论问题和主题。

或许，在某些持纯审美论立场的文艺理论研究者眼里，上述这些问题不是纯粹的文艺理论问题。但就马克思主义文艺理论研究来说，一个文艺理论家，不仅应有对于文艺实际的高度关注，还要具有对生活世界的现实关怀；不仅要有对文艺审美的雅好和研究，还要具有当代生存的体验和思考；正像马克思主义文艺批评所要求的那样，应该是“美学观点和历史观点”即审美意识和历史意识兼具。纯审美论不符合马克思主义的精神。只有将艺术问题置放于历史或者时代的地平线上加以考量，以文艺问题的理论之思介入现实、切入问题，大力增强问题性的时代内涵，才是马克思主

① 詹明信：《晚期资本主义的文化逻辑》，张旭东编，陈清侨等译，三联书店、牛津大学出版社，1997，第24页。

义文艺理论的固有特色，才能在新的历史语境之下丰富和拓展马克思主义文艺理论的历史内容。

四　理想性与“问题性”的价值维度

理论的功能不仅在于认识和解释现实，还在于规范、评判和引领现实。马克思主义从来就不仅仅是一种解释世界的理论，也是一种关于人类解放的理论，有其关于人类自身和社会发展的理想。作为马克思主义思想体系的一个有机组成部分，马克思主义文艺理论也有自己的审美理想，它不是脱离开现实的人和人的现实的历史条件抽象地谈论艺术的自率性和审美自由，而是以艺术理想、人的理想、社会理想三者的有机统一为基本内容，将艺术审美理想的实现置于人的自由和解放与社会的进步和革命的基础之上。[①] 由此，马克思主义文艺理论便内在地具有了对于艺术现象以及经由艺术研究而对于人生和社会现象的价值评判功能，而“马克思主义问题性”的追寻、研讨和论说也不能无视这一不可或缺的价值维度。

将理想性置于问题性的价值维度之中有其历史本体论的基础。因为历史不仅存在于已流逝的过去和行进中的当代，还包括渴望中将要到来的未来，理想从来都是与未来相关的。理想的存在，为人类的生存规划和社会发展确立了目标，同时也为历史与人生的现实评判设置了标准和尺度。反过来说，历史发展的合理性与否，历史发展中的问题之所以在理论上显示为问题，也正是因为存在着一个理想的参照和审视维度。以空想社会主义作为自己思想来源之一的马克思主义从来就是一种富有理想的思想和信念体系，马克思主义文艺理论历来也都散发着明亮的理想之光。马克思主义创始人不仅曾经热切地期待能够从 19 世纪的革命中涌现出一个新的但丁，以宣告无产阶级新纪元的诞生，而且从来都是将作家的文艺创作是否能够创造出代表时代进步的新的人物、揭示出新的历史趋向作为其文艺批评的一个重要尺度。在中国马克思主义文艺理论发展中，关于革命现实主义与革命浪漫主义相结合即俗称“两结合”创作方法的提出，其基本用意也在

① 狄其骢、谭好哲：《艺术哲学的革命——论马克思恩格斯艺术哲学的体系特征和审美理想》，《文学评论》1991 年第 3 期；谭好哲：《后经典时期马克思主义文艺美学的形态与主题》，《山东大学学报》（哲学社会科学版）2011 年第 6 期。

于从理论上解决理想与文艺创作的关系问题。然而，由于以往极“左”政治思潮的长期泛滥，再加上改革开放以来金钱至上的拜物教观念盛行一时，广大民众信仰体系中长期以来培育起来的理想主义情愫日渐消弱以至消殆，当代文艺创作中理想的光亮也日渐暗淡了，大量的文艺作品沉迷于生活的琐细、腻歪和困顿以及人性的卑微、阴暗和暴戾，不能让人从中感受到生命的诗意和生存的希望。不仅如此，如果有谁在文艺创作和理论研究中谈论理想，还常常会被冠以虚假、伪浪漫、伪崇高等的恶评，而马克思主义文艺理论界也往往不能理直气壮地言说理想之于文艺创作的应有价值，并积极地介入当代文艺批评，这种状况与马克思主义文艺理论的已有传统是不相符合的，也是亟待改进的。

在中国当代文艺理论界，许多人受西方马克思主义中法兰克福学派理论家的影响，喜欢谈论理论的批判性，甚至是将批判视为马克思主义理论的唯一功能。应该说，作为新型无产阶级的革命理论，对当代资本主义的批判确实构成马克思主义的一个基本任务和理论特色。然而马克思主义不是为批判而批判，而是为了一个更加美好的社会的到来而批判，这种社会批判的动力不仅由于资本主义的现实状态，也源于人类自由和解放的社会理想，其对资本的罪恶、资本主义的矛盾和危机的揭示、辨认和评判是以人性和社会发展的最高理想为尺度的。因此，只抓住马克思主义批判性的一面，而看不到甚至扔掉了其理想性的一面，是偏颇的。即使是法兰克福学派的理论家也不都是只讲批判，不讲理想，该学派的社会批判理论被归结为“审美乌托邦”，正表明他们是有其理想的。马尔库塞就曾明确地说过：“一切真正的文学都有双重的使命。一方面，它是对现存社会的批判；另一方面（这与第一方面内在地联系在一起），它又是对解放的期望。”[①] 他甚至将艺术中现实批判与解放期望的有机结合提升至美的辩证法的高度，说“美学结构起源于美的规律，而肯定与否定的、安慰与忧伤的辩证法就是美的辩证法”。基于这种辩证法，马尔库塞明确地指出“纯否定会是抽象的，是‘坏的’乌托邦”。[②] 在当代，以对资本主义及其文化逻辑分析见长

---

① 布莱恩·麦基编《思想家——当代哲学的创造者们》，周穗明、翁寒松译，三联书店，1987，第73页。

② 赫·马尔库塞：《美学方面》，载《现代美学析疑》，绿原译，文化艺术出版社，1987，第40、46页。

的詹姆逊在谈到他自己的理论选择时也明确地说道："但在我，资本主义以及不同于资本主义的选择的可能性一直是迫在眉睫的问题。" 这是因为，"在目前环境下，人类生活业已被急剧地压缩为理性化、技术和市场这类事物，因而重新伸张改变这个世界的乌托邦要求就变得越发刻不容缓了。"[①] 可见，将理想性置于"问题性"之中，并不是要排斥批判性，马克思主义理论的批判性与理想性都有其客观的历史需求，符合历史理性的要求。

基于上述分析，在当代马克思主义文艺理论研究中，我们不仅需要以科学的方法论为指导，用科学的方法认识现实，解释和阐发那些真正富有时代内涵的理化性问题，也不仅仅需要用批判的态度审视这些问题，还要努力把理想融入"问题性"的发现和建构之中。当然，这样要求，绝不是要简单地让人们在文艺创作和理论研究与批评中申论空洞的人生自由信条和政治性的社会解放宣言，而是要求把理想作为具体的艺术理念，在文艺创作中融入艺术形象的鲜活创造，在文艺理论研究与批评中转化为"问题性"的内容构成和艺术审美的价值规范与标准。只有善于以富有人性和自由的理想烛照现实，从"问题性"的寻求和建构中发现历史的未来之光，以理想点燃文艺的精神之火，文艺才能成为引领时代与民族精神前行的火炬，文艺理论研究才能对现实的文艺实践活动有所作为有所指导，从而具有现实的生命活力。恩格斯曾经在其写给拉法格的信中夸赞在巴尔扎克"富有诗意的裁判"中有了不起的"革命辩证法"[②]，其实真正优秀的文艺理论也应该是能够用作诗意裁判的革命辩证法或者说是具有诗意的辩证法，理想的存在是其具有诗意、可以据以进行诗意裁判的保证。就此而言，能否将理想性深深地镌入"问题性"的理论发现和建构之中，也是衡量当代中国马克思主义文艺理论是否能够保有诗意辩证法的一个重要方面。

---

① 詹明信：《晚期资本主义的文化逻辑》，张旭东编，陈清侨等译，三联书店、牛津大学出版社，1997，第23、34~35页。

② 《马克思恩格斯论文学与艺术》（二），陆梅林辑注，人民文学出版社，1983，第130页。

从当下实践出发建立文学研究的中国话语*

高建平**

一　当前对待西方文论的两种态度

随着中国的经济发展，国力增强，中国话语建设逐渐成为一个学界关注焦点。建立大国的学术，要有大的气象，要在世界上发出自己的声音，当然，学术话语的建构要用学术的方式，按照学术的发展规律来进行，要面对其独特的问题。建设中国文学研究的话语，首先碰到的问题就是如何对待西方文论。

在西方思想的引介过程中，我国学术界出现了一些错误的倾向，形成了一些不正确的态度或者路径。

一种路径是走全盘西化的路，而且致力于不断西化，以期跟上西方发展的步伐。外国文学理论当然是要研究，大国学术的一个重要指标就是要求学科门类齐全，所以，我们需要有西方文论历史上从柏拉图到罗兰·巴特的所有著名人物、学派的专门研究。这些研究不能只局限于中国对西方思想的接受情况，不能只当作一种地方适用性研究或作为普及性知识介绍，我们要在研究中提出自己独到见解。一位美国学者可以跻身于当代康德研究的最高学者之列，而且一点也不逊色于德国人；一位法国学者在编辑蒙田研究论文集的时候，能收入一篇日本学者关于蒙田的新发现或新阐释的论文，这些都是学术研究达到高水平的范例。如果一个欧洲人对孔孟老庄的研究超出普及性的知识介绍，达到让中国人读来也有启发的水平，对中

---

* 本文原刊于《中国社会科学》2015 年第 4 期。

** 高建平，中国社会科学院文学研究所副所长，研究员。

国的相关学术研究也能起到丰富、促进和推动的作用，那肯定是高水平的，甚至可以作为一种衡量研究水平高低的标志。

我们还可以用“可译性”作为衡量尺度。一位西方汉学家的研究成果，如果不只是向西方人介绍中国的相关情况，而是值得译成中文，并且在用中文发表后，中国学术界也对它称赞或受到它的启发，那就说明它是一本好著作。例如，高本汉（Bernhard Karlgren）关于中国音韵学的研究（*Études sur la phonologie chinoise*），赵元任等人就觉得好，译成了中文，[①] 中国的汉语学界读后觉得有启发，于是，高本汉被中国人奉为大师。同样，如果一位中国学者研究西学的成果值得译成对象国的语言文字，例如中国人写的有关黑格尔的研究论文值得译成德文或编入德国人编的黑格尔研究论文集，中国人的雨果研究成果值得译成法文或选入法国人编的雨果研究论文集，并且能得到普遍的重视，那当然很好，可以说达到了高水平。

对于这种西方理论研究的种种努力，我们绝不应该否定。除此之外，我们还要肯定另外一些学者的努力，即向中国学界介绍外国理论的工作。他们做文化使者，在不同的文化间架起了沟通的桥梁。法国喜欢给传播法兰西文化的杰出人士授骑士勋章或者称号，“骑士”向我呈现的意象是，骑着大白马或者枣红马给我们送来优秀的文化产品。目前许多翻译作品质量不高，而且还有对原著的误读。如果有高质量的、及时的翻译，有精准的原著介绍，并且能结合中国的例子来做深入浅出的，以至华美精妙的说明，那么，这样的翻译对于发展中国学术也都有着极重要的意义。这种工作与前一种相比，在学术层次上可能差一个等级，但它也是很有价值的。

我们在检省和反思对西方文学理论的态度中出现的偏误时，不应该把上述两种情况都反掉。文学理论的研究是一个整体，不同学者的不同研究之间构成了分工，而一个分工明晰的研究体系是学术研究健康的表现。但是，我们不能不说，我们目前的研究在倾向性上出现了一些偏误，这些偏误的根源在于我们对待西方文论的态度。

在这些偏误中，有一种是以引进代替研究。有人认为理论是无国界的，西方的理论比中国的先进，因此可以直接运用到中国，要像引进先进的科

① 高本汉：《中国音韵学研究》，赵元任、李方桂、罗常培译，商务印书馆，1994。

学技术一样引进西方的文学理论。但是，文学理论的引进与科学技术的引进差别太大，不同的语言，不同的民族传统和文学文化传统，关注和考虑的问题不同，审美趣味也有差异。有些人总是不断地追逐并向国人展示最新的文学理论，多方打听，是否又有了更新的文学理论流派。他们宣称，当西方是现代时，我们是前现代；当西方是后现代时，我们是现代；当下，我们刚刚进入到后现代，西方已经是后后现代了。于是，他们呼吁跨越式发展，跑步跟上后后现代。于是，这些学者穿上了追新的“红舞鞋”，像安徒生笔下跳舞的小女孩一样，永不止息地跳下去。

另一种路径，是对外来文论持全盘拒绝的态度。持这种态度的学者认为，中国本来就有文论理论，而且很丰富、很精彩，西方文论的引进会占据话语主导权，使中国文论被矮小化、苍白化，从而造成失语。

问题在于，一些学者将中国文论与西方文论对立起来，认为要么用西方文论，要么用中国文论。持这种全盘否定西方文论观点的人甚至认为，一部现代中国文学理论的历史，就是贩卖、推销西方文论，压制中国文论的历史。这里其实存在一个概念的偷换，即把中国文论等同于中国古代文论，或者错误地认为，在中国存在着一种古今一脉相承的文论体系，要从这种文论出发，建设当代中国的文论体系。当然，中国古代文论也是需要研究的。[①] 如果说前一种文论态度是穿上了红舞鞋的话，那么这种文论态度就是套上裹脚布，是一种新的“小脚女人”思想。

以上两种不同的路径或者态度，形成两种截然不同的立场：一是穿红舞鞋，二是套裹脚布，其实，它们都有一个共同的特点：使文论孤立化，搞纯理论。文学理论首先应该是关于文学的理论，要建立在文学实践的基础之上；离开了文学实践，理论就成了无源之水、无本之木。然而，这一常识却常常被人们忽视。从事文学理论的人不读作品，不关心现实，而作家、批评家不读理论，“不学术”甚至反学术。两种人相互批评，前者说后者“不学术”，后者说前者不接地气。

---

① 对于古代文论的研究至少可以有这样三种：第一，进行专门的版本校对、考证，以至于编辑、汇校、汇释，形成各种大部头、多卷本的文论著作；第二，联系同时代的文学、历史、政治和社会情况及相关的文献，对古代文论文本进行阐释；第三，运用现代美学、文论以及其他理论知识，对古代文论文本的意义进行发掘和发挥。

二 文学理论与文学实践的关系

文学理论必须是关于文学的理论，但现在文学理论变得好像与文学无关了。在文学理论界有一种口号，呼吁建立没有文学的文学理论。在重视文本细读的“新批评”之后，将“文学理论”转化为“文本理论”，又将“文本”泛化为一切由语言和文字构成的文本，这早已经成为事实。喊出这样的口号的人是想在文学理论界进行一些经营，从文学理论跳跃到文化研究，再进而对社会、历史、政治，甚至生态、性别、各种亚文化现象，城市、乡村与市郊，以及生活的各个方面发言。对于他们来说文学理论仅仅是出发点，他们要从这里出发，建构成一个无所不包、无所不能的，进行社会批评的平台、出发处和隐蔽所。这种现象造成的结果是，文学研究者无所不谈，但就是不谈论文学，或者很少谈论文学。他们是以学术的面貌出现，做着消解学术的工作。

当然，这种种倾向不能取代我们对文学理论学科性质的严肃思考。文学理论必然也必须是关于文学的理论。这里所谓的关于文学，不仅是指文学文本，而且包括围绕着文学文本的各种与人类生活相关的活动。文学研究要从文学活动出发，首先是指这样的意思：文学研究要以基于文学文本的经验为中心。文学文本要活在人的经验之中，通过阅读，文字符号鲜活起来，形成形象和意义。文学理论的研究者同样也必须是阅读者，他们的理论要受到阅读经验的检验，在经验的基础上修正和发展。

文学理论要考虑创作的情况。过去有以作家为中心的文学研究，这种研究至今还盛行。例如，研究作家的生平和创作道路，作家所生活的时代及对其影响，作家的政治立场和世界观，等等。文学研究的社会学派还提出一些有价值的观点：不要一般性地从时代和社会来看作家作品，而要从考察作家具体的交游和生活圈，及其获得物质生活资料的方式等角度来研究作品。这当然是必要的，因为，对大时代的空洞描述无助于对作家作品研究，反而会分散注意力。对一位作家成长起作用的，是其家庭、具体生活环境、方式和状态，而不是一些研究者所乐于空洞谈论的时代大背景。更为重要的是，要联系作品来研究作家，以作品为中心考察作家在作品中的反映，而不是离开作家来研究纯粹的文本。

文学理论还应该是批评的理论。理论研究要把批评现象放进去。批评家要努力扮演读者代言人的角色，而理论家则检测这种代言人是否合格，并为他们提供理论的支撑。

根据以上的描述，我们可画出一个如下的三角形图式：

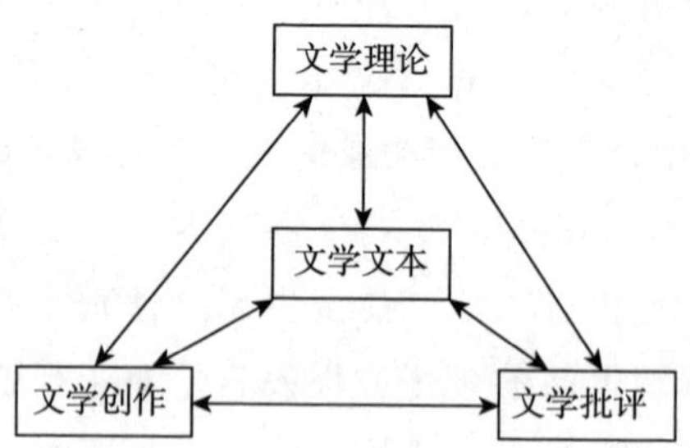

这个图式与艾布拉姆斯在《镜与灯》中提供的图式在外表上有相似之处。艾布拉姆斯的图表如下：

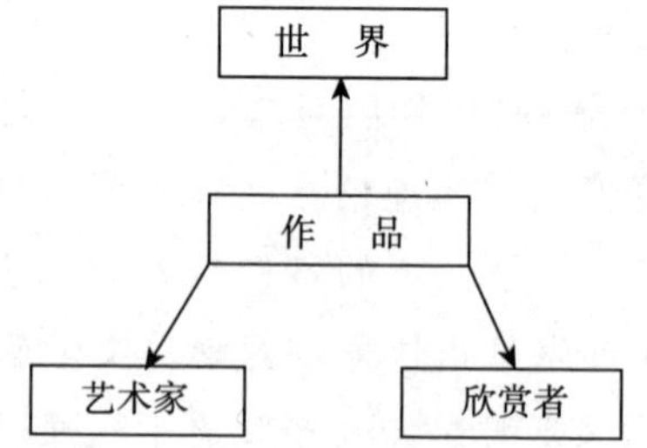

可见，艾拉姆斯列出的是“作品”“世界”“艺术家”“欣赏者”四个要素，还有从前者到后三者的单向关系。[①] 这里所画的图式，排除了“世界”这个一般性的因素，而以文学文本为中心，并且强调这种关系的双向性。

围绕着文学文本，以经验为媒介，形成了三种人的活动，即理论家、作家和批评家。作家创作文本，但他的创作又总是受一种互文状态的影响，通过文本表达意义，又感受着文本本身对意义生成的推动和文本经验本身所提供的快感。批评家通过生产批评性文字，把自己对文本的经验表述出来，同时也以影响文本的生产和文本的接受为目的。理论家以对文本的经验，对批评家文字的接受以及与作家的交往或对他们的理解，来形成自己

① 对原图中元素加了边框（参见 M. H. 艾布拉姆斯《镜与灯——浪漫主义文论及批评传统》，郦稚牛、张照进、童庆生译，北京大学出版社，1989，第 6 页）。

的书写。我们对文学理论的思考，必须放在这个大模式之中，才能得到一个全面而公允的定位。

我们习惯于以文学理论为一方，以文学实践为一方来理解文学。如果这种理解不放在前面所述的图式之中，就会产生种种误读。文学理论不是处于文学活动之外，它本身就是文学活动的一个组成部分。那些想借助文学理论的平台从事社会文化批判的人，属于另一种学术追求。他们是在做他们所想要做的事情，其价值如何，与这里的讨论无关；这里所说的是，不能用这种研究取代文学理论研究本身。当然，文学理论与文学创作和批评，又有不同之处。理论的研究者，需要接通一些其他的学科，可以借鉴哲学、历史、心理学、人类学、社会学等各方面的知识，完成理论的建构；但是，他们研究的中心却仍然是文学。

三　文论的复数性与可沟通性

在建构中国文论话语体系时，我想应该坚持一个原则，那就是“复数性”。文学理论的复数性归根结底在于文学的复数性，而文学的复数性根源于文学的这个特点：一个国家、民族和语言的文学，实际上处于一种有机生长的状态（每一种文学都有着自身的历史，而这个历史是由这种有机生长的状态决定的）。这种有机生长包括如下几个方面：第一，文学自身的传承关系。后人总是在读前人的书，因此前人的文学作品对后人来说，构成了一个既定的现实，他们是要面对这既定现实，学习、仿效，继而超越，使自己的作品也进入文学史。第二，文学生活在文化之中，后人与前人共同阅读文学外的书籍，其中包括历史和哲学，这些书籍本身也有着传承关系，于是，这一大传统本身也保证着文学的传承。第三，文学史总是指用某种语言写作的文学的历史，文学作为语言的艺术，依赖于语言的存在，也随着语言的发展而发展。语言是文学的家园，这一家园随着历史的变迁而变化，但这种变化总是有着自身的规律。第四，文学归根结底是人的生活的一部分，一个族群的生活本身，有其延续性，这也保证了文学史本身的延续性。这四个方面，是文学生长的有机性的保证，也是文学史合法性的根据。

在比较文学界流行着一个概念：世界文学。它已成为旗帜，被很多人用来作为文学上的世界一体化的口号。据查，这个词语主要是在歌德与爱克曼的谈话录中和马克思、恩格斯的《共产党宣言》中较早出现的。歌德认为，随着现代社会的来临，远方的文学也能成为我们的欣赏对象。他并没有由此而提出全世界文学的一体化，而是说要环视四周，扩大文学欣赏范围，“我们不应该认为中国人或塞尔维亚人、卡尔德隆或尼伯龙根就可以作为模范。如果需要模范，我们就要经常回到古希腊人那里去找。他们的作品所描绘的总是美好的人。对其他一切文学我们都应只用历史眼光去看。碰到好的作品，只要它还有可取之处，就把它吸收过来。”[①] 歌德的这种以古希腊人为模范，“环顾四周”的观点，表明了一种审美趣味的层次观。在马克思、恩格斯的《共产党宣言》中，世界文学的来临是资本主义在世界上胜利的一部分，“资产阶级，由于开拓了世界市场，使一切国家的生产和消费都成为世界性的了。……物质的生产是如此，精神的生产也是如此。各民族的精神产品成了公共的财产。民族的片面性和局限性日益成为不可能，于是由许多种民族的和地方的文学形成了一种世界的文学。”[②] 马克思、恩格斯意识到，由于“世界市场”而造成“世界的文学”的出现是不可避免的。

根据歌德和马克思、恩格斯的这个意思，我们可以相应地提出“复数的世界文学”概念，即我们可以有不同的“世界文学”。歌德以古希腊为“模范”，在自身的文学传统中养成，但眼光不限于这个传统，往外看，看到一个比自身更广大的世界，由此形成世界各国的文学都能为我所欣赏的意识。与此相同，世界其他民族和国家的人们，也可以自身的文学，以印度的两大史诗，以《一千零一夜》和《古兰经》，以《诗经》、《楚辞》和唐诗宋词为典范，在这些古老文化所形成的文学趣味萌芽的基础上，吸收各种文学营养，或是健康或是曲折地走着自己的成长之路。[③] 文学理论是在文学的基础上生长出来的。如果说文学本身是复数的，“世界文学”的概念也是复数的，那么，我们有更进一步的理由强调文学理论的复数性。不同民族或国家相互之间的合作形成一种国际主义，不同文化相互之间形成一种“文化间性”或“相互文化性”（inter-culturality）。文学也是这样，它要“国际的”，而不是霸权主导下“世界的”“全球的”那种样式。我们要各

① 《歌德谈话录》，爱克曼辑录，朱光潜译，人民文学出版社，1978，第111～112页。

② 《马克思恩格斯选集》第1卷，人民出版社，2012，第404页。

③ 高建平：《论文学艺术评价的文化性与国际性》，《文学评论》2002年第2期。

民族文学之间相互平等地交流、补充与丰富，而不是在资本主义主导下的世界一体化。

当文学理论成为一种对文学的思考之时，一国之文学，由于它本身的独特性，会促成一国之文学理论。这不是说，一定会产生一种公认的文学理论体系，大家都共同接受，形成默契。这种现象也有过，但不是源于学界的自发，而是源于强力推广。但是，在一国之内，至少可以形成一种共同体，使用共同的语言，在共同的语境之中，研究者有一种理论上的对话关系，有一种理论共同体意识。

当文学理论成为一种文学主张的申述时，会形成进一步的复数性。文学要有个人的独创的空间，如果它纯粹是个人文学主张，那就只是私人话语，不具备可交流性。然而，在文学发展过程中，会在文学主张的交流中形成一些理论的流派，通过文学群体、杂志或者其他一些组合方式，将一些文学主张集合起来，表达出来，并固定下来。复数性成为文学理论的常态，相互之间形成一种张力关系，相互争鸣，相互促进，共同推动文学的繁荣发展。

这就是说，当文学理论成为一种对文学本质的普遍概括时，它具有普遍的诉求，但民族性本身所依附的民族语言载体，既会给它带来优势，也会给它带来局限性。一种文学理论不可能放之四海而皆准，也不能只局限于一个国家、民族和语言。不同的理论要对话，在对话中丰富和成长。文学理论具有复数性，这种复数性在诸种层次上体现出来，不同文化圈、不同国家和民族，不同的语言，不同的人群和作家群，都不断地生成各种文学理论。这是问题的一面，另一面则是，复数不能意味着相互排除、相互封闭。文化间要相互沟通，文学间要相互沟通，文学理论间也要相互沟通。这种相互沟通，能促进共同的发展。没有一种共同的文学理论，但有着文学理论的共同的发展。对此，康德有一个漂亮的比喻："犹如森林里的树木，正是由于每一株都力求攫取别的树木的空气和阳光，于是就迫使得彼此双方都要超越对方去寻求，并获得美丽挺直的姿态那样；反之，那些在自由的状态之中彼此隔离而任意在滋蔓着自己枝叶的树木，便会生长得残缺、佝偻而又弯曲。"① 不同理论之间的良性竞争，会改进并成就彼此。

---

① 康德：《历史理性批判文集》，何兆武译，商务印书馆，1997，第9页。

四　中国文论建设中的体与用

如上所说，文学理论与文学文本，文学创作和文学批评之间有着密切的互动关系，而这个互动离不开当下的现实和文学实践，因而具有当代性和实践性。围绕着文学理论的建构，我们可以考察它的两个轴：一个是纵向的，一个是横向的。

所谓纵向轴是指文学理论与同时代的文学创作和批评实践的关系。作家、批评家和理论家可以是在同一时代生活的不同的人。他们有着各自的活动范围、社交群体、社团组织，以至各自不同的机构设置、社会评价方式、价值实现的标准。这些不同的人在各自领域里活动，互相不引以为同行，并通过所设定的体制，各自实现自我保护。但是，他们仍在相互交集，以各种方式相互影响。

而横向轴是指文学理论家阅读其他人、其他国家、其他时代的文学理论作品以及阅读其他学科的作品。一位从事理论研究的人，要从其他理论研究者那里学习方法和语言词汇，也从其他学科的研究成果中获得启发。恩格斯曾说："每一个时代的哲学作为分工的一个特定的领域，都具有由它的先驱传给它而它便由此出发的特定的思想材料作为前提。"① 理论研究者要以一些思想资料为前提，并通过实践来修正和发展它们。同样，文学理论也有着一个理论上的源流问题。文学理论的研究，需要介绍各种有益的思想资料，也需要进行某种整合。对各种源头的思想的介绍很重要。知识需要搬运，使它们跨越语言、空间和时间的障碍，在我们面前得到呈现。这包括进行版本校对，以出版精校、精注的版本；翻译和译释，以产生名译、名作；还有写介绍性和整理性研究，编纂汇注、汇释类著作，等等。还有一些研究者致力于对思想的来源进行发生学研究，考察它们是如何形成的，又是如何传播和发展的；也有一些研究者进行理论的拼合，将一些不同来源的思想拼合成一个新的整体，使其具有一个对读者来说更为方便的呈现，或者形成一个对学生和课堂教学更为方便的教材。

文学理论的研究需要做的，首先还是立"体"，要经得住"体用之辨"。

---

① 《马克思恩格斯选集》第4卷，人民出版社，2012，第612页。

体用之辨曾经是一个大问题，不仅限于文学。在近代西方思潮进入中国之时，曾有“中体西用”之说，即“中学为体、西学为用”，以中国传统学问尤其儒家思想为主体，在此基础上采纳西学中的一些器物之学，以补实用。但后来，中国学术基本上是采取了“西体中用”的路径，即以西方来的学问为主体，使之中国化，用于中国。从 20 世纪早期对西方各种思想引进，到 20 世纪 80 年代以后在新启蒙的旗帜下所出现的外来思想的种种引入，以至当下对西方最新思想的努力跟进现象，都是所谓广义“西体中用”的种种表现。“西体中用”的背后，是基于一种既以普遍主义为主体，又对各地方实际有所适应的思路。理论是普遍适用的，是放之四海而皆准的，但在具体使用时又要有适应性研究，在使用的方式、时机和力度上有所把握。否则就会出现理论脱离实际的问题，例如，在马克思主义成为中国主导思想的历史进程中屡次出现的教条主义和本本主义。这些极端观点，也都是没有区分前面所说的纵向与横向之别所致。当代社会生活的各个方面向理论研究者提出了要求，归根结底，理论是在生活中生长起来的。理论要解决生活中提出的问题，只有这样的理论，才是活的、有根的理论。有人说，理论可以只是心灵的安慰。其实，心灵的安慰也是一种社会生活的需要，当然，如果只是安慰，这种理论用处不大，不值得鼓励。有人说，理论也可以只是智力的游戏，例如康德，我认为，只有读不懂康德的人，才发明出智力游戏论。如果真有理论是智力游戏，那么，我宁愿去下棋，也不读这样的理论。理论要解决问题，问题与理论之间，是一种纵向的关系。这像树要有根一样，问题是根，理论是树；理论从问题生长起来。

古代与外国的思想都不能成为体，它们都只是一些理论建构资料的前提。资料是现成的，放在研究者面前的东西。这些理论与当下的理论建构之间的关系，是横向的，是在建构中随时需要“拿来”的，是理论建构的空气和营养。研究者不能缺乏资料，古代与外国的思想作为资料，是必要的。然而，我们并不是资料员，而是研究者。我们还是要从根出发，多方吸收，发展出适应时代和生活需要的自己的理论。

理论的研究要解决现实生活中的问题，文论的研究要解决当下文学中的问题。这包括对文学作品的解读和批评。我们在前面曾列举了一个三角关系，说明了理论研究与文学作品、作家和批评家之间的关系。这是文学理论之“体”。文论的研究要有利于当代文学的健康与繁荣，有利于全民文学素质的提高。所有的为学术而学术的研究，都只是在建造象牙塔，是对现实生活的躲避。

只有确立了这个立场，即立了“体”，“用”才有所依附。在此基础上，我们可以从古代和西方取各种思想资料作为前提，从而回到一个“古为今用，洋为中用”的立场。古和洋都是“用”，只有当代的中国才是“体”。这种观点看似简单，而且已经成老生常谈，但是，其中有深刻的道理，有巨大的解读的空间。

结　语

最后，让我们回到这样的话题上来：怎样建立文学研究的中国话语？通过以上的分析，我们可以看到，当前存在着两个错误倾向：一个是唯洋是举，认为西方话语就是世界话语，我们只有尽快地学习，学会世界话语，才能避免失语，跟上时代；这种“学语”的结果导致理论上的“红舞鞋”现象，不停地跳下去，到死为止。另一个是回到古代，认为中国话语就是古代中国人的话语，是西方话语的引入使得中国话语矮小化、苍白化，使我们进而失语的，因此要清洗掉西方影响；这种理论上的故步自封使自己畸形、残废导致理论上的“裹脚布”现象。

世界话语不能直接引入而成为中国话语。文学研究要选择性地引入西方话语，选择的标准是当代中国的文学实践。实际上，并不存在一个统一的世界话语，也不存在一个单数的西方话语。各个国家、民族和文化，都有依托于自身语言的自己的文论话语，存在的只是不同话语间的对话。对话不是相同，相同就不需要对话，也不再是对话，而是自言自语了。不同国家、民族和文化间需要对话，就证明它们之间尽管不同，却可沟通。当然，中国话语也不是一种与世界绝缘的独特话语。不能为中国而中国，以它的中国性证明它的正确性。传统中国的东西，可能是好的，也可能是坏的。它的正确性应该建立在它对当代文学实践有效性的基础上，而不是它对民族主义话语的迎合上。

中国文论话语的建设，要在当代实践的基础上，广泛吸收人类文明的一切优秀成果。这种建设工作，任重而道远，但千里之行，始于足下，我们要从现在做起。

当代文论研究：反思、调整与深化*

赖大仁**

近一时期，在西方后现代主义理论思潮影响下，在文论界关于本质主义与反本质主义论争的当下语境中，我国当代文论似乎正遭遇茫然四顾、无所适从的种种困扰。一些学界同仁主张引入和借鉴西方“反思社会学”的理论资源，从而促使当代文学理论走向自觉的理论反思与重建。①这种理论自觉无疑是难能可贵，也是极有必要的。然而实际上，所谓理论反思也存在着“解构性”反思与“建构性”反思的分别，前者以否定批判已有理论范式为主要诉求，后者则以理论创新建设为根本旨归。当然，从理论逻辑上来说，理论反思中的解构性与建构性并不必然对立，关键在于反思者的理论立场和学术态度如何。我们认为，对于中国当代文论的变革发展而言，可能既需要质疑、批判即解构性的理论反思，更需要积极的建构性理论反思。换言之，理论反思的根本目的，在于使根本性的理论问题明晰起来，进而使我们的研究思路、观念与方法得到调整，有利于将当代文论的创新探索继续深化下去。

一　当代文论变革发展之反思

数年前，笔者在对我国新时期以来文学理论研究进程进行反思时，曾表达过这样的看法，认为这30余年来我国文学理论的变革发展，总体上是

---

* 本文系国家社会科学基金重点项目“当代文学理论观念的嬗变与创新研究”（项目编号12AZW004）阶段性成果；本文原刊于《文艺理论研究》2013年第3期。

** 赖大仁，江西师范大学文学院教授。

① 陶东风主编《文学理论基本问题》导论，北京大学出版社，2004；邢建昌：《理论是什么——文学理论反思研究》导言，人民出版社，2011。

破、引、建三个方面相互作用、共同推进。首先是“破”，即在拨乱反正、改革开放和思想解放的时代背景下，致力于破除过去各种极左僵化的文学理论观念与模式，由此带来文学理论与批评范式的大革新。其次是“引”，即在对外开放的时代条件下，积极引进西方现代文学理论与批评的各种新学说、新观念、新方法、新话语，从现代主义到后现代主义的各种理论批评学说，几乎都被全方位引进，从而使我国当代文学理论批评的面貌焕然一新。然后是“建”，即在上述变革发展中，力图回应社会和文学的现实发展要求，寻求当代文论的重新建构，例如关于文学审美反映论、审美意识形态论、文学主体性理论、新理性文学精神论等问题的探讨，都取得了建设性的理论成果，并且产生了很大的影响。在这30余年的变革发展进程中，“破”“引”“建”三者彼此交织互动，形成了新时期生机勃发的繁荣景象，显示出人们求变求新的冲动与激情。①

也许可以说，在近一时期当代文论变革发展中，这种破、引、建三者交织互动的基本格局依然未变，只不过在新的时代条件下和后现代文化语境中，开始了新一轮的历史循环运动，带来了一些值得关注的新变化和新问题。

首先，就“破”的方面而言，在解构主义及后现代主义思想观念的影响作用下，文学理论界的“反本质主义”浪潮逐渐兴起并形成不小的声势，它所指向的主要目标，恰恰是新时期以来所逐步建构起来的那些有代表性的文学观念及其理论系统，如审美论或审美意识形态论的理论系统，文学主体论的理论系统，新理性精神文学论的理论系统等。从“反本质主义”者的理论立场来看，这些在破除过去政治意识形态僵化观念过程中建构起来的新观念新理论，其基本的思想观念、思维方式和理论模式仍然是“本质主义”或“逻各斯中心主义”的，虽然具体观点跟过去相比有很大的不同，但在基本的理论逻辑上则并无根本差异。因此，只有从根本上破除这种“本质主义”或“逻各斯中心主义”的思想观念、思维方式和理论模式，才能进一步解放思想，推进当代文学理论的变革发展。当然，理论界也有各种不同的看法，因而引起了持续不断的争论。

其次，从“引”的方面来看，上述关于“反本质主义”理论思潮的形

---

① 赖大仁：《新时期三十年文论研究》，《文学评论》2008年第5期。

成，是与从国外传入的“文化研究”转向直接相关的。通常认为，西方社会从20世纪五六十年代开始形成所谓“文化研究”，它本来是一种新兴的研究文化的方式，它的主要特点是跨学科性，如人类学、社会学、历史学、人文地理学等都把各自的学科关注带入到对文化的研究之中，极大地拓展了文化研究的领域。[①] 这种跨学科的“文化研究”当然也把文学研究纳入其中，或者也可以反过来说，文学研究在历经了约半个世纪的形式主义研究“自闭式”缠绕，正难乎为继急于摆脱困境之时，恰逢这样一种跨学科文化研究“收编”的机遇，于是顺理成章地发生了学界所说的“文学研究”向“文化研究”的转向。而这样一种理论风潮也在20世纪90年代我国市场经济改革和大众文化兴起的背景下传入，并逐渐形成气候。其实，就我国这一次的“文化研究”转向而言，除了大众消费文化兴起这一现实语境条件之外，并无其他可供借鉴的理论资源，于是就如同新时期初全方位引进西方现代文学理论批评资源一样，也差不多是把国外文化研究及各种相关理论学说，从热点问题到理论观念和学术话语等，都悉数引进介绍，从解构主义到“文学终结”论，从“反本质主义”到“日常生活审美化”，从“身体美学”到“消费美学”等，都被频频引入和大加阐释发挥张扬。其结果既使得这样一些后现代理论观念传播甚广，也对此前所建构起来的理论观念带来很大的挑战乃至一定程度的消解。

然后，是“建”方面的问题。也许可以说，这是当代文学理论变革新一轮历史循环运动中最为薄弱的一个方面。从当代文论界的整体情况来看，似乎人们更容易产生质疑与“解构”的冲动，而难以燃起探究与“建构”的热情。虽然我们也注意到，在文论界关于“本质主义”与“反本质主义”的争论中，也有学者提出过“建构主义”的理论主张，认为在反思文艺学学科中的普遍主义和本质主义倾向的同时，还是应当重建文艺学的知识论基础，并且也提出了一些思路与构想。[②] 尽管我们也知道，即便是这种所谓“建构主义”的理论主张，其实也仍然是来自于西方的“文化研究”理论，是从其中的“社会建构主义”理论以及福柯、布迪厄等人的学说中获得思

---

① 阿雷恩·鲍尔德温等：《文化研究导论》，陶东风等译，高等教育出版社，2004，第3页。

② 陶东风主编《文学理论基本问题》导论，北京大学出版社，2004；陶东风：《文学理论：建构主义还是本质主义?》，《文艺争鸣》2009年第7期。

想资源及其理论启示。[①] 当然，这种借鉴本身并没有什么不好，问题在于我们的当代文论自身究竟应当如何建构？在什么样的理论基础上建构？围绕哪些基本问题进行建构？以及站在什么样的理论立场和用什么样的价值观念进行建构？这一系列问题似乎都不甚明确，更难以达成理论界的“共识”。在这种情况下，恐怕就很难取得实质性的所谓“建构”成效。现在看来，在近一时期“文化研究”转向背景下的当代文论研究，能够得到学界公认的本土化的建构性理论成果似乎并不多见，不管人们是否愿意这样挑明来说，但这毕竟是客观存在的事实。

如果以上所述可以视为对新时期以来当代文论变革发展的“过程性”反思，那么，也许有必要再推进和深化一步，进入到对它的“问题性”反思。如上所述，近一时期当代文论的变革发展，总的来说可谓“破”“引”有余而“建”不足，我以为问题的根源也许在于：一是过多受到国外“文化研究”转向的影响，文学研究“泛化”为文化研究，作为文学理论失去了对其特定的研究对象即文学本身的关注，尤其是对当代文学实践日益疏离，因而也就失去了文学理论自身存在的理由和合法性依据。二是过多受到国外解构主义及反本质主义理论观念的影响，往往把对问题的理论性追问与探究都当作“本质主义”加以怀疑和否定，甚至干脆把关于文学的“问题”本身也当作“本质主义”的根源加以抛弃，于是当代文学理论的“问题”模糊了、遮蔽了、消失了，人们只能在所谓“文化研究”的重重迷雾中盲目摸索，既没有确定的“对象”，也没有明确的“问题”，又还能指望抓到一些什么有价值的东西呢？三是过多受到国外各种相对主义、多元主义思想观念的影响，不相信有什么确定性、实质性的东西可以把握，也不相信有什么真理性或普世性的价值存在，于是就会轻易放弃对问题应有的思考，往往会停留在表面，以对某些现象的描述、阐释代替对问题的“思考”，导致“思”的弱化与消解。四是过多受到国外所谓“知识论”思想观念的影响，自觉不自觉地把“理论”变成了“知识”，把对理论问题的追问与探究变成了所谓“知识生产”，于是作为一种理论学说应有的“理论品格”丧失了，其精神价值也在不知不觉中被淹没或消解了。此外，可能还有其他方面的问题。总之，由于上述一些问题的存在，所谓当代文论的

---

① 阿雷恩·鲍尔德温等：《文化研究导论》，陶东风等译，高等教育出版社，2004，第142页。

“建构”将会如何也就可想而知。

在这种情况下，如果真要有效推进当代文论的进一步建构和创新发展，那么也就有必要在全面深刻反思的基础上，致力于廓清某些观念迷误和调整理论思路。下面笔者再谈谈这方面的思考。

二　当代文论研究思路之调整

针对上面所说近一时期文学理论变革发展中存在的问题，的确有必要在反思中调整我们的理论立场和研究思路，以适应当代文论进一步建构和创新发展的要求。按笔者的认识看法，这种理论立场和研究思路的调整至少可从以下几个方面着眼。

其一，由追逐“文化研究”回归到立足“文学研究”。

如前所说，一段时间以来，受到国外“文化研究”转向的影响，我国的文学理论或文学研究也更多“泛化”为一种文化研究，文论家们的兴趣和兴奋点，都更多放到了当今时兴的文化理论和时尚文化现象的关注上，而对文学本身的研究却越来越薄弱，与当代文学实践也越来越疏离。其原因一方面是缘于当代文学本身的变化，即它与各种大众文化现象交织混杂在一起，愈来愈成为一种“泛文学”现象；另一方面则是当今大众消费文化空前繁荣夺人眼球，而“文化研究”也正是当下的热门时髦学问，因此“跟着潮流走”，抛下文学而追逐文化研究也就成为一种“明智”的选择。但由此带来的问题，一是如果文学理论不再研究文学，那么它存在的理由和合法性依据何在？二是当今时代真的无须关心文学的命运，真的不再需要文学研究了吗？

前一个问题属于文学理论自身的问题。不言而喻，任何一种学科理论，都应当有它特定的研究对象和范围，有其特定的理论命题和学科边界，当然还有它的特定功能与作用，这正是一种学科理论存在的理由和合法性依据。文学理论作为一种研究文学的特性和规律的学问，它的研究对象理应是文学存在。文学现象自古以来就存在，至今也仍然以各种方式存在和发展，虽然对于什么样的现象属于文学现象，什么样的文本属于文学文本，不同的人会有不同的认识，但是对于哪些现象可以作为文学现象来研究，以及这种研究对象的大致范围和边界，人们还是有基本共识的，由此而奠定了文学理论的学科基础。不同形态的文学理论，可能会构设不同的理论框架，使用不同的理论范畴，关注特定的文学对象和研究各自的理论问题，但毕竟总是以文学现象及其文学问题作为基本的学科边界，否则就难以称得上是文学理论。当然，这并不意味着文学理论要自我封闭，在当今文化语境中，适当将某些文化研究的观念与方法引入文学研究，适当拓宽文学研究的理论视野或学科边界都不成为问题。而问题在于，如果文学理论抛开文学研究不顾，转而追逐大众文化研究，从而成为一种没有确定研究对象和边界的“泛理论”，那么就必然带来其存在的理由和合法性的危机，导致文学理论的自我迷失乃至自我消解。

后一个问题关涉对于当今文化与文学现实如何认识判断。无须讳言，如今大众消费文化日益繁荣已是不争之实，文学的“泛化”发展本身也的确是值得关注和研究的现象。但是这种关注客观事实本身，并不意味着价值判断上的完全认同。站在理性的文化立场上看，大众消费文化的过度泛滥，以及文学随波逐流式的“泛化”发展，似乎并不是完全值得肯定的事情；对于文学的沉沦与危机冷漠对待弃之不顾，或者推波助澜任其消亡，也许都是一种不负责任的态度。这里实际上关涉到一个文学信念的问题，即我们是否有理由相信：当今大众消费文化的普遍泛滥并非是值得完全肯定和顺应的，当代社会仍然需要精神价值的支撑和审美情感的滋养，而文学的良性发展恰恰有利于这种价值体系建设，有利于人与社会的健全发展。因此，我们现在应当做的，不是任凭大众消费文化大潮把文学完全裹挟进去而陷入没顶之灾，而是恰恰需要把文学从“泛文化”中凸显出来，把文学的精神价值从欲望消费的沉沦中打捞出来，并使之加以高扬。当代文学理论如果具有这种信念，就理应坚守自己的学理和价值立场，通过对当今文学现象和文学问题的研究，为大众文化时代的文学发展提供必要的理论支撑，在当代文学的良性发展中有所担当和有所作为，这也正是它的价值所在。因此，呼唤当代文学理论调整好自己的理论姿态，由追逐“文化研究”回归到“文学研究”的立场上来，无疑是十分必要的。

其二，由注重阐释现象回归到致力思考问题。

当今时代，可能人们都普遍感觉到了理论的“疲软”，现象描述阐释有余而对问题的思考不足，缺乏思想的力量和力度。文学理论方面的情况可能也是如此。究其原因可能也是两个方面的因素造成的：一方面是当今社会变革转型加快，各种社会文化现象和文学现象层出不穷纷繁复杂，各种新潮理论知识也纷至沓来目不暇接，理论家们要及时跟进加以把握殊为不易，恐怕难以停下脚步和凝聚心智来潜心思考；另一方面也可能由于如今怀疑解构之风颇盛，容易浇灭人们积极思考的热情，阻断学术探索的进路。西谚云：人类一思考，上帝就发笑。如今的现实则是：人们一思考，后现代主义和反本质主义者们便发笑。学理性思考在这个时代似乎成了很可笑的事情，于是不少人便也因此学得聪明起来，放弃对理论问题的研究思考，转向对一些常见现象的描述和阐释。只是这样一来，现实中的“问题”往往难以揭示出来，甚至还有可能更加被遮蔽起来，理论的阐释力和有效性进一步弱化，这些都是目前我们所能切实感受到的现实。

应当说，当代文学变革发展中的确出现了许多新的现象，比如文学地位的边缘化，文学形态的多样化，文学生产的市场化，文学功能的娱乐化，以及文学日益被图像文化挤压和网络文化收编，不断被大众消费文化吸附而失去自主性，从而面临着走向消亡的种种危机，等等。一段时间以来，文论界对于这样一些新出现的文学现象并不缺少关注，但很大程度上只是一种现象的描述和事实的阐释，很多情况下或许还是一种事不关己乃至幸灾乐祸式的渲染与炒作，而对其背后所存在的问题却不甚关心，缺少应有的认真深入的思考，因此理论就无法不显得“疲软”。当然，现象描述和事实阐释无疑也是必要的，但显然又是远远不够的，因为仅限于此容易让人们产生一种错觉，似乎“存在即合理”，一切都是必然结果，既无须改变也无法改变，我们只能顺应接受。这是一种观念的迷误，只会导致一种犬儒主义或庸人的价值观，而不是我们这个时代应有的改革发展的积极价值观。作为理论学说，更重要的是从这些现象变化或事实背后发现和提出问题，在对问题的研究思考中提出有价值的思想见解，这样才能体现出作为理论研究所应有的阐释能力，进而充分发挥它“介入”文学现实，影响文学和社会发展进程的积极作用。

比如，对于图像文化扩张形成对文学的挑战，仅仅描述和阐释这种现象也许于事无补，更重要的是要研究其中的问题，如图像化的直观认知方式与文学性的想象感悟方式究竟有何不同？从人性发展与丰富的意义而言，它们都各自满足或作用于人的精神需求的哪些方面，为什么都是不可或缺的？文学究竟可以在哪些方面与图像文化形成互补，文学审美在何种意义上能够克服图像认知的片面性，从而在人性的健全发展与不断丰富中发挥作用？对这些问题的深入思考和探讨，可能比只是描述现象或争论文学会不会在图像化扩张中消亡更有意义。[①] 再如文学娱乐化现象，这显然也是当今大众文化时代难以回避的问题。大众娱乐可以有很多的方式，文学当然也可以是其中的方式之一，或者反过来说，文学也自有其娱乐消费的价值功能。但问题在于，是否要把娱乐消费当作文学最主要乃至唯一的价值功能？倘若以娱乐为主要价值取向，文学显然远不及其他的娱乐形式，在这种娱乐化比拼中文学就可能真要陷于危机乃至走向消亡。然而这个社会难道就只需要娱乐，除此之外是否还需要别的精神价值？人性难道就只能沉迷于娱乐而不需要更丰富的精神追求？娱乐过度是否也会带来人性的迷失？真正富有德性和审美精神的文学，在人性的丰富发展和精神价值建构中究竟能够起到什么样的积极作用？这些问题也都比文学娱乐化现象本身更值得关注和思考。看来当代文学理论的确需要从过于追逐新潮现象中回过神来，强化"问题意识"，直面现实挑战，对那些难以回避的文学现实问题做出自己的思考和回答。

其三，由注重生产"知识"回归到努力重建"理论"。

当今文学理论界流行着一种理论"话语化"或"知识化"的现象。按有些学者的看法，后现代转折的特点之一，便是从"理论"到"话语"。"后现代以前，理论只有用理论一词才具有理论性，到后现代，理论一词反而没有了理论的本质性和普遍性，要在'理论'一词的后面加上'话语'，成为'理论话语'才能获得理论的本质性和普遍性。因而不是理论概念，而是话语概念成为后现代时代的理论形态的基础。"那么理论与话语的区别何在呢？"不妨说，概念、逻辑、体系意味着超越话语的理论，谈论、言说、随感就是非理论的话语。"[②] 这种所谓"话语化"如果换一种说法，实际上也可叫作"知识化"。如今在文学理论界可以看到一种现象，所谓"理论研究"已经不大有人提起，似乎这种说法或者观念早已过时，一些人更愿意将有关研究活动称为"知识生产"，这无疑显得更为新潮。其实这也并不仅仅是说法的不同，而的确是一种实质性的变化。一段时间以来我们可

---

① 赖大仁：《图像化扩张与"文学性"坚守》，《文学评论》2005年第2期。

② 张法：《走向全球化时代的文艺理论》，安徽教育出版社，2005，第29、35页。

以看到，一些新编的文学理论教科书，并不注重自身的理论建构，而是在某些章节标题框架之下，罗列介绍各种中外文论知识，差不多就是一种文论知识的杂烩“大拼盘”。一些理论新著也并不注重理论系统性和逻辑性，也不追求多少研究的学理深度，往往也是在一些看似理论化的标题之下，介绍各种理论知识，引述各家各派的论述，成为一种平面化理论知识的集束式堆集。这样的“知识生产”实际上是一种“来料加工”式的机械制作，只要采集各种学科知识，引入形形色色的后现代文化理论，再糅合某些文学理论元素加以拼装组合，便可以生产出适合各种口味需求的知识拼盘，摆下一场话语盛宴。然而此类“知识生产”一旦成为一种模式和时尚，无疑将导致理论的进一步萎缩和蜕化。

正是针对这种理论危机，西方学者尼尔·路西在《理论之死》一文中提出了对于“知识化”倾向的批判性反思。文中引用卢梭的看法：

> 卢梭认为知识在本质上是危险的，因为它唤起我们天性上的恶习，并因此败坏我们在其他方面向善的强烈倾向。此外，没有理由认为伟大的科学发现已经导致了人类在美德方面的增进。相反，大量的事实（不包括那些没有意义的）已经证明了它们对社会来说是相当无用的。在卢梭看来，这种偏向由来已久，在雅典和古罗马社会的晚期，越来越多的时间被耗费在了对美学知识和科学知识的追求上，损害了社会的和谐，也损当代文论研究：反思、调整与深化害了在伦理学上对于“同自己交谈、在激情的静默中倾听自己良心的声音”的根本关注，对卢梭而言，后者正是“真正的哲学家”。①

西方学者对于“知识化”导致思想和情感迷失的这种理论反思，无疑也是值得我们借鉴的。当今是一个所谓“信息爆炸”的时代，我们实际上并不缺少“知识”。但丁《神曲》开篇说：“我们在丛林中迷失了方向”，我们当今所应该担忧的恰恰是在生活和知识的“丛林”中迷失方向。为了避免这种迷失，就需要努力增强我们的主体性，增强我们对价值方向的辨

① 尼尔·路西：《理论之死》，载阎嘉主编《文学理论精粹读本》，中国人民大学出版社，2006，第229~230页。

别、判断和思考，这正是理论的功能。理论不同于一般性知识的独特品格就在于，它坚守应有的理论立场和价值信念，具有强烈的问题意识和反思精神，具有深刻的思想性和现实穿透力。真正的理论研究要求从实际问题出发，从理论与实践的结合上深入思考，对所面临的现实问题做出富有学理深度的回答，从而起到推动现实变革发展的作用。当然，在此过程中同时也实现理论自身的创新发展。对于当代文学理论的变革发展而言，如何克服这种过于追逐“知识生产”的偏向，回归到“理论重建”的根本立场上来，看来也是一个无法回避的现实问题。

三　当代文论研究探索之深化

如前所说，当代文论的变革发展经历了30多年的曲折历程，文学理论的学科边界、研究领域和视野都不断得到拓宽，这既是一种历史性进步，同时也带来了新的问题，表现出过于“泛化”的变化趋向，容易在后现代文化语境中陷入自我迷失。因此，当代文论有必要进行自我调整，回归到文学研究的立场，注重对当下问题的思考探讨，寻求研究探索的进一步深化，从而致力于理论重建。

那么，这种深化研究探索走向理论重建的方向何在？笔者以为，在当今时代条件下，可以寻求朝着人学的方向，从人学与美学（艺术哲学）结合的向度上进行深入开掘探索。如果说以往的文学理论研究，曾经在唯物反映论和意识形态论的向度、美学或审美论的向度、社会学与文化研究的向度，以及心理学、语言学等各种向度都进行过不断探索，既取得了相当丰硕的成果，也实际上存在着较大的局限性，那么如今调整聚焦到人学的向度上来，从人学与美学的视界融合中来观照和研究文学问题，应当是一种比较切实可行的深化研究探索的路径。按笔者的认识，美学与人学本身就是可以在哲学的基础上融为一体的，或可称为人学的美学，或者是人学的文论。通常说“文学是审美的艺术”，又说“文学是人学”，那么这两者之间就必定存在着内在的必然联系。将美学与人学融合起来，从两者的视界融合中来观照和研究文学问题，既是进一步深化当代文论研究的学术路径和学理探索，更应当是将文学和文论引向“介入”现实，促进现实变革实现人与社会健全发展的现实需要和价值诉求。

具体而言，从人学与美学的视界融合中来观照和研究文学问题，我想可以在以下一些方面深化推进当代文论的理论建构。

首先，从最根本的意义上回答文学存在的原因、理由和根据问题，为文学的创新发展奠定深厚的理论基础。

这实际上关涉到文学本体论或存在论、文学本质论、文学价值论等文学理论基本问题的深化探讨。以往的文学理论，曾分别从自然摹仿论方面，生活反映论或社会认识论方面，情感表现论方面，艺术审美论方面，艺术或文化生产论方面，艺术形式本体论方面等，已经对文学存在的原因或本源问题进行了各种不同的探究。然而我以为，这些方面的探究虽然都各有意义价值，但都还没有真正切入文学存在论的实质，没有从根本上回答文学存在的原因、理由和根据问题。在我们看来，仅仅从文学本身或一般社会学的层面来说明文学存在，都是不可能彻底的，只有深入到人学层面，从人的生命活动实践的根本意义上探讨，才能得到更为深入切实的认识。

我们认为，“文学是人学”这一传统命题，正可以作为文学本体论命题，从最深层的意义来加以理解。从这个意义上看，文学的本体存在与人的本体存在就是一致的，也就是说二者具有某种意义上的同构性，因此，可以把文学存在放到人的生存发展的根基上，与人的自由自觉生命活动联系起来加以考察。从历史上看，在不同的社会历史条件下，文学曾以各种不同形态出现过，然而透过种种文学存在的表象，就文学活动的内在本性而言，可以说它正是人的生命实践活动的一种特殊方式。马克思曾说过：“艺术创造和欣赏都是人类通过艺术品来能动地现实地复现自己，从而在创造的世界中直观自身。”① 文学艺术创造是人的精神领域的创造活动，它一方面是对人的现实生命实践活动的复现与直观，另一方面也是人的精神本质力量（如想象、情感、意愿、理想等）的自我实现方式，这两个方面就构成了人的自由自觉生命活动的全面实现与自我确证。当然，人们在文学艺术创造中复现自己和直观自身的方式是多种多样的，可以有摹仿再现的方式、自我表现的方式、想象幻想的方式、象征隐喻的方式等，不论何种方式和形态的艺术创造，本质上都是人对自身的复现与直观，都是人的本质

① 《马克思恩格斯全集》第46卷上，人民出版社，1979，第50页。

力量的自我实现和确证。从这个基本认识出发，我们就可以在文学存在论的基础上不断追问下去，比如：文学作为人的自由自觉生命活动的产物，必定根源于人的生命活动的内在需要，那么人为什么需要文学，或者说在什么样的意义上需要文学？反过来说，文学究竟满足人们什么样的需要？文学与人的生命意义价值有什么关系？以及人们究竟是怎样来创造文学的？这其中究竟有些什么样的内在逻辑或规律性？如此等等。换一个角度看，当然还有文学的存在方式问题，文学的存在形态问题，以及文学的基本特性问题等等，都可以在这一文学本体存在与人的本体存在同根并存的逻辑链条上，展开对文学理论基本问题的追问与探究。

当然，仅仅是逻辑的展开是不够的，还需要进入到历史的观照。正如人的生命活动和人的本质力量都是在实践发展的历史进程中不断展开和丰富一样，人们对于文学的需要，以及文学的创造方式、存在形态、价值功能等，也都会随着上述历史进程而不断发生变化。从认识文学变革发展的事实和原因而言，当然可以从文学本身着眼，也可以从某些社会因素着眼，但要真正深化下去，还是可以从人的现实生存与发展、人性的历史变化、人的自由解放的现实要求等方面得到更深刻的说明。如果要从这种文学变革发展的价值评判而言，也许就不能简单套用历史进化论原则，以为存在的就是合理的，发展的就是进步的，还是需要基于人与社会合理健全发展，以及“合乎人性的生活”的理念，做出应有的价值判断和理论阐释。如此看来，文学理论就永远是一个历史与现实交织互证的建构过程。当今的文学理论当然也是置于这样一个历史建构的过程之中，它可以在对当代文学变革发展与人的发展问题的理论阐释中，实现自身的创新发展并获得自我确证。

其次，从人学视野观照和阐释文学的关系，既深化对文学特性与规律的认识，也为文学“介入”现实提供充分有效的理论依据。

按照马克思主义观点，人的生活在本质上是实践的，人的生命活动实践使人成为“社会关系的总和”，人的生存发展只能在现实关系的制约或改变中实现。如前所说，文学的本体存在与人的本体存在具有某种意义上的同构性，那么，说人是关系中的存在，同时也意味着文学也是一种关系中的存在，人的生命活动及其现实关系的展开维度，与文学实践活动及其关系的展开维度，也具有相当程度上的同构性。比如，从文学的内向性关系而言，这种关系在个体自我表现的维度上展开，包括文学与情感、文学与想象、文学与审美、文学与主体性、文学与价值观等。也许可以说，人的个体生命活动特别是精神活动延伸到哪里，文学敏感神经的触角就会延伸到哪里。再从文学的外向性关系而言，这种关系在人的社会实践活动的维度上展开，包括文学与生活、文学与社会历史、文学与意识形态、文学与政治、文学与道德、文学与文化、文学与教育等。同样可以说，人的社会实践活动及其现实关系延伸到哪里，文学外部关系的展开也会延伸到哪里。此外还有一层关系，即作为文学本体自身的各种内在关系，如文学与文本、文学与文体、文学与语言（符号）、文学与形式、文学与媒介等。这些关系看似属于纯文本形式问题，好像与人学无关，然而文学作品毕竟是人的创造物，任何文本形式方面的因素，都必与文学主体的审美感知与表达的方式相关，与人对语言、文体、形式等的认知把握能力相关，乃至与人的艺术想象力和创造力相关，因此仍然可以而且应该置于人学视野中来加以观照和研究。

我们知道，在以往的文学理论研究中有一种趋向，就是努力把文学从各种复杂关系中剥离出来，试图孤立地集中研究文学之所以成为文学的“文学性”何在，其重心多是落在审美或文本形式上面。从局部的意义而言，此类研究对于我们更好地认识文学的文本形式方面的特性与规律是有价值的；但从整体上来看，这种趋向又是有很大局限性和弊端的。尤其是在此过程中出现了一些极端化的理论主张，比如一味倡导文学去政治化、去道德化、去意识形态化等，由这种文学观念影响到文学实践，便出现了文学疏离现实走向玩文学的偏向。有鉴于此，还是应当把文学放回到它所生存发展的关系系统，在人学视野中，从不同的关系维度，观照和阐释文学多方面的特性和规律，这既是文学理论本身的学理性和科学性要求，也是引导文学介入生活促进社会变革发展的现实要求。[①] 至于有人鉴于过去的教训，担心重建文学的各种关系维度，是否会使文学重新沦为某种意识形态的工具，这应当说是另外一个问题，即如何改善社会文化生态环境的问题，这本身就需要文学和文学理论积极参与。如果只是消极地回避文学的各种现实关系，好像只要不承认它就不存在，那只能说是一种“鸵鸟式”

---

① 赖大仁：《文学理论要“介入”文学实践》，《文艺报》2012 年 8 月 20 日。

的态度，既不利于在学理上阐明问题，也不利于文学实践的良性发展。

再次，从人学视野观照和阐释文学审美问题，为文学审美实践提供积极的价值引导。

之所以要将文学审美问题单独提出来加以探讨，这主要是因为，在人们的文学观念中，审美是文学最重要的特性，有人甚至认为审美是文学的“本性”。那么究竟如何认识和理解审美，不仅关系到文学理论本身的学理性，同时也会影响到文学审美实践的价值导向。

我们略加反思可知，新时期以来文学变革转型的一个基本向度和路径，正是文学从过于政治意识形态化逐渐回归审美，文学理论也在文学审美特性与规律的探讨方面多有创新建构。但这种文学审美观念在后来的发展中，出现了两种值得注意的趋向：一种是审美的过度“纯化”，以为审美是纯艺术化、纯形式化的东西，要把各种社会性、思想性的因素从文学审美中“过滤”出去；另一种是审美的过度“泛化”，尤其是在大众消费文化兴起的背景下，在“日常生活审美化”的现实语境中，把各种娱乐、游戏、搞笑、快感刺激等也都当作审美因素纳入到文学中来，导致文学品质和审美精神的不断滑落。也许可以说，在一些人的文学观念中，仅仅是在一般性的美学层面上，或者说是在很肤浅的“感性学”层面上，来理解所谓审美的，实际上并没有真正领悟审美精神。笔者以为，需要将文学审美问题纳入到人学视野中来，从人学与美学的视界融合中来观照和阐释审美问题，才能深刻领悟应有的文学审美精神。

从人学观点看，审美是人的一种内在需要，审美意识和审美能力是人的本质力量之一。这种审美意识和审美能力在人的生命活动实践中形成和发展起来，同时人的内在审美需求也日益生长起来。在这种动力的驱动之下，便出现了人类生活中各种形式的审美活动，乃至形成越来越发达的文学艺术活动。反过来看，人类的各种审美活动，特别是作为高级形态的文学艺术审美活动，既使人的审美需要得到满足，同时也使人的精神生活得到充实，人的本质力量得到丰富发展，人性不断得到完善。具体而言，文学审美满足人的内在需要并不只有单一的意义，而是具有非常丰富的内涵，大而言之至少有以下三个层面：一是审美具有令人愉悦的特性与价值。英国学者 H. A. 梅内尔在谈到审美价值的本性时说，“审美的善，或有价值的艺术品的特征，是一种在适当的条件下能够提供愉悦的事物”①。给人提供所需要的审美愉悦，为人们的生活带来愉快，应当说是文学审美最基本的价值功能。二是审美具有令人解放的特性与价值。黑格尔最早提出审美解放的命题，认为审美具有令人解放的性质。马克思在《1844 年经济学哲学手稿》中也深刻论述了审美对于人的全面解放的意义。“西马”学派理论家马尔库塞也强调说：“艺术的使命就是在所有主体性和客体性的领域中，去重新解放感性、想象和理性。”② 那么这就意味着，真正的审美，并不仅仅停留在精神愉悦的层面，更关乎人性的解放，以及人的全部本质力量的解放和丰富发展。三是审美具有使人超越的特性与价值。英国哲学家休谟说：“美并非事物本身的属性；它仅仅存在于观照事物的心灵之中。”③ 从这个意义上说，审美本身就具有主观性和理想化的性质，尤其是在文学艺术的审美创造中，更是体现了人们的审美升华或审美超越的愿望诉求。在马尔库塞看来，这种审美升华或审美超越，与审美批判和审美解放具有内在的一致性，“审美升华在艺术中构成肯定、妥协的成分，虽然它同时又是通向艺术的批判、否定功能的桥梁。艺术对眼前现实的超越，打碎了现存社会关系中物化了的客观性，并开启了崭新的经验层面。它造就了具有反抗性的主体性的再生。因此，以审美的升华为基础的个体，在他们的知觉、情感、判断思维中就产生了一种反升华，换句话说，产生了一种瓦解占统治地位的规范、需求和价值的力量。”④ 思想家们之所以特别强调这种审美批判与审美解放、审美升华与审美超越的特性和价值，其根本之处在于，提醒人们不要陷入过于“物化”的生存现实，避免人性在这种过于“物化”的生存中异化。这无论在理论还是实践上都具有重要意义，在当今时代可能尤其如此。

在对当代文论变革发展的历史反思与当下思考探索中，我们认识感悟到，任何理论问题及其观念都不是自明的，不是可以先验预设的，而是需要在历史发展进程中进行建构的，并且也是要在解构与重构的矛盾运动中推进发展的。从这个意义上说，避免绝对化的本质主义思维方式，坚持开

---

① H. A. 梅内尔：《审美价值的本性》，刘敏译，商务印书馆，2001，第 2 页。

② 赫伯特·马尔库塞：《审美之维》，李小兵译，广西师范大学出版社，2001，第 197 页。

③ 艾·阿·瑞恰兹：《文学批评原理》，杨自伍译，百花洲文艺出版社，1992，第 164 页。

④ 赫伯特·马尔库塞：《审美之维》，李小兵译，广西师范大学出版社，2001，第 196 页。

放性的建构主义理论观念，无疑是值得倡导的。从建构性的理论立场来看，真正意义上的文学理论建构应当是两个方面的统一，即事实与价值的统一，或者说是学理与信念的统一。从事实与价值的统一而言，文学理论并不仅仅是陈述和说明文学事实，它还应当阐释缘由和做出价值判断；不仅需要告诉人们“是什么”，更需要引导人们思考“应如何”，从而寻找应有的价值方向，否则就难免陷入“一切存在即合理”的误区之中。从学理与信念的统一而言，文学理论作为一门人文科学，它既需要充分的学理性，即努力探究和揭示文学存在本身的特性和规律；同时它也是一种信念，往往寄托和表达人们对于文学的价值诉求及其审美理想。我们主张将文学理论研究置于人学基础之上，正是基于这样一种理论信念，相信文学问题在根本上是人学问题，人们的文学观念及其审美理想，必与一定的人学价值观密切相关。正因此我们也相信，朝着人学的方向，将人学与美学融合起来，从两者的视界融合中来观照和研究文学问题，也应当是当今时代条件下，深化推进当代文论理论建构的有效途径。

当代西方文论若干问题辨识*

——兼及中国文论重建

张　江**

以20世纪70年代末80年代初为节点，当代西方文艺理论开始在中国产生影响，并逐渐演变为显学，受到学界的高度推崇。文艺理论研究言必及西方，西方文艺理论成为评价和检验中国文学艺术实践的标准、文艺理论建设的基本要素。当下，我们面临一个难以解脱的悖论：一方面是理论的泛滥，各种西方文论轮番出场，似乎有一个很“繁荣”的局面；另一方面是理论的无效，能立足中国本土，真正解决中国文艺实践问题，推动中国文艺实践蓬勃发展的理论少之又少。中国文艺理论建设和研究渐入窘境。我们必须深刻反思：究竟应该如何辨识当代西方文论？它对中国文艺实践的有效性如何？在西方文论的强势话语下，中国文艺理论建设的方向和道路何在？

对这些问题做出清晰、科学、全面的回答，是一项系统而浩大的工程，试图在一篇文章中加以解决，实在难以实现。本文对当代西方文论的辨析，暂以引入国内较早并产生重大影响的几个流派为例，对中国文论重建的探讨，也只是有针对性地提出宏观构想和基本方向，更具体的问题将在日后的文章中一一阐述。

一　当代西方文论的理论缺陷

20世纪的西方文艺理论，与此前的现代文论和古典文论相比，确实取

* 本文原刊于《中国社会科学》2014年第5期。

** 张江，中国社会科学院副院长、教授。

得了突破性进展。尤其是在理论观照的广度和触及的深度，以及对文艺学科独特性的探求和专业化程度的提升方面，都极大地推进了文艺理论自身的发展。但必须认识到，当代西方文论提供给我们的绝不是一套完美无缺的真理，而仅仅是一条摸索实践的轨迹记录。这意味着，它自身还存在种种缺憾和局限。对此，个别学者已有警悟，并著文反思，但还远远不够。[①]

需要说明的是，百年来的当代西方文论思潮迭涌、流派纷呈，其丰富性和驳杂性史所未见。各种思潮、流派在研究范式和观点立场上常存迥异，甚至根本对立。因此，本文对其理论缺陷的论断，只能采取分门别类的方式进行，不可能全部囊括。

1. 脱离文学实践

西方文论中诸多影响重大的学说与流派，不同程度地脱离文学实践和文学经验，运用文学以外其他学科的现成理论阐释文本、解释经验，进而推广为具有普适性的文学规则。这些理论发生的起点往往不是鲜活的实践，而是抽象的理论。在许多情况下，文学文本只是这些理论阐述自身的例证。这让我们对一些西方文论的科学性产生疑问。弗洛伊德的精神分析文论就是这方面的典型。

弗洛伊德不是文学批评家，他的学说首先是作为心理学理论提出的。早在1896年，他就创造并使用了精神分析一词，1900年完成《释梦》，构造了他精神分析的理论框架。他的文学观，以及对文学和文艺的表述，都是在这一理论成形后，作为对精神分析学说的证明和应用而逐步形成的。从时间上看，《作家与白日梦》（1908）、《列奥纳多・达・芬奇和他对童年的一个记忆》（1910）、《米开朗基罗的摩西》（1914）、《歌德在其〈诗与真〉里对童年的回忆》（1917）、《陀斯妥耶夫斯基与弑父者》（1928）等被反复引用的文论著作，都是在精神分析理论形成以后完成的，其重要观点无一不是依据精神分析理论衍生而来。更重要的是，这些著作的主要思想和观点都是为了印证弗洛伊德自己的精神分析学说，而不是要建构系统的

---

① 例如，朱立元的《对西方后现代主义文论消极影响的反思性批判》（《文艺研究》2014年第1期）、孙绍振的《文论危机与文学文本的有效解读》（《中国社会科学》2012年第5期）、曹顺庆的《唯科学主义与中国文论的失语》（《当代文坛》2011年第4期）、陆贵山的《现当代西方文论的魅力与局限》（《外国文学评论》2008年第2期）等，均有对当代西方文论的理性反思。

文学和艺术理论。如果把他的学说作为文艺理论来看，有两个问题值得讨论。

一是理论的前提。弗洛伊德评论文学和艺术的各种观点和立论有其既定前提，即其精神分析理论的重要观点“俄狄浦斯情结”。为了用这一“情结”解读文学及其历史，作出符合自己愿望的结论，他可以只凭猜想、假设而立论，然后演绎开去，统揽一切。哪怕是明知其逻辑起点错误，也绝不悔改。《列奥纳多·达·芬奇和他对童年的一个记忆》就是很好的说明。

弗洛伊德是把这部著作当作精神分析传记来写的。1909 年 10 月，他在写给荣格的信中说：“传记的领域，同样是一个我们必须占领的领域。”接着又说，“达·芬奇的性格之迷突然间在我面前开豁了。靠着他，我们将可在传记的领域踏出第一步”。他把达·芬奇当作一个精神病患者来分析和认识，告诉朋友说“自己有了一个‘显赫’的新病人”①。弗洛伊德不是从达·芬奇的作品入手展开分析，而是以其俄狄浦斯情结为前提，从达·芬奇浩如烟海的笔记中找到一个童年记忆，由此记忆生发开去，作出符合他自己理论期待的结论。达·芬奇在笔记中写道：“我忆起了一件很早的往事，当我还在摇篮里的时候，一只秃鹫向我飞来，它用尾巴撞开了我的嘴，并且还多次撞我的嘴唇。”从这个记忆出发，弗洛伊德认定：第一，“在古埃及的象形文字中，秃鹫的画像代表着母亲”，达·芬奇刚出生就失去父爱，秃鹫是达·芬奇生母的象征，秃鹫的尾巴就是母亲的乳房，“我们把这个幻想解释为待母哺乳的幻想”。② 第二，达·芬奇在 3 岁或 5 岁时，被当初弃家另娶的生父接到一起生活，达·芬奇有了两个母亲的经历，“就是因为幼年时有过两个爱他的漂亮年轻妇人，他后来所绘画的蒙娜丽莎，才会流露出那样暧昧的、朦胧的笑容。蒙娜丽莎的永恒性，正是达·芬奇在经验与记忆间跳跃所产生的创造性火花所造就的”。③ 这就是达·芬奇的恋母情结，正是这一情结造就了达·芬奇的千古名作。

秃鹫这一意象来源准确吗？作为全部立论的前提，它是可靠的吗？不幸的是，早在 1923 年，弗洛伊德还在世时，就有人指出，他使用的那个

---

① 彼得·盖伊：《弗洛伊德传》上，龚卓军等译，鹭江出版社，2006，第 302 页。

② 弗洛伊德：《列奥纳多·达·芬奇和他对童年的一个记忆》，载车文博主编《弗洛伊德文集》第 4 卷，长春出版社，1998，第 459、464 页。

③ 彼得·盖伊：《弗洛伊德传》上，龚卓军等译，鹭江出版社，2006，第 306 页。

达·芬奇笔记的德译本是有错误的，nibbio一词的原意是“鸢”而非秃鹫。“鸢”是一种普通的鸟，与母亲形象毫无关联。立论的前提错了，无论有怎样的理由，“弗洛伊德建筑在误译上面的整个上层建筑，却仍然无法逃避整个垮下来的命运”[①]。更让人无法接受的是，就算没有误译，弗洛伊德又是如何确认，达·芬奇了解并按照他的愿望来使用这个意象呢？没有什么考证，也无确切的根据，弗洛伊德靠的是猜测和推想。他推测说，达·芬奇“熟悉一则科学寓言是相当有可能的”，因为“他是一个涉猎极为广泛的读者，他的兴趣包括了文学和知识的全部分支”，“他的阅读范围怎么估计都不会过高”，“我们在列奥纳多的另一幅作品中找到了对我们猜想的证明”。[②]弗洛伊德的用词是“可能的”“估计”，而没有任何实际的根据，尤其是“猜想”，几乎是这篇文章的基本方法，他由猜想出发，千方百计寻找证明，哪怕被事实证明是错误的，也要恪守“猜想”。由“鸢”到“秃鹫”的误译，弗洛伊德是知道的，但“终其一生，却从未就此做出更正”[③]。为什么会如此？原因很多，但根本而言，弗洛伊德明白，放弃了这一前提，全部猜想就会被推翻，他最得意的这一作品就难以被接受。

二是理论的逻辑。在《释梦》中，弗洛伊德为了证明其精神分析理论的正确，提到了50部以上西方古代和近代的重要文学作品，远自古希腊的荷马史诗，近到与他同代的乔治·艾略特的《亚当·贝德》。但无论怎样广博深厚，他的立足点都是援引文学作品为例，证明释梦理论的正确。我们不否认弗洛伊德的一些文学感受是有见识的，开辟了新的研究方向，但细读其文本，可以认定，弗洛伊德从理论而不是从文学经验出发的文学批评，在根本上颠倒了理论和实践的关系，颠倒了认识和实践的关系，并且在逻辑上，他的推理和证明方法有重大缺陷。

对古希腊悲剧《俄狄浦斯王》的分析，被视作弗洛伊德重要的文学批评文本，但其本意只是要利用这一文本论证“恋母情结”。弗洛伊德从“亲人死亡的梦”说起，总的线索是，人们会经常梦到自己的亲人死亡，“男子

---

① 彼得·盖伊：《弗洛伊德传》上，龚卓军等译，鹭江出版社，2006，第308页。

② 弗洛伊德：《列奥纳多·达·芬奇和他对童年的一个记忆》，载车文博主编《弗洛伊德文集》第4卷，第465、489页。

③ 彼得·盖伊：《弗洛伊德传》上，龚卓军等译，鹭江出版社，2006，第308页。

一般梦见死者是父亲，女子则梦见死者是母亲”[①]，而这种现象是由儿童的性发育所决定的。儿童的性欲望很早就觉醒了，“女孩的最初感情针对着她的父亲，男孩最初的幼稚欲望则指向母亲。因此，父亲和母亲便分别变成了男孩和女孩的干扰敌手”。这一类感情很容易变成死亡欲望，由此经常出现“亲人死亡的梦”。弗洛伊德进一步补充说，通过“对精神神经患者的分析毫无疑问地证实了上述的假设”[②]。在此前的表述中，弗洛伊德未对这种现象作指称明确的命名，他一直在阐释梦。而接下来的论证值得我们讨论。弗洛伊德说：

> 这种发现可以由古代流传下来的一个传说加以证实：只有我所提出关于儿童心理的假说普遍有效，这个传说的深刻而普遍的感染力才能被人理解。我想到的就是伊谛普斯王的传说和索福克勒斯以此命名的剧本。[③]

这就是“俄狄浦斯情结”的原始论证。其逻辑方法是，第一，作者的“发现”，即儿童心理的假说在先。第二，这个“发现”要由一个“古老的传说”来证实。第三，这由古老传说证实的“发现”，又用来证实（作者用的是“理解”）那个“古老的传说”。第四，“我想到的就是”一句进一步证明了作者的论证程序是，先有假说，再想到经典；用经典证明假说，再用假说反证经典。

此处的逻辑问题是，弗洛伊德关于儿童性心理的假说与俄狄浦斯王的相互论证是循环论证，是典型的逻辑谬误。可以表达为：假说是 P，传说是 Q，因为 Q，所以 P；因为 P，所以 Q。这种循环论证在逻辑上无效。

接下来，弗洛伊德关于莎士比亚《哈姆雷特》的论证犯了同样的错误。在对文学史上有关主人公性格的长期争论表达了自己的立场后，弗洛伊德对他的“恋母情节”做了如下证明：

——“我是把保留在哈姆雷特内心潜意识中的内容转译为意识言词。”[④]

---

① 弗洛伊德：《释梦》，孙名之译，商务印书馆，2009，第 252 页。
② 弗洛伊德：《释梦》，孙名之译，商务印书馆，2009，第 253 页。
③ 弗洛伊德：《释梦》，孙名之译，商务印书馆，2009，第 257 页。
④ 弗洛伊德：《释梦》，孙名之译，商务印书馆，2009，第 262 页。

这是用剧中人的故事证明精神分析理论的正确，哈姆雷特自己没有察觉的俄狄浦斯情结就是对弗洛伊德理论的验证。

——“如果有人认为他是一个癔症患者，我只能认为那也是从我的解释中得出的推论”。[①] 意即只有用他的理论才可以证明剧情的合理，深入理解了剧情，就能更深入地认识弗洛伊德的理论有效。

这仍是一组循环论证。用《哈姆雷特》的剧情证明自己的理论正确，再用该理论去证明剧情的合理与正当。

这种脱离文学经验、直接从其他学科截取和征用现成理论的做法，不是文学理论生成的本来过程，尽管也会对文学理论和批评的发展产生积极影响。弗洛伊德写作《释梦》时，既无意研究文学理论，也无意于文学批评，其本意是借用各种理论，当然也包括文学，证明精神分析理论和方法的正确。脱离了文学经验和实践，弗洛伊德的精神分析文论无法提出科学的审美标准、指明文学理论生成和丰富的方向，更无法指导文学的创作和生产。这不仅是精神分析文论的重大缺陷，而且是西方当代文论诸多学派的通病。发展到文化研究更是达到极端，理论的来源不是文学实践，甚至连研究对象也偏离了文学本身，扩展到无所不包的泛文化领域。

2. 偏执与极端

从理论背景来看，许多西方文论的发生和膨胀，都是基于对以往理论和学说的批判乃至反叛。西方文论的“两大主潮”“两次转移”“两个转向”，[②] 基本上是对以往理论和方法的颠覆。从立场表达和技术取向上分析，它的深度开掘以至矫枉过正，是可以理解的。但是，任何具有合理因素的观点若推延过分，都会因其偏执和极端而失去合理性。从 20 世纪初开始，在 100 多年的时间里，当代西方文论流派繁多、更迭迅速，最终未能形成相对完整系统的理论，原因正在于此。在这方面，俄国形式主义就很能说明问题。

俄国形式主义的出现给传统文学批评以强烈冲击。相对于此前以社会

① 弗洛伊德：《释梦》，孙名之译，商务印书馆，2009，第 262 页。

② 两大主潮指的是当代西方人本主义和科学主义两大哲学主潮；两次转移指的是当代西方文论研究重点的两次历史性转移，即从重点研究作家转移到重点研究作品文本，从重点研究文本转移到重点研究读者和接受；两个转向指的则是“非理性转向”和“语言论转向”（朱立元主编《当代西方文艺理论》，华东师范大学出版社，2005，第 2～8 页）。

学批评为主流的理论传统，形式主义的批评家苦心致力于文学形式的理论探讨与研究，并作出极富创造性的理论贡献，其价值不容否定。形式主义的诸多优长特质已渗透于当代文论的肌理之中，如人体自主呼吸般地发挥着作用。但是，把形式作为文学的唯一要素，并将其作用绝对化，主张形式高于内容，用形式规定文学的本质，这种理论上的偏执与极端，最终让包含诸多合理因素的形式主义走上了末路。“尽管俄国形式主义后期已开始注意把文艺作为社会诸多系统中的一个系统，但仍未完全摆脱对文艺进行形式结构分析的束缚，这也从根本上影响了他们试图解答文艺的特殊性问题的初衷”①，在批评史上留下了遗憾。

俄国形式主义的重要代表雅各布森认为，现代文艺学必须使形式从内容中解放出来，使词语从意义中解放出来，文艺是形式的文艺。为证明这一点，他具体阐发说，造型艺术是具有独立价值的视觉表现材料的形式显现，音乐是具有独立价值的音响材料的形式显现，舞蹈是具有独立价值的动作材料的形式显现，诗则是具有独立价值的词的形式显现。雅各布森的观点有合理的一面。形式是文艺的表现方法，文艺的形式确证了文艺的存在。形式的演进和变化是艺术进步发展的重要标志。各种文艺形式有其独立的价值。我们可以独立于艺术的内容，仅对其形式作深入探索。但是，文艺并非为形式而存在，文艺因其所表现的内容而存在，形式为表现内容服务。艺术形式的独立是相对的，在艺术创作和表演的实际过程中，形式不能离开内容而独立存在。从文艺的起源来说，无论音乐、舞蹈还是各种造型艺术，总是先有内容，后有不断创造和繁衍的形式。形式演进的目的只有一个，就是为了更好地表达内容。没有了内容，形式不复存在。诗歌也不例外。无论怎样强调形式本身的独立价值、执着于词语本身的意义，最终还是要落在它所要表达的内容上，形式无法逃离内容。我们可以用形式主义大师自身的理论阐释来证明这一点。

日尔蒙斯基的形式主义立场是极端的。他长于讨论诗歌的节奏和旋律。在诗歌的形式上，他执着地强调诗歌的“音乐灵魂”，赞成“音乐至上”，并为此引证德国语言学家西威尔斯的观点：“在诗语里，音不仅是对内容的‘本能的补充’（Ungesuchte Beigabe），而且常常具有独立的、或者甚至是主

① 朱立元主编《西方美学思想史》（下），上海人民出版社，2009，第1261页。

导的艺术意义。”[①] 但是，在有关《浮士德》一段对话的讨论中，日尔蒙斯基传达了与其本身立场并不相同的信息。为了驳斥一些人对西威尔斯的质疑，日尔蒙斯基转述了西威尔斯对歌德《浮士德》中第一段独白的“精辟分析”。这段分析大意是说，在这部剧里，诗歌朗诵的音调高低是诗歌艺术的重要表现形式，“语调程序的意义在于对个别独白部分及说话人变化着的情绪进行艺术表征”。[②] 但是，这种艺术表征或者说形式表征，其目的是什么？是为了形式的显现吗？日尔蒙斯基强调：

> 我可以说，在浮士德与瓦格纳对话中，他们外表与性格之间的对比也是通过话语的特征来强调的：首先引人注目的是说话人与众不同的词汇和表达方式，此外还有语调。而其中的差别，某种程度上是在于这一点，即瓦格纳总是犹豫不决、欲言又止地提出问题，而浮士德则以毋庸置疑或者训导的口吻作出回答。[③]

这段话有三个要点值得注意。第一，它肯定了“话语特征”表达的是剧中人物的“外表和性格”，同时要显现他们之间的“对比”。第二，这里所说的“与众不同的词汇”，并不具有脱离本身能指和所指的独立意义。第三，“语调”在诗歌形式上似乎更具有独立性，是日尔蒙斯基所执着的“音乐至上”的物质载体，也参与人物形象的塑造。由此提示的问题是，这些形式的目的是什么？结论只有一个，即为了表达瓦格纳的柔弱、浮士德的强悍。而这已经是内容。日尔蒙斯基自己的论述证明了我们的判断，形式主义强调的形式，无论怎样独立，最终是为内容服务。形式上的功夫，是为了更好地表达内容。此类例子在形式主义者的著作中俯拾皆是。

另一位形式主义大师埃亨巴乌姆有句名言：“形式消灭了内容”。在《论悲剧和悲剧性》中，他通过分析席勒的古典悲剧《华伦斯坦》，证明形

---

① 维克托・日尔蒙斯基：《诗的旋律构造》，载维克托・什克洛夫斯基等《俄国形式主义文论选》，方珊等译，三联书店，1989，第 307 页。

② 维克托・日尔蒙斯基：《诗的旋律构造》，载维克托・什克洛夫斯基等《俄国形式主义文论选》，方珊等译，三联书店，1989，第 310 页。

③ 维克托・日尔蒙斯基：《诗的旋律构造》，载维克托・什克洛夫斯基等《俄国形式主义文论选》，方珊等译，三联书店，1989，第 311 页。

式如何消灭内容，是形式而非内容创造了悲剧效果。但是，细读席勒原著，似乎很难得出这一结论。华伦斯坦是历史上的真实人物，在17世纪欧洲30年战争中发挥了重要作用，为以德意志帝国为主的天主教联盟屡建战功。由于与皇帝菲迪南二世的矛盾，也由于政治上的动摇和私欲，华伦斯坦背叛了天主教联盟，企图把自己的军队交给敌人。然而，在最后关头，华伦斯坦被自己的亲信暗杀。席勒在剧中用大量笔墨描写了华伦斯坦之死。埃亨巴乌姆对此作出结论：这部悲剧的价值是在审美上引起了“怜悯”，这种怜悯不是因为内容打动了观众，而是形式作用的结果。他说：

> 艺术的成功在于，观众宁静地坐在沙发上，并用望远镜观看着，享受着怜悯的情感。这是因为形式消灭了内容。怜悯在此被用作一种感受的形式。①

他所说的形式有几个方面的含义，但主要指的是“延宕”，“用席勒本人的话来说，就应该‘拖延对感情的折磨’”。② 华伦斯坦在与敌手较量的最后关头，或因为性格，或因为命运，没有采取更有力、更彻底的手段解决问题，丧失了机会，无功而死。这个分析是有道理的。从原作看，在最后关头，即主人公将被暗杀的那晚，他明知面临危险，仍优柔寡断，直到最后的死亡。作者用最后一幕的3～12场戏“延宕”这一过程，把主人公以至观众的感情“折磨”至极处，让人们对华伦斯坦没有丝毫愤慨，反而满怀怜悯。延宕在起作用。但问题是，作者在延宕什么，或者说用什么在延宕？对此，应对以下一些细节进行分析。

第一，华伦斯坦与其妹迭尔次克伯爵夫人的对话。整个第三场都是主人公与伯爵夫人的交流，其核心内容是伯爵夫人的担心，表达对华伦斯坦的担忧。她不相信主人公的劝慰，她要带着他逃命。在此过程中，华伦斯坦走到窗前观察星相，表现了无法排遣的忧郁和彷徨。他反复安慰伯爵夫人，劝她安下心来早去就寝，可伯爵夫人一唱三叹、恋恋不走，说梦，说

---

① 鲍里斯·埃亨巴乌姆：《论悲剧和悲剧性》，载维克托·什克洛夫斯基等《俄国形式主义文论选》，方珊等译，三联书店，1989，第40页。

② 鲍里斯·埃亨巴乌姆：《论悲剧和悲剧性》，载维克托·什克洛夫斯基等《俄国形式主义文论选》，方珊等译，三联书店，1989，第37页。

忧，说恐惧，让最后的会面充满温情，用伯爵夫人的亲情“折磨”主人公和观众。

第二，华伦斯坦的老朋友戈登的表现。从第四幕的第一场我们知道，戈登在30年前就与主人公共事，他们感情深厚。在第四、第五场中，戈登和身边的人一起劝华伦斯坦放弃对皇帝的背叛。他们用星相暗示命运，用天启宣托劝导，甚至跪下恳请主人公退却，戈登的诚意和真情令人感动。第六场，当曾是主人公亲信将领的布特勒带人来刺杀华伦斯坦时，戈登在幕后作出了妥协软弱的选择：“我怎么做好呢？我是设法救他？”犹豫着，但还不失良心。接着他作出了决定：“啊，我最好还是听天安命。”否则，“那严重的后果不能不由我担任”。[①] 然后，他又劝阻凶手，恳求他拖延一段，哪怕是一个小时，又象征性地阻挡了一下，最终还是软弱地让布特勒得手。老朋友的软弱和背叛，盘桓往复，令人唏嘘。

第三，伯爵夫人的死。华伦斯坦死后，维护他的伯爵夫人也要英勇地陪他去死。尽管有人劝她说皇上已经宽容，皇后也会同情。但她无意回头。她历数华伦斯坦一家人不幸的结局，冷静地安排了后事，甚至交出房屋的钥匙，既豪迈又怨愤地对劝慰者唱到：“你总不会把我看得那样低贱，/以为我一家没落了还要苟活在人间。”“与其苟且偷生，/宁肯自由而勇敢地升天。”来人大喊救命，伯爵夫人却冷静而决绝地说：“已经太迟了。/在几分钟内我便要了结此生。”[②] 这是最后的悲壮与伤情。伯爵夫人的死，让人们心底升起无尽的同情和怜悯。

作为一种艺术形式和手段，延宕有所依附。延宕是内容的延宕，空洞的、脱离内容的延宕没有意义。人们怜悯华伦斯坦，是因为他战功卓著却误入歧途；身边亲近的人背叛他，他却毫不知晓；为了实现野心，亲人无一存活；唯一逃过的妹妹也要为他陪葬。席勒用翔实具体的内容延宕着华伦斯坦的死，延宕着剧中人的命运，延宕着接受者的审美过程，他们对华伦斯坦质询、赞美、怨愤，于是，怜悯产生了。席勒用形式负载着内容，形式没有消灭内容，相反，形式借助内容而存在，并更好地彰显了内容。

考察文学批评史，“形式消灭内容”并非形式主义的原创，实际上最早

---

① 席勒：《华伦斯坦》，郭沫若译，人民文学出版社，1955，第455页。

② 席勒：《华伦斯坦》，郭沫若译，人民文学出版社，1955，第468～469页。

出自席勒本人。埃亨巴乌姆用席勒的悲剧发挥此论，并将之推向极端。但是，席勒原文并非如此简单和偏执：

> 艺术家的真正秘密在于用形式消灭内容。排斥内容和支配内容的艺术愈是成功，内容本身也就愈宏伟、诱人和动人；艺术家及其行为也就愈引人注目，或者说观众就愈为之倾倒。①

席勒立意于“形式消灭内容”，这一表达有其具体含义。所谓“消灭内容”，不是弃绝内容，而是让内容隐藏于形式之中，通过成功的形式更好地表达内容，使内容而非形式深入人心。由此，艺术家及其艺术行为才能为人所注意，观众的赞扬和投入既指向形式也指向内容。形式永远消灭不了内容。埃亨巴乌姆片面使用了席勒的话，只强调了前一句，放弃了后两句，漠视内容的力量，把形式推向极端，表面上看是张扬了形式主义，实际上瓦解了这一本来极有价值的理论。这也恰恰是整个当代西方文论的悲哀。

3. 僵化与教条

当代西方文论的某些流派存在僵化与教条的问题。以格雷马斯的矩阵理论为例。法国结构主义文论家格雷马斯从语义学研究开始，从俄国学者普罗普的民间故事形态研究延伸，借助亚里士多德逻辑学命题与反命题的诠释，提出了叙事学上的“符号矩阵”。其理论初衷是，借用数学和物理学方法，将文学叙事推演上升为简洁、精准的公式，构造一个能包罗全部文学叙事方式的普适体系，使文学理论的研究科学化、模式化。格雷马斯认为，所有的文学故事或情节均由若干人物或事件的对立构成，这些对立的人物和事件因素全部展开，故事就得以完成。他用矩阵符号表达这一思想。

用数学的眼光看，格雷马斯的所谓矩阵是一种幼稚的模仿，并不具备数学矩阵的严整性和深刻性，更无矩阵方法的精致和严密。符号矩阵只是一个文学比喻，徒有矩阵的模样。它可以用文字表述为：设正项 X，则必有负项反 X，同时伴有与正项 X 相矛盾但非对立的非 X，以及与反 X 相矛盾但

---

① 席勒：《论素朴的诗和感伤的诗》，转引自鲍里斯·埃亨巴乌姆《论悲剧和悲剧性》，载维克托·什克洛夫斯基等《俄国形式主义文论选》，方珊等译，三联书店，1989，第 35 页。

非对立的非反 X。它们相互交叉，组合出多种关系，全部的文学故事就在这种交叉和关系中展开。以《西游记》为例，孙悟空和妖怪是 X 与反 X；唐僧和猪八戒、沙僧是非 X，那些放出妖怪的各路神仙则为非反 X。利用这些要素和关系，就能说明这部古典小说的全部情节。四项要素，仅单项要素之间组合，就是 24 种选择。如果是单项对双项、多项对多项，其关系选择将是天文数字。并且，创作者还要在故事展开过程中不断引入许多新的因素，其变换可能更高得惊人。但无论如何变换，发明者认定，其定位和关系依旧可以用四个要素构成的矩阵模式来规定。

格雷马斯的符号矩阵在西方文学符号学理论中具有很高地位，代表了该学派的一般倾向和追求，其表述方法也有自身的优势。用符号学的方法研究文学的结构，寻找小说叙事的基本因子，并给予模式化的表达，有其合理的一面。但是，文学不是数学，文学创作和鉴赏不应该也不可能用数学的方法来规范。就格雷马斯的符号矩阵而言，且不论它能否真正揭示文学叙事的基本方法，仅从文本解读来看，它聚焦于文本自身，割断文学与社会实践的联系，忽视作者的创造性因素，这违背了文学的一般规律。更重要的是，文学本身的丰富性和生动性被完全抹煞，故事变成公式，要素变成算子，复杂的人物及情感关系变成推演和逻辑证明，这从根本上否定、消解了文学，文学的存在成为虚无。我们不否认文学的要素分析，所有的文学故事都是由人物和情节构成的。从原始神话到当下各种主义的叙事，都可以找到主要角色和基本线索，都可以简化为表意的核心因子。而且，所有的文学创作者都是先有故事结构和主体线索的考量乃至设计，才开始展开并最后完成其叙事。所有的文学故事都必须采纳和使用一些基本元素，离开了这些元素故事就不存在了。同时，这些基本元素不仅是文学故事，也是其他艺术形式的构成要素。例如，一个舞蹈是有故事或情节贯穿的，表达着舞者的情感乃至思想，民间的口技亦可表达类似 X 与反 X 的纠缠。而文学的特质在于，它运用自己的艺术手段，例如比喻、隐喻、暗喻，延宕、穿插、联想等，使这些基本要素变幻为文学的文本。文学文本具有自己的特征，其他艺术形式无法替代。这正是文学的魅力所在，绝非一个简单的符号矩阵所能规范。

1985 年，美国杜克大学教授、著名的西方马克思主义学者杰姆逊在北京大学演讲时，用格雷马斯的符号矩阵分析中国传统小说《聊斋志异》中的一个故事，以其分析为例，我们可以看出符号矩阵以至文学符号学的得失。为论述方便，以下全文引用这个故事，其名《鸲鹆》。

王汾滨言：其乡有养八哥者，教以语言，甚狎习，出游必与之俱，相将数年矣。一日，将过绛州，而资斧已罄，其人愁苦无策。鸟云："何不售我？送我王邸，当得善价，不愁归路无资也。"其人云："我安忍。"鸟言："不妨。主人得价疾行，待我城西二十里大树下。"其人从之。携至城，相问答，观者渐众。有中贵见之，闻诸王。王召入，欲买之。其人曰："小人相依为命，不愿卖。"王问鸟："汝愿住否？"言："愿住。"王喜。鸟又言："给价十金，勿多予。"王益喜，立畀十金。其人故作懊恨状而去。王与鸟言，应对便捷。呼肉啖之。食已，鸟曰："臣要浴。"王命金盆贮水，开笼令浴。浴已，飞檐间，梳翎抖羽，尚与王喋喋不休。顷之，羽燥。翩跹而起，操晋声曰："臣去呀！"顾盼已失所在。王及内侍，仰面咨嗟。急觅其人，则已渺矣。后有往秦中者，见其人携鸟在西安市上。[①]

杰姆逊的分析，先是找出故事里的基本要素：人（鸟主人，文中称"其人"）、反人（买鸟者，文中称"王"）、非人（八哥）。根据格雷马斯的要求，一个符号矩阵必须是四项，这第四项杰姆逊颇费周折，最后将之定义为"人道"。随后，通过符号矩阵的深层解析，杰姆逊写道："这个故事探讨的问题似乎是究竟怎样才是文明化的人，是关于文明的过程的。这个过程中包含有权力，统治和金钱，而这个故事探讨的是应该怎样对待这些东西。一方是人的、人道的生活，另一方面是独裁统治和权势，怎样解决这之间的冲突呢？八哥无疑是故事提出的解决方法。"[②] 且不论这一判断是否合理，是否能为我们接受，单就以下三个方面而言，杰姆逊的分析就存在明显的缺陷。第一，杰姆逊的结论不是一个文学的结论，而是一个伦理学甚至哲学的结论，这种社会学分析，不是文学符号学探讨文学自足形式的本意。第二，杰姆逊的方法是用先验的恒定模式套用具体文本，并根据

① 蒲松龄：《全本新注聊斋志异》上，朱其铠主编，人民文学出版社，1989，第397页。

② 杰姆逊：《后现代主义与文化理论》，唐小兵译，北京大学出版社，1997，第122～123页。

人为的设计生硬地指定四项要素，没有也要生造齐全，那个本不存在的“人道”，让他得出虽深奥却颇显离奇的结论。第三，就文本所表现的文学的丰富性、生动和情趣而言，这一矩阵分析抽象而生涩，既无审美又无鉴赏，完全失去批评的意义。这一点尤为重要。文学作品表达的理念无论如何深奥，必须是生动而可感的，否则，将失去文学的特质，与哲学、社会学、伦理学无异，甚至与数学、物理学无异，从而必将被其他思想表达形式所取代。符号矩阵以至文学符号学，甚至结构主义的失败就在于此。

可以认定《鸲鹆》是一篇短篇小说，叙事方式是单线的，其艺术性集中在对鸟（八哥）的刻画上。鸟被拟人化了，它极尽聪明以至狡猾。它与主人的关系以“狎”为标志。狎者，亲近而戏习，戏耍味道甚浓，含下流色彩和浓重的贬意，所谓“狎妓”是也。“狎”定义了鸟的本质、主人的本质、故事的本质，各色人等的关系集中在这一“狎”字上。小说以“狎”为统领渐次展开：主人与八哥出游，游资耗尽，八哥出计，假意出售自己且售予达官贵人，得钱后远处汇合。在此框架下，作者精心设计了细节上的五狎：为达到目的，人鸟合作进入王邸，八哥诱王买下自己，并建议“给价十金，勿多予”，骗取重金，又做出与王同立场的姿态，此一狎；主人得钱疾走，鸟与王戏言“应对便捷”，先“呼肉啖之”，再求浴，逃离了鸟笼，此二狎；浴罢，飞起檐间，“梳翎抖羽”，一边继续与王“喋喋不休”，急于逃离却做亲热状，此三狎；羽毛一干“翩跹而起”，且“操晋声”戏王“臣去呀”，此四狎。最后一狎，“后有往秦中者，见其人携鸟在西安市上”，开辟了一个新的空间。表层意思是鸟与主人安全会合，狎计成功。然深层含意是，其人携鸟于“市”，是在故技重施，寻找以至创造机会“狎”人骗金。小说的文学性甚浓，结构并不复杂，只在细部的生动性上落笔：“梳翎抖羽”“喋喋不休”；不急不躁，“翩跹而起”；非出晋地却“操晋声”戏王。面对这种生动与丰富，格雷马斯的符号矩阵无法下手，所谓文学性的深度批评诉求很难实现。用恒定模式拆解具体文本，难免削足适履、谬之千里。按照中国传统习俗，旧时玩鸟且可出游者，大抵为市井流氓。文本中鸟与王的关系只是骗与被骗的关系。故事就是写王的愚蠢、鸟的下作。这里没有文明的意思，也没有人道的意思，更没有解决人道与独裁统治及权势冲突的意思。杰姆逊用其模式进行的分析可谓过度阐释，而更深层的，是用其恒定的思维模式作了过度阐释。套用科学主义的恒定模式解析文本，其牵强和浅薄由此可见一斑。

用恒定模式阐释具体文本，是科学主义诉求的直接表现。科学主义是推动当代西方文论发展的主要动力。它主张用自然科学的理论、原则、方法重构文学理论的体系，并将之付诸实践，分析和批评文学作品，强调文学研究的技术性，追求文本分析的模式化和公式化，苦心经营理论的精准和普适。这种努力在一定程度上可以改变文学批评的主观化和随意化倾向，用数学、物理学的方法总结文学发展的一般规律，并给人文科学研究的思维方式注入新的因子，带来新的概念、范畴以及逻辑方法，为文艺理论和批评研究打开新的思路。但是，人文科学特别是文学，毕竟不同于自然科学，二者在研究对象与路径上有根本差别。自然科学的研究对象是客观物质世界，其存在和运动规律并不以人的意志为转移，科学工作必须以局外人的眼光观察和认识世界，不能以个人的主观意志和情感改变对象本身及其研究。文学则不同。文学创作是作家独立的主观精神活动。作家的思想和情感支配文本，以在场者的身份活动于文本之中。即便有真正的零度写作，作家的眼光以至呼吸仍左右文本内在的精神和气韵。作家的思想是活跃的，作家的情感在不断变化，在人物和事件的演进中，作家的意识引导起决定性作用。文学的价值恰恰聚合于此。失去了作家意识的引导和情感投入，文学就失去了生命。而作家的意识可以公式化吗？作家的情感可以恒定地进行规范吗？如果不能，那么文本的结构、语言，叙事的方式及其变幻同样不能用公式和模板来框定。进一步说，作家的思想情感以生活为根基，生活的曲折与丰富、作家的理解与感受，有可能瞬息不同，甚至产生逆转和突进，作家创造和掌握的文本将因此而翻天覆地，这是公式和模板难以容纳的。

二　西方文论与中国文化的错位

除了上述这些固有的缺憾和问题，理论的有限性也是我们在面对西方文艺理论时必须考量的因素。当代西方文艺理论是西方多种文化元素交互作用的结果，深刻地包蕴并释放着独特的历史、社会、风俗、宗教等的长久积淀。西方文化土壤上生长的理论之树被移植到中国后，很难真正落地生根、开花结果，尤其是与文学艺术关系密切的语言差异、伦理差异、审美差异，更决定了我们对其必须持审慎姿态。

1. 语言差异

语言论转向是当代西方文论发展的重要标志和内容。“从俄国形式主义、布拉格学派、语义学和新批评派，到结构主义、符号学、直至解构主义，虽然具体理论、观点大相径庭，但都从不同方面突出了语言论的中心地位。”① 语言中心论打破了西方文论的传统局面，开辟了一个重新认识、评价和指导文学发展的新视角，其意义不可低估。以语言中心论为基干，后来的诸多学派依附于此，生发了许多观点、学说，形成一个很大的局面。但是，所谓语言中心论，是西方语言的中心论，其全部理论依据西方表音语言的特质，其分析和结论更贴近表音语言系统及西方语言文学。一个基本事实是，西方语言与汉语言，无论在形式还是表达上都有根本性的差别，用西方语言的经验讨论和解决汉语言问题，在前提和基础上存在一些根本的对立。不能简单照搬，也不能离开汉语的本质特征而用西方语言的经验改造汉语。有关于此，在汉语的语言学、语义学、语法学等诸多方向的研究上，远的不说，从《马氏文通》开始，百年多的奋争，我们的经验和教训多不胜数。实践证明，语言的民族性、汉语言的特殊性，是我们研究汉语、使用汉语的根本出发点，也是我们研究文学、建构中国文论的出发点。离开了这一出发点，任何理论都是妄论。

西方的语言中心论以索绪尔的语言论为起点和主干。他的一系列观点和结论被西方学者无限制地推广到各个领域和学科，特别是西方文艺理论和批评中。该领域的诸多学派以索绪尔的方法论为指导，一些重要观点以他的研究为基础，许多重要范畴从他的概念中推衍出。从语言与文学的关系看，索绪尔的影响无处不在。但是，索绪尔自己曾指出，世界上有两种文字体系：一是表意体系，其特质是“一个词只用一个符号表示，而这个符号却与词赖以构成的声音无关。这个符号和整个词发生关系，因此也就间接地和它所表达的观念发生关系。这种体系的典范例子就是汉字”；二是表音体系。索绪尔清醒地指出：“我们的研究将只限于表音体系，特别是只限于今天使用的以希腊字母为原始型的体系。”② 这就证明，第一，索绪尔

① 朱立元主编《当代西方文艺理论》，华东师范大学出版社，2005，第7页。

② 费尔迪南·德·索绪尔：《普通语言学教程》，高名凯译，商务印书馆，2009，第38、39页。

的语言符号理论不是普遍适用的，它主要适用于表音系统的印欧语系，它的一些支配着印欧语言的基本原则，对汉语言不会全部有效，它的结论对汉语言的有效性要认真评估，绝不可照抄、照转、照用。第二，索绪尔语言学的一些基本概念及其运用，不可直接推广到文字学领域，更不可无边界地推广到文学的研究上。它的基本原则、概念与文学理论、文学批评的间离，需要合理借渡，简单推广不是索绪尔的本意。

根本而言，语言是民族的语言。世界各民族在漫长的生活和劳动中，创造了自己的语言。各民族语言之间，有的具有亲属关系，有共同的来源和相互影响、借鉴的关系。这类语言之间的相通程度较高，彼此的差异是相对的。但是，也有很多相互之间没有丝毫亲属关系的语言体系，它们没有共同的来源，彼此的差异是绝对的。“汉语和印欧系语言就是这样”[①]。造成这种语言差别的因素很多，其中地理上的间隔是最表面的一种。最根本、最深刻的原因，在于民族的精神。对此，西方语言学家有丰富的论述。1806年，洪堡特就明确指出，语言是一个民族生存所必需的“呼吸”（Odem），是其灵魂之所在。通过一种语言，一个人类群体才得以凝聚成民族，一个民族的特性只有在其语言中才完整地铸刻下来。1836 年，洪堡特提出了著名的语言学论断：“民族的语言即民族的精神，民族的精神即民族的语言。”在论及汉语的语法特点与汉民族精神时，他又指出：“我仍坚持认为，恰恰是因为汉语从表面上看不具备任何语法，汉民族的精神才得以发展起一种能够明辨言语中的内在形式联系的敏锐意识。”[②] 对此，中国的语言学者也有精彩论述。徐通锵就曾指出：“不同民族思维方式的差异、知识结构的差异和科学研究方法论的差异，等等，归根结蒂，都与语言结构的差异相联系。”[③] 申小龙曾举例说，“对于中国人来说，由于‘天人合一’的哲学精神，向来把人看作是自然的一部分，人与万物密不可分，所以语言中的以物喻人，以一物喻另一物、化物为人，化此物为彼物，将万物赋予人的情感色彩和思想观念的现象比比皆是”，“从中你可以体会到人、自然与神的

---

① 费尔迪南·德·索绪尔：《普通语言学教程》，高名凯译，商务印书馆，2009，第 267 页。

② 威廉·冯·洪堡特：《论人类语言结构的差异及其对人类精神发展的影响》，姚小平译，商务印书馆，2009，译序。

③ 徐通锵：《语言论——语义型语言的结构原理和研究方法》，东北师范大学出版社，1997，第 41 页。

同一”。[①] 这可以看作是语言与民族精神之间关系的生动说明。

语言的民族精神体现在其具体表达上，特别是在不同语言的转换之中，这种精神上的差别表现得尤其明显。这在中国古典诗词中随处可以找到例证。我们细读一首古诗及其英译，体味其本来精神，比较两种民族语言中包含的不同思想意蕴。

> 朝辞白帝彩云间，千里江陵一日还。
> 两岸猿声啼不住，轻舟已过万重山。

李白的七绝《早发白帝城》明朗简洁，没有生僻字和深奥用典，在中国被用作儿童学习古典诗词的样本、识字的教材，千百年来家喻户晓。它的音韵、节奏，可为文盲所记诵；它的意境、情趣，可为村妇所共鸣。没有人会提出这样的疑问：这是谁辞白帝城？在什么时候？“朝辞白帝彩云间”的“辞”为什么没有主语？“千里江陵一日还”是哪一日？这些在汉语中本非问题，而在不同民族语言的转换上，却产生很大歧义。以下是弗莱彻的英译：

> Po-ti amid its rainbow clouds we quitted with the dawn,
> A thousand *li* in one day's space to Kiang-ling are borne.
> Ere yet the gibbon's howling along the banks was still,
> All through the cragged Gorge our skiff had fleeted with the morn. [②]

直译回来，第一句和第四句可以是这样的句子：

> 在白帝城它自己的虹云之间，我们已伴着黎明离开。
> 我们的小船已在早晨掠过全部多岩的峡谷。

先说主语。李白的原诗四句，本没有主体。他写的是一种感受。浩荡长江上轻舟一瞬掠过无穷景色，其迅捷、其美妙、其时光流淌，任人去体

① 申小龙主编《语言学纲要》，复旦大学出版社，2003，第315页。

② W. J. B. Fletcher, *Gems of Chinese Verse*, Shanghai: The Commercial Press, 1932, p. 26.

味。如果是归乡，可以是欣喜；如果是会友，可以是心切；如果是游玩，可以沉浸其中。这种体味，可以是我，可以是你，亦可以是我们和他们。只要是人，无论是谁，只要在场，其情境即如此。如果给出一幅水墨图画，小小轻舟凌波而下，舟上可有人影绰绰，亦可渺渺不见其人，就仿佛“野渡无人舟自横”的妙境。不需要主语，天地间自有人在，受者也在其中。清代乾隆御定《唐宋诗醇》卷7就有“顺风扬帆，瞬息千里，但道得眼前景色，便疑笔墨间亦有神助。三四设色托起，殊觉自在中流”的评语。这体现了中国古典美学精妙而宏大的追求，是古老民族的精神映照。英译因为主谓结构的要求，须有主语“我们”（we）。就如此一个小小的“we”，这千古绝唱的天之浑美荡然无存。

再说时态。汉语本无词语时态的变化，它的时态暗含于字与词的调遣之中。《早发白帝城》本无需突出时态，何时发生的事情与美学的批评无关。四句诗强调的是迅捷，是变幻的景色与声响，有正在进行的味道。这是一个过程，它展开的时间可以任意。至于这只船，它的目的地，早到与晚到，到与不到，是无关紧要的。诗性专注的是过程，无论何时展开或进行，它的关注都在过程。林木高深，高猿长啸，空灵飞动的快意，瞬间穿越的时空之美，由古至今不曾消解。英译第一句用了一个过去时（quitted），说“已”离开；第四句用了一个过去完成时（had fleeted），说已完结，这符合英语基本语法要求。但并非原诗本意。原诗的“已过”，是要表达啼声未住，轻舟飞越，山影与猿鸣浑然无迹，把“快”和“疾”的物理概念上升为精神感受，绝非过程完结之意。这种理解包含了多重审美上的转换和移情，很难为不同美学背景的人所领悟。更易造成歧义的是对原诗最后一句“轻舟已过万重山”的解释。已者，完结也，汉语副词的标准含义。但这个“已”只是已过这一段的意思，时空还在延伸，审美继续深入，英语过去完成时的简单替代，使中国古典美学的时空意念和纯美境界破碎不堪。①

对此，20世纪的法国诗人、批评家克罗德·卢阿深有体会：“中国古典诗人很少使用人称代词‘我’，除非他本人是施动者、文中角色和起作用的

---

① 对这句诗，中国学者翁显良译为：Out shoots my boat. The serried mountains are allbehind；毛华奋：《汉语古诗英译比读与研究》，上海社会科学院出版社，2007，第188页。

人。因动词的无人称和无时态造成的意义不确定、含糊不清，代词的省略都不是中文的弱点。这是他们在天地万物间的一种态度。”[①] 他的话切中要害，很有“个中滋味”的意思。在中国古典诗词中，没有主语、没有时态的表达极为普遍。有许多作品，作者本人是动作者的，也基本不出现主语。主语和时态可以暗含，并推广为一般，诗人的感受由此趋向永恒。从现代叙事学理论来说，诗人和小说家用现在时替代过去时，具有特殊的诗学意义。消弭时空界限，用当下的情境、气氛、节奏，以及当事人的即时动作和对话，把历史暗换为现实，生出跨时空的体验和对话，这是文学独有的技巧和魅力。

我们无意评论弗莱彻的译作，何况它已是近百年前的旧译，只想借此说明，不同民族语言的特殊性，决定着各民族文学之间的巨大差异。这种差异不仅贯穿于文学创作和作品，而且深深地贯注于民族的文学观念和理论之中。20 世纪 30 年代，海德格尔在与日本学者手冢富雄的一次对话中尖锐地质疑：“对东亚人来说，去追求欧洲的概念系统，这是否有必要，并且是否恰当。”因为他体会“美学这个名称及其内涵源出于欧洲思想，源出于哲学。所以，这种美学研究对东方思想来说终究是格格不入的”。在更根本的语言学角度上，“对东亚民族和欧洲民族来说，语言本质始终是完全不同的东西”。[②] 这进一步启示我们，西方文论的语言学转向，是以索绪尔的语言学研究为基础的，它所指引的西方文学理论以至美学的巨大变化以印欧语言的本质为根据。这里不排除一般方法论的意义，但根本而言，它的全部法则、概念、范畴不能简单适用于其他语言体系，尤其是以象形和表意为基础的汉语言系统。萨丕尔说：“每一种语言本身都是一种集体的表达艺术。其中隐藏着一些审美因素——语音的、节奏的、象征的、形态的——是不能和任何别的语言全部共有的。”他判定：“企图用拉丁、希腊的模子来铸造英语的诗，从来没有成功过。”汉民族语言，几千年的历史，丰富的文学经验，千古回响的传世绝唱，宏观指向字字珠玑，细微之处气象万千，绝非另一种语言能够比对。“艺术家必须利用自己本土语言的美的资源”，

---

① 克罗德·卢阿：《〈偷诗者〉引言》，麻艳萍译，载钱林森编《法国汉学家论中国文学——古典诗词》，外语教学与研究出版社，2007，第 399 页。

② 海德格尔：《在通向语言的途中》，孙周兴译，商务印书馆，2009，第 87、109 页。

这是萨丕尔的真诚劝诫。[①] 我们总是疑惑，西方语言学家、文学理论家、文艺批评家反复强调的东西方文明的差别，特别是其自身理论的有限性，这是借鉴和运用任何外来理论的基本前提，为什么没有被中国的引进者所重视？难道是没有读到，抑或是不愿意读到？

2. 伦理差异

东西方伦理传统的差别是明显的。这种差别深刻影响甚至左右了文学的演变和发展。古老的神话和传说表现了民族的伦理和道德，同时又反作用于它，为道德和伦理的习得与养成提供了最生动的载体和手段。原始的神话和传说对民族文学的影响同样是深刻的。某些神话和传说承载着混沌的原始意象，作为一种民族记忆，在民族文学的长河中潜动，自始至终。神话和传说也影响民族的审美取向，甚至决定着民族文学的接受和评价尺度。这就回到了我们的问题：立足于西方神话和传说的文学及其理论，会恰当贴合于其他民族的文学和批评吗？我们从有关人类起源的神话说起。

希腊神话从母子婚娶、众神弑父开始。两代神人持续弑父，成就了希腊神话故事的基本格局。古代希腊神话和传说开篇说道，天地之初，大地之神盖亚从混沌中诞生，自生了天神乌兰诺斯，乌兰诺斯反娶盖亚为妻，母子结合，繁衍后代，有了被统称为提坦神的群神家族。在这一家族中，母子结合而生的儿女形象恐怖狰狞，他们共同憎恨自己的父亲。父亲折磨母亲，幼子克罗诺斯受命于母，挥剑重伤生父，取代生父为新王。新王娶其亲姐为妻，生下宙斯，宙斯率领兄妹结成同盟，与生父征战 10 年，父亲被众儿女打入地狱，宙斯成为新王。这些故事在希腊神话和传说中不占有重要地位，后来的神话研究也少见深入的分析和论述。但是，恰恰是这些不为人重视的前神话（宙斯前的神话），传递了值得注意的信息。其一，母子结合或者说婚配，是众神及人类诞生的起始。混沌之初本无伦理，但作为神话能够被记录和流传，就证明这种婚配关系为希腊以至欧洲大陆诸民族所接受，没有在伦理认知上给予绝对的排斥，否则，不会产生和流传这样的神话。其二，在希腊初民的幻想中，两次类似弑父行为的记载和传播，证明了弑父、弑王是夺得统治权力的重要方式，它是政治，不是人伦，有

① 爱德华·萨丕尔：《语言论：言语研究导论》，陆卓元译，商务印书馆，2009，第 206、207、210 页。

其合理性。其三，从时间上判断，上述神话虽简单、原始，但相关传说在前，其他更复杂、更精致的同类传说在后，这就更加充分地证明，“娶母”“弑父”，作为分立、单独的行为，在民族心理上是可以容忍的，为以后更深入的发挥做好了准备。从时间上判断，乌兰诺斯娶母为妻，克罗诺斯弑父为王，宙斯率众兄妹将其父打入地狱，后来的俄狄浦斯弑父娶母，是一种当然的延续。与以前的故事相比，俄狄浦斯故事的关键是，把弑父和娶母这两件事情集中到一起，用一个确切的结果，表达民族神话中蕴藏的伦理倾向。它从根本上改变了先前传说的性质，由人类起源和王位争夺的想象，转向人伦是非的辨析，突出了伦理判断的目的性。这种变化表现在：其一，主人公弑父娶母的行为是神对其父作恶的惩罚；其二，主人公为摆脱神谕命运而极尽挣扎；其三，俄狄浦斯落难之后光荣赴死。这三方面的内容，既给予俄狄浦斯弑父娶母行为以充分的逻辑根据，又在情感上制造了强烈的悲剧气氛，引导人们得出一个结论，即俄狄浦斯是个好国王、好丈夫、好儿子，他弑父娶母的行为应该得到理解和同情，神话的承继与传播由此取得道德上的合理性。

俄狄浦斯的神话传说对西方文学影响深远。据弗洛伊德总结，有不同国家、不同时代的三位文学巨匠以此为主题，创作了戏剧或小说，令后人高山仰止。一部是索福克勒斯的希腊悲剧《俄狄浦斯王》，直接描写俄狄浦斯弑父娶母的故事，是此类作品的原始起点。一部是莎士比亚创作的悲剧《哈姆雷特》，我们只能说它被附会于这个神话，将过去被认为是写命运不可抗争的主题，附会成哈姆雷特因恋母情节作祟而行动迟疑的心理表现。一部是陀斯妥耶夫斯基的小说《卡拉马佐夫兄弟》，卡拉马佐夫的儿子弑父，是作者恋母情节的隐晦表达。[①] 就对这些作品的认识而言，我们不否认弗洛伊德另辟蹊径的视角和努力，但是，这种分析和推论并非普遍适用。

与西方文学相比，在这一问题上，中国文学有完全不同的面貌。我们可以从中国古代神话和古典文学作品中找到有力的证据，如中国古代关于伏羲、女娲兄妹结为夫妻创造人类的神话：

---

① 弗洛伊德：《陀思妥耶夫斯基与弑父者》，载车文博主编《弗洛伊德文集》第4卷，长春出版社，1998，第535～553页。

> 昔宇宙初开之时，有女娲兄妹二人，在昆仑山，而天下未有人民。议以为夫妻，又自羞耻。兄即与其妹上昆仑山，咒曰：“天若遣我二人为夫妻，而烟悉合；若不，使烟散。”于烟即合。其妹即来就兄，乃结草为扇，以障其面。今时取妇执扇，象其事也。①

这一神话不仅为多种汉语言史料所记载，而且仍广泛保存于中国西南苗、瑶、壮、布衣等多民族的口头传说之中。这些传说在细节上各有差异，但伏羲、女娲由兄妹结为夫妻，创造或再造人类的主题则是一致的。这是与希腊神话、传说的重大区别。在中国古代，兄弟娶姐妹为妻，尽管仍是血亲，且“又自羞耻”，但在伦理辨识上可以被接受。兄妹为夫妻造人补天能成为神话，并在各民族的传说中久远流传，本身就是证明。在婚配制度上，中国古代很早就禁止血亲兄妹通婚，但表兄妹，无论是堂表还是姨表兄妹通婚，则是一种普遍现象，表兄妹的通婚除了当事人相恋相亲以外，通常有两个原因：一是大家族的政治或经济目的，政治上为了结成更巩固的同盟，经济上为了财富为本家族所占有；二是氏族成员之间的信任和聚合，双方相互了解，甚至“青梅竹马”，从而“亲上加亲”。但是，在中华民族的神话和传说中，没有母子为夫妻的记载，没有母子乱伦的传说。在中华民族的意识中，母子、父女不可乱伦，更不可婚配，这是不可触碰的伦理底线。在初民的幻想中，无论怎样夸张，婚配关系最终止于兄妹，绝无可能为母子或父女。像西方神话那样将婚配变幻到母子，是绝对不可以接受的。在中国古代，可以为政权“弑父”，但不可以娶生母，更不可以为了娶母而弑父。在种种亲属群体中可能发生乱伦，但绝不可“恋父”“恋母”。这可以在中国古典名著中找到根据。

《红楼梦》是清代著名历史小说、社会小说、言情小说。在这部小说中，中国社会的万千人伦现象都有生动表达。它的表达基于历史和生活的真实，是作者对当时中国社会的深刻体验。关于性和人伦关系，生活中存在的，小说多有言及，梳理起来，大致可以分为两类。一类是正当的人伦关系。贾宝玉爱的是林黛玉，他们是姑表亲；薛宝钗嫁给了贾宝玉，他们

---

① 李冗：《独异志》（8）卷下，载袁珂编著《古神话选释》，人民文学出版社，1979，第45页。

是姨表亲。三方互为表兄姐妹。贾宝玉爱林黛玉是真情，薛宝钗嫁贾宝玉是利益。这种关系是正当的人伦关系，在中国封建社会甚为普遍。另一类为非正当关系。一种是封建社会所允许的所谓妻妾制，贾府中的贾赦、贾政以及贾琏、贾珍都有妻妾，有人甚至一妻多妾；一种是制度和伦理都不允许的关系，最典型的是贾珍与秦可卿的苟且，他们是公媳关系。此外如王熙凤与贾蓉的暧昧不清，他们是婶侄关系。对于前一类关系，即正当的表兄妹的恋爱婚姻关系，在神话传说和文学经典中都有记载以至颂唱。南宋诗人陆游的一首《钗头凤·红酥手》，为后人吟唱；当代小说家巴金《家》中的主人公觉新与梅表姐的爱情，令世人惋叹。至于那些归于乱伦的不正当关系，有些《红楼梦》里没有涉及，例如叔嫂不伦（如《水浒》中潘金莲企图勾引武松）、子与父妾不伦（如武则天嫁唐高宗李治）、子与后母不伦（如《雷雨》中的周萍与繁漪），等等，都是中国传统伦理道德所严厉禁止的。无论怎样严厉，此类事情总要发生，且历朝历代禁而不止。而在中国历史和当下，母子乱伦、父女乱伦，无论是民间神话传说，还是正典的文艺作品，都不会有此类记载和表述。罕见案例也许会有，但绝不会以传说和文学的形式进入阅读和写作。这也是底线，否则意味着对这种极端乱伦行为的容忍和妥协，意味着对中国伦理道德的最后颠覆。

我们回到对西方文论的认识上来。自弗洛伊德始，精神分析学派提出人类共有的“俄狄浦斯情结”，构造一套理论和方法，用于普遍的文艺理论研究和批评，其推广和应用的逻辑起点值得怀疑。东西方的伦理传统不同，立足于西方伦理传统的理论和批评并不适用于东方传统伦理影响下的文学经验。东方民族很难接受“俄狄浦斯情结”及其文学表达，个人的心理缺乏经验，民族的道德准则断然拒绝。汉语言民族的神话和传说、汉语言文学的景深，没有此类线索和轨迹。将根据西方神话和传说而生成的理论作为普遍适用的批评方法和模式，无限制地推广到所有民族的文学和批评，会生出极大的谬误。我们至少能够判断，以“恋母情节”为逻辑起点的精神分析方法不适用于中国的文学批评。用荣格的原型理论来分析，这一认识就更加清楚。荣格从神话以及他的病人的梦和幻想中发现了集体无意识。他认为集体无意识是人类自原始社会以来世世代代普遍性的心理经验的长期积累，其内容就是“原型”。原型作为潜在的无意识进入创作过程，在远古时代表现为神话，在各个时代转移为不同的艺术形象，并不断地以本源的形式反复出现在艺术作品与诗歌中。如果该理论有效，那么不同民族的不同神话会产生相同的集体无意识吗？如果自原始社会以来世世代代的普遍性心理经验有根本差异，那么它们经过长期积累会产生相同的内容吗？远古时代的神话形象不同，作为潜在的无意识进入创作，会有相同的结果和形象吗？道理很清楚，原型不同、本源不同、集体无意识不同，作为结果的文学当然不会相同。所以，汉语言民族的文学中没有弑父娶母的原型，更不要说反复出现。我们再用弗莱的文学是“移位的神话”（displaced myth）来阐明这一道理。就人类起源的猜测看，西方的神话是母子相交而生成，东方的神话是兄妹相配而繁衍。远古时期东西方神话互不交接，各自生长，作为神话移位的文学，必然有极大不同，以至根本性的差别。文学对神话的移位只能是本民族神话在文学中的移位，而不是跨民族的移位。吉尔伯特·默里的“种族记忆”说也可证明该判断。默里由《金枝》的启发而认为，某些故事和情景“深深地植入了种族的记忆之中，可以说是在我们的身体上打上了印记”[①]，所以，原始的神话和传说对文学产生血脉般的影响。中国社会有一种现象，青年男女相恋，许多以兄妹相称，尽管他们既不是表兄妹，更不是亲兄妹，但是，无数的民歌、情歌都称情哥哥、情妹妹，这能否从女娲伏羲的神话中找到“种族记忆”的线索？文学如此，依据西方文学史经验生成的理论和方法，更是如此。依据西方神话和传说生成的理论及方法，不可能无界限地适用于世界各民族文学的批评。

3. 审美差异

审美作为民族心理的重要组成部分，有着漫长的积累和演变过程。在此过程中，多种物质和文化元素参与其中，相互碰撞与融合，形成了各民族审美的独立特征，深刻影响文学艺术的创造和传播。民族审美心理的承继和演进，构造了民族审美的集体性倾向，这种倾向决定了民族的文学艺术呈现多向度的差别，决定了文学艺术产品的公众接受取向和评价标准。

民族审美心理和经验对文艺理论及批评的影响同样是深刻的。审美先于理论，理论服从审美，个体审美抽象升华为集体审美，集体审美决定理论走向，理论校正、归并个体审美。这是民族审美和理论的一般规律，背离这一规律，任何理论都难以行远。因此，西方文论对中国文学的有效性，

---

① 朱立元主编《当代西方文艺理论》，华东师范大学出版社，2005，第166页。

取决于民族审美经验的接受程度。这一判断可以通过对法国荒诞派戏剧和理论的分析得到证明。

尤奈斯库是法国荒诞派戏剧及理论的代表性人物，他的名作《秃头歌女》是荒诞派的奠基性作品。这部以反理性、反真实、反戏剧面目出现的荒诞剧，从内容到结构以至题目本身都荒诞到极点，可以作为分析的样本。确切地说，《秃头歌女》是没有剧情的。剧中人物和对话都是荒诞的表征，就像台上站着或坐着几个神经不甚健全的男女在妄自呓语。

> 马丁夫人　我能买把小折刀给我兄弟，可您没法把爱尔兰买下来给您祖父。
>
> 史密斯先生　人固然用脚走路，可用电、用煤取暖。
>
> 马丁先生　今天卖条牛，明天就有个蛋。
>
> 史密斯夫人　日子无聊就望大街。
>
> 马丁夫人　人坐椅子，椅子坐谁?
>
> 史密斯夫人　三思而后行。
>
> 马丁先生　上有天花板，下有地板。
>
> 史密斯夫人　我说的话别当真。
>
> 马丁夫人　人各有命。
>
> 史密斯先生　你摸我摸，摸摸就走样。
>
> 史密斯夫人　老师教孩子识字，母猫给小猫喂奶。
>
> 马丁夫人　母牛就朝我们拉屎。①

从头到尾没有情节可言。如此对话，没有表情和声调，翻来覆去地重复；没有确指，更无逻辑；自说自话，互不搭界；几个人物场上场下随意转动，对话的夫妻之间互不相识。布景里有个英国式的大钟，不按时报点，一会儿十下，一会儿三下，表现得神秘鬼祟。

结构也是荒诞的。一个独幕剧，各场之间没有联系，前后颠倒也不会有太大影响。人物出场谁先谁后，台词多一句少一句，怎样开头和结尾，

---

① 尤奈斯库：《秃头歌女》，载黄晋凯主编《荒诞派戏剧》，中国人民大学出版社，1996，第331页。

全无道理。例如结尾，剧作家的原本设想是，两对夫妇争吵以后，舞台空出，无人，无物，无声。藏在观众里的临时演员假装起哄，经理和警察上场。警察用机关枪扫射观众，经理和警长欢颜相庆。这样荒诞无比的结尾是不是有什么哲学、美学、戏剧学上的考量？对此没有资料可证。但有记载的是，剧作家认为如此结尾费用会很高，简单一些可以省钱。于是改成现在的样子，就是一切从头再来，马丁夫妇在台上重复史密斯夫妇开幕时的台词，好像是意味深长的循环往复。

甚至戏剧名称的产生都充满离奇荒诞色彩。剧中从头到尾根本没有“秃头歌女”这个角色。该剧原本打算题为《英国时间》或《速成英语》，只是因为在排练时，那位饰演消防队长的雅克先生不很敬业，错把“金发女郎”念成“秃头歌女”，在场的尤奈斯库大喜过望，认定这个提法当作题目更能表达他的意思，于是“秃头歌女”这四个字便保留了下来。

尤奈斯库对传统戏剧理念的颠覆，关键是对故事性和情节性的消解和拒斥，用荒诞的手法极大地挑战了人们对“戏剧”本身及其核心要素的界定，重新建构起另一种戏剧。凭借引人入胜的故事和环环相扣的情节支撑起来的传统戏剧，在尤奈斯库看来低级拙劣。他曾强烈表达对传统戏剧的不满甚至厌恶，认为希腊悲剧和莎士比亚的戏剧不具备戏剧特点，“高乃依使我感到厌烦”，“席勒对我来说，是不能忍受的”，“小仲马的《茶花女》充满了一种可笑的感伤”，“易卜生呢？滞重；斯特兰贝格呢？笨拙”。对传统戏剧倚重的情节，尤奈斯库更是不以为然，“情节，在我看来是任意安排的。我觉得整个戏剧，都有某种虚假的东西”。[①] 只有像荒诞派那样消灭情节、不可理喻的戏剧，尤奈斯库认为才是真实的，而且是一种“超现实的真实”。

尤奈斯库用荒诞不经的理论标尺丈量西方传统戏剧经典，所得结论尽管偏激——事实上，那些伟大的剧作家和作品，因为动人的故事和跌宕的情节，以及艺术家精湛的表演，仍被全世界的民众所喜爱，充满生命地活跃在舞台上，历经千百年而不衰，但必须承认，尤奈斯库及其荒诞派戏剧理论的探索是有意义的，他对西方社会的剖析和批判显示了卓越的见识和

---

① 尤奈斯库：《戏剧经验谈》，载黄晋凯主编《荒诞派戏剧》，中国人民大学出版社，1996，第 39、45、46 页。

锐利的锋芒。荒诞派戏剧之所以能在西方产生，并在戏剧舞台风行几十年，受到各方面的称赞欣赏，证明它的存在是有道理的，更证明它反语言、反理性的极端立场在民众审美层面具备一定的接受基础。否则，不会有荒诞派戏剧的出现，即使出现也不会被接受，遑论流传下来。

类似于荒诞派理论所主张的非理性、无情节等，在中国的审美传统中则很难被接受。对故事和情节的天然亲近感深深融入中华民族的文化基因。一般认为，中国是诗的国度，抒情传统发达，叙事传统薄弱。这一说法有一定道理。但只要细加考察就会发现，中国古典文学在抒情传统之下，同时并行着坚实而绵延的叙事传统。“诗缘情而绮靡”，但落实到操作层面，“情”往往“倚事”而发，倚事抒情，无事不情。这是中华民族传统审美取向规约而成的表达习惯。因此，自《诗经》以降，几千年的中国文学史，小说、散文、戏剧等先天具备叙事色彩的文体自不必说，就是诗歌这一抒情为主的文体，也往往具有故事化、情节化的特点。哪怕是一首小小的抒情诗，也要讲故事、拟情节，以叙事表情写意。没有情节的文学作品，在丰富多彩的中国文学史上很难留下痕迹。民族的集体审美落实于作品的情节及其安排，这种心理世代传承，形成巨大的审美惯性，决定作品的接受和影响程度。我们不妨举一首小词为例：

胡马，胡马，远放燕支山下。跑沙跑雪独嘶，东望西望路迷。迷路，迷路，边草无穷日暮。[①]

这是中唐诗人韦应物的一首重在抒情的小令，以《调笑令》为牌，集中表达了主人公孤独而迷茫的意绪，凝聚和传递着无限凄迷而又于心不甘的寂寥。这首词的艺术和美学含量丰富，凭借线条、色彩、音响的重叠交织，把词这一文体的独特魅力发挥到极致。更重要的是，它用短短 32 个字，虚构了一个故事，拟设了一组情节。一匹被放逐的孤马，盘桓于大漠边塞的沙雪之上，没有同伴，去路难寻，掩没在苍茫草原上同样苍茫的落日之中。用情节延宕故事，用叙事统领抒情，抒情寄托于叙事，由事而情。

---

① 韦应物：《调啸词二首·其一》，载《韦应物集校注》，陶敏、王友胜校注，上海古籍出版社，1998，第 596 页。

这首小令的叙事要素完备。它的时间、地点、人物非常清楚：早春的黄昏，燕支山下的大漠，失意寂寥的孤马；它的动作、声响、情绪交融于一体：寻觅的奔跑，不平的嘶叫，无路可去的迷茫；它有结局：困顿于此，与边草日暮为伴。

叙述者的身份颇有意味，叙事主体在场与不在场，造成了故事的几重悬念。第一，诗人就是主人公，拟化为马，在场直接叙述。事业上的失落和失意，情绪上的惶惑和不平，几番挣扎，依然空荡无凭，边草暮日投射一抹悲壮色彩，叙事者主观意图明显。第二，诗人是主人公，但不在场，他规定故事主人公的一切动作和企图，全方位地展开叙述。迷失方向，在忧虑和不甘中多方奔突，没有结果，不见希望，主人公消解于无边草莽的苍凉之中。叙事者隐身于场外，客观描述色彩浓厚。第三，他既不是主人公，又不在场，完全叙述一个他者的故事。无助也好，独嘶也好，大漠落日只是个背景，冷静、客观、无情无意，最终感受由受者自主推进，与作者无关。这种叙事方式给我们多重阅读期待。诗人究竟是什么身份？为什么要创作这首词？为什么要这样写？对此尽可任意猜想：他是戍边大漠的孤独将士，因思乡难归而郁闷；他是流放边塞的失意文人，因怨谤受贬而不甘；抑或他就是一多情善感的有闲人，一种传说、一个眼神，甚至是半阶音响，激起他心底丰饶的诗意。

应该说，这首小令并非唐宋词中的极品，我们只是解读它叙事抒情的意图和技巧。此类表达在中国古代诗词中俯拾皆是："儿童相见不相识，笑问客从何处来"，将"少小离家老大回"的五味杂陈推演为问答；"马上相逢无纸笔，凭君传语报平安"，将"故园东望路漫漫"的伤感演绎于对话；"今宵剩把银釭照，犹恐相逢在梦中"，把刻骨相思索隐成动作；"松下问童子，言师采药去，只在此山中，云深不知处"，简直是对话式的短篇小说。重故事，重情节，欲抒情而叙事，依叙事而抒情，已经积淀为民族诗学的基本法则，体现了民族审美取向的基本特征。美总是具体的。寓道理和情感于故事和情节之中是美的，叙事者和感受者融为一体的视角是美的，将虚幻无形的体验物化为实在和有形的具象是美的。形而下地表达形而上的道，是民族审美的追求。用这一标准衡量，符合它的就易于被接受，背离它的就要被疏离，任何理论、任何作品，恐怕难有例外。

从一定意义上说，西方的文学艺术是西方审美传统的凝炼和外化，西方的文艺理论反过来又体现和强化着这种审美传统，从而在总体上形成了互相契合的整体。中华民族积淀和遵从的审美传统，无论宏观取向还是微观特征，与之有千差万别。罔顾这一事实，对西方文艺理论横加移植，结果只能是既与审美传统主导下的文艺创作有隔，又与中华民族在审美传统支配下的接受规律相违。理论由此成为无效的理论。

三　中国文论建设的基点

对西方文论的辨析和检省，无论是指出其局限和问题，还是申明它与中国文化之间的错位，最后都必须立足于中国文论自身的建设。明确了这一点，接下来的问题就是，当代西方文论为中国的文论建设提供了哪些镜鉴？我们应从中吸取哪些经验和教训？在世界文论频繁的范式转换中，中国文论如何自处？这是我们当前迫切需要解决的问题。

1. 全方位回归中国文学实践

中国的文论建设，必须从中国文学实践出发。提出这一命题，可能遇到如下质疑：为什么要从中国文学实践出发？实践之于理论，是必须的前提和条件吗？文学理论究竟应从哪里来？这是文学理论的一个基本原点问题。这一问题解决不好，文学理论的发展必然从根本上走向偏误。

之所以出现这样的疑问，是因为近一个世纪以来文学理论的发展，尤其是当代西方文学理论的发展，似乎越来越有力地证明，文学理论的来源未必就是文学实践。佛克马、易布思就曾明确表达过这种观点："弗洛伊德的心理学对心理分析学派的文学批评理论无疑产生过影响。马克思文学批评理论与特定的政治学和社会学观点纠结在一起。格式塔心理学派对于人们探讨一种文学系统或结构肯定具有启发的作用。俄国形式主义不仅受惠于未来主义，而且也受惠于语言学的新发展。有些文学理论派别与文学创作的新潮流更接近一些，有些则直接由于学术和社会方面的最新进展，还有一些处于两者之间。仅将现有各种不同的文学理论派别的产生原因，给予一种概括性的解释，是没有多大裨益的。"① 他们拒绝承认文学理论是"一种概括性的解释"，实际上是认为，文学理论的来源未必是文学实践。

① 佛克马、易布思：《二十世纪文学理论》，林书武等译，三联书店，1988，第2页。

这一结论犯了一个基本的逻辑错误，即混淆了“实然”和“应然”的关系。两位学者在上文中所描述的现象是真实存在的。20 世纪以来的西方文学理论，确实越来越多地“受惠于”包括心理学、语言学、人类学等其他学科的理论创造。但是，仅凭这些并不足以证明文学理论可以甚至应该离开文学实践。

从文学发生学的角度来说，总是先有文学，后有文学理论。这一点举世皆然。没有文学的产生和存在，也就不可能有文学理论的出现。可以肯定地说，如果没有古希腊悲剧的繁荣发展，就不会有亚里士多德的《诗学》；没有莎士比亚的戏剧探索和 1767 年汉堡民族剧院的 52 场演出，历史上也不会留下莱辛的《汉堡剧评》；同样，没有现实主义、浪漫主义、象征主义的创作潮流，也不会诞生相应的文学理论思潮。文学理论来自文学实践，并以走向文学实践为旨归，这是一切文学理论合法性的逻辑起点。

文学理论是关于文学的理论，本质上是对某一特定时期文学实践的经验总结和规律梳理。其中最重要的，是文学理论对文学创作取材、构思、技法以及对文学作品审美风格、形式构成、语言特质的理论归纳和概括。在总结和梳理过程中，理论的应有之义还包括“问题域”的拓展和思维方式的切换。例如，在文学实践环节，“文学是什么”这类“元问题”，不是创作者或接受者需要思考的问题，而文学理论一旦出现，类似问题就成为无法绕过的核心问题。答案从哪里来？——来自实践。理论家要想给出一个令人信服的回答，必须以实践为对象，认真梳理、仔细甄别。例如，在西方有人将文学的本质界定为“摹仿”。无论这种“摹仿”指的是对自然的摹仿，还是对“理式”的摹仿，得出这一结论的前提，无一不是对文学实践的理解、把握，以及在此基础上对文学与自然、与“理式”之间关联的考察。理论的编码体系，是把感性的、直接的、朴素的经验理性化、一般化。经此演练后，文学实践的影子可能已经淡化，甚至荡然无存，但文学理论最原始的出发点依然在文学实践，否则就难以被称为文学理论。

当代西方文论中的某些思潮流派，直接“征用”其他学科的现成理论，不但不能证明文学理论可以越过文学实践，反而暴露了其自身存在的致命缺陷。我们提出这样的论断，并不意味着文学理论要自我封闭，打造学科壁垒。在当下的学术研究中，无论是自然科学还是人文社会科学，学科间的碰撞和融合已成为重要趋势，在相当程度上推动了学术研究的进步。但这种学科间的碰撞和融合，只能是研究方法和思维方式的启迪，而不能是理论成果的简单翻版，落实到文学理论也是如此。然而，实际的情况却是，包括弗洛伊德、索绪尔、哈贝马斯、德里达、福柯、赛义德、列维-斯特劳斯等在内，以及文化研究兴起后暴得大名的一大批学者，都被归置在文学理论家的行列，相关理论也被当作文学理论。事实上，这些学者及其思想为文学理论提供的仅仅是一种观念启迪或思维工具。正如乔纳森·卡勒所言，“这种意义上的理论已经不是一套为文学研究而设的方法，而是一系列没有界限的、评说天下万物的著作，从哲学殿堂里学术性最强的问题到人们以不断变化的方法评说和思考的身体问题，无所不容”。[①] 当代西方文论因为有这些思想资源，就省略和放弃了对文学实践的爬梳，其结果是，文学理论无关文学、没有文学，或者文学只是充当了理论的佐证工具，其学科特性受到了前所未有的削弱，成了凌空蹈虚的“空心理论”。有西方学者甚至由此对文学理论本身产生了怀疑，认为“事实上并没有什么下述意义上的‘文学理论’，亦即，某种仅仅源于文学并仅仅适用于文学的独立理论”。[②] 这是近年来西方文论饱受质疑的重要原因之一。正如有学者所言，文学理论的初衷“是试图从自身外围的学术领域中来获得启发、寻找出路，结果却邯郸学步，丢掉了自身”。[③]

文学理论在生成过程中接受其他学科研究方法、研究思路的启迪和影响，这无可厚非，不应排斥，但其前提和基础一定是对文学实践的认真研习和深刻把握。缺少了这一点，一切文学理论都是没有生命力的。

中国当代文学理论建构始终没有解决好与文学实践的关系问题。与西方情况稍有不同的是，西方文学理论脱离实践，源自对其他学科理论的直接“征用”，中国文学理论的问题则源自对外来理论的生硬“套用”，理论和实践处于倒置状态。20 世纪 50 年代，苏联的文学理论以体系化的整体形式被平移到中国，迅速居于主导地位。它所确立的“现实—本质—反映”的理论框架，成为中国文学理论建构的宏观前提。季摩菲耶夫的《文学原

---

① 乔纳森·卡勒：《文学理论入门》，李平译，译林出版社，2013，第 4 页。

② 特里·伊格尔顿：《二十世纪西方文学理论》，伍晓明译，北京大学出版社，2007，第二版序言。

③ 姚文放：《从文学理论到理论——晚近文学理论变局的深层机理探究》，《文学评论》2009 年第 2 期。

理》、毕达可夫的《文艺学引论》等苏联教材成为中国文学理论的直接思想来源。这种状况一直持续了30年。进入新时期后，文学理论风向陡转，苏联的文学理论迅速被西方文学理论刷新和覆盖。遗憾的是，这种变化只是理论引渡空间的转移，理论的诞生方式依然如故。

当前中国文学理论建设最迫切、最根本的任务，是重新校正长期以来被颠倒的理论和实践的关系，抛弃对一切外来先验理论的过分倚重，让学术兴奋点由对西方理论的追逐回到对实践的梳理，让理论的来路重归文学实践。

这种回归必须是全方位的回归。文学实践是一个复杂的有机系统，由创作、文本、接受等若干环节组成。回归中国文学实践，就是要把中国文学理论的建构基点定位在中国文学的现实上，系统研究中国文学创作、文本、接受规律，在此基础上形成有中国特色的文学理论体系。例如，东西方作家各自依托的文化母体不同，思维方式也有差异，那么，中国作家的创作在选题、运思、表达上有什么独特性？又如，在文学接受层面，“期待视域”是姚斯接受美学的核心概念，按照这一概念的意涵，“一部文学作品，即便它以崭新面目出现，也不可能在信息真空中以绝对新的姿态展示自身”,① 必然受到既往审美体验和生活经验的左右和限制。不同接受主体存在个体差异，但中华民族作为一个文化共同体，必然存在通约性。这种通约性是什么？这需要通过对中国文学接受实践进行认真考察后方能得出。

中国文学理论建设全方位回归中国文学实践，有一点不可或缺，也至关重要。那就是以文本为依托的个案考察。这是建构中国特色文学理论体系最切实有效的抓手，也是最具操作性的突破点。以诗学理论为例。要想准确把握中国当代诗歌的意象设置特征、诗性营构技巧、语言运用规律，基本路径是，将大量当代诗歌汇集在一起，选取一定数量有代表性的诗作，逐一进行文本细读。一行一行地品读，一个意象一个意象地分析，一个字一个字地推敲，千百首诗歌完成后，中国当代诗歌的基本特征就自然呈现。具备了这一扎实的基础后，再进行由个别到一般、由特殊到普遍、由具象到抽象的归纳演绎，使之系统化、理论化。这才是中国诗学及中国文学理

---

① 姚斯：《走向接受美学》，载H. R. 姚斯、R. C. 霍拉勃《接受美学与接受理论》，周宁、金元浦译，辽宁人民出版社，1987，第29页。

论应有的生成路径。与西方现成理论的直接引进相比，这种理论建构方式或许要艰难、迟缓得多，甚至略显笨拙，但却是最有效、最坚实、最经得住历史考验的理论。更重要的是，这样的文学理论才能是中国的文学理论。

这并不是要重蹈西方文本中心主义的老路，也与英美新批评所倡导的细读法批评存在本质差异。西方文论中的文本中心主义以及由此催生出的文本细读，其逻辑前提是将文本视为独立自足的封闭体系，无视甚至否认作者、读者以及时代环境等外部因素对文本产生的规约和影响。布鲁克斯甚至认为只有文本研究才是文学批评。我们倡导的文本细读，并不以狭隘的文本观为基础。文本只是整个文学实践活动中的一个重要环节，其生成和定型受到各种复杂因素的影响和制约。文本在文学理论建构中只是依托，而不是全部；文本细读也只是所有理论建构行为的第一步，而不是终点。在文本细读中归纳概括出的结论，要放置在文学实践的有机系统中进行综合考量，由此探寻进一步的规律、奥秘。

由具体到抽象，再从抽象走向具体，这是理论运行的基本方式。是否以文学实践为出发点，不但决定着理论的前提是否正确、恰切，以及理论本身的形态和合理性，还直接关系到抽象的理论能否再一次走向具体、指导实践，也即理论的有效性问题。这是由理论内部的逻辑自洽规律决定的。可以说，从中国文学实践出发，是所有中国文学理论建构的核心和关键。

2. 坚持民族化方向

文学理论有没有民族性，文学理论建设是否需要坚持民族化方向？近年来，国内学界对此问题的讨论并不充分，认识上也混沌模糊。要么躲躲闪闪，避而不谈；要么折中处理，底气不足。而对西方文论的大肆追捧和直接移植，事实上暗含了这一判断：文学理论没有民族边界，具有放之四海而皆准的普适性。基于此种认识，在近些年的中国文学理论建设中，对民族性的热情渐渐让位于对普适性的追求。

文学理论以文学为研究对象，文学理论的民族性很大程度上由文学的民族性传递而来。

任何一个国家或民族的文学创造，都是其历史记忆、风俗传统、审美习惯或直接或间接的发散，不可避免地打上鲜明的民族文化烙痕。每个人都生活在民族文化传统织就的巨大场域之中，作家也不例外。在文学创作中，这种积淀在作家意识深处的文化基因，无论本人情愿与否，都会不可遏止地灌注在作品的肌理之中。题材的偏好、主题的设定、气质的凸现、韵味的生成等，每个方面都包含着丰富的民族精神信息。

有一种观点认为，文学的民族性只存在于前现代社会的封闭形态中，如今，全球化时代已经到来，各民族之间的交流、碰撞、互融成为常态，在世界一体化格局中，文学的民族性不复存在，取而代之的是“世界的文学”。常见的举证是马克思和恩格斯在《共产党宣言》中的一句话：“民族的片面性和局限性日益成为不可能，于是由许多种民族的和地方的文学形成了一种世界的文学。”我们认为，将这句话作为否定文学民族性的根据，有断章取义之嫌。为了清晰完整地还原马克思和恩格斯“世界的文学”之本义，不妨将该段原文照录于此：

> 资产阶级，由于开拓了世界市场，使一切国家的生产和消费都成为世界性的了。……旧的、靠本国产品来满足的需要，被新的、要靠极其遥远的国家和地带的产品来满足的需要所代替了。过去那种地方的和民族的自给自足和闭关自守状态，被各民族的各方面的互相往来和各方面的互相依赖所代替了。物质的生产是如此，精神的生产也是如此。各民族的精神产品成了公共的财产。民族的片面性和局限性日益成为不可能，于是由许多种民族的和地方的文学形成了一种世界的文学。①

要准确理解“世界的文学”，如下几个关键点须引起注意：其一，在这里，马克思和恩格斯是在以批判的立场，分析和预言资本主义如何实现对世界的经济主宰，以及在此基础上的文化占领，而并不是对未来理想世界的预言和想象。其二，这里所说的“文学”，与我们今天使用的“文学”有本质不同。德文“Literatur”一词泛指包括科学、哲学、宗教、艺术等一切书写的著作和文本，实际上是指一切精神生产的产品和文化。因此，“不能简单地狭义地套用马克思和恩格斯这个论断，而应该理所当然地在作为精神生产的共同性和一般意义上来理解马克思和恩格斯对‘世界的文学’的

① 《马克思恩格斯选集》第1卷，人民出版社，2012，第404页。

论述"[①]。其三，"民族的片面性和局限性"不等于民族性。联系上文，马克思和恩格斯先阐述的是物质生产的世界性，指出"过去那种地方的和民族的自给自足和闭关自守状态"，已经被世界范围内的往来和交换所取代，重在强调地方性和民族内部的"小循环"发展成为一种世界性的"大循环"。精神的生产与之相同。所以，这里"民族的片面性和局限性"，应指精神生产的自给自足、闭关自守状态，而非精神产品的民族性。其四，所谓"世界的文学"，是由"许多种民族的和地方的文学"形成的。也就是说，作为"世界的文学"的汇集要素，"民族的和地方的文学"属于自身的一些特征还存在，包括民族性特征。

的确，信息化和全球化的裹挟，会在一定程度上对一个国家或民族的文化传统造成冲击和影响，但这并不意味着文学民族性的丧失。首先，一个民族文化传统的生成，经过了长期的凝炼、沉淀、塑形，具有稳定性，并不像想象的那样脆弱。其次，即便这种文化传统被另一种更强势的力量完全瓦解或同化，其结果也只是一种文化传统对另一种文化传统的替代，文学的民族性依然存在。

文学实践活动的展开和文学理论的生产，都生发于同一个文化母体，氤氲其中，受其影响。从这个意义上说，文学理论的民族性也是一个国家或民族特有的文化传统、思维定势和审美惯性作用的结果。

很长时间以来，一直存在这一否定文学理论民族性的辩解："文艺理论是一门严肃的探究真理的科学，而科学是没有国界的。"[②] 文学理论究竟应被称为"科学"还是"学科"，学界争讼已久。从近年来文学理论的发展来看，多数学者倾向于"科学"称谓。将文学理论归为"科学"，事实上包含了对历史上文学理论主观化、随意性的抵制，具有积极意义。对此，也有学者持不同意见，如韦勒克就有所保留。他说："文学研究，如果称为科学不太确切的话，也应该说是一门知识或学问。"[③] 实际上，文学理论是不是"科学"，这或许并不是一个十分重要的问题，关键是我们对"科学"这一

① 陆贵山、周忠厚编著《马克思主义文艺论著选讲》，中国人民大学出版社，2011，第146页。

② 金惠敏：《马克思主义文艺理论民族化异议》，《文学自由谈》1986年第1期。

③ 勒内·韦勒克、奥斯汀·沃伦：《文学理论》，刘象愚等译，江苏教育出版社，2005，第3页。

概念本身如何理解和界定。即便我们将文学理论视为科学，也应意识到它与自然科学存在本质不同。

这种不同体现在，自然科学理论主要行使的是“发现”的职能，即通过科学的手段和反复的研究达到对世界的深层认知，或者说是对世界的某种规律和机制的把握。这种规律和机制是客观的，不以人的意志为转移，也不随社会历史条件的变化而变化。所以，自然科学是没有国界、没有民族性的。一旦人类掌握了这种客观规律，不但可以解释自然界的各种现象，还可以超越已知预测未知。[①] 而包括文学理论在内的人文科学与此不同。我们承认，人文科学领域也有规律的存在。例如，在中国诗歌发展过程中，诗人们渐渐发现，如果按照一定的句式排列、满足一定的韵律，诗歌吟诵起来就朗朗上口，易于传播，由此出现了相关诗学理论。但是，这类规律不是超越时空的绝对存在，其形成建立在当时汉语言的构词特征、发音特征，以及人们长期以来形成的审美接受习惯的基础之上。而语言是不断变化的，人们的审美接受习惯也不是恒定不变的，所以，与之相对应的规律随之处于动态之中。这种规律若放置在另一套语言体系上，或移植到另一种审美传统中，可能是无效的。人文科学领域中的许多事实，如文学创作，掺杂了很多主观性、历史性因素，很难用一套绝对的规律把握，必须充分考虑其有限性，即其发生和成立的因素、条件、语境等诸多限制。以自然科学的普适性否定文学理论的民族性，是对人文科学独特性的抹煞。

与上述对文学理论民族性的否定同时存在的，还有另一种观点：承认文学理论的民族差异，但拒绝文学理论建设的民族化方向，认为未来的文学理论建设，应过滤掉民族差异性，探求适用于所有文学的共同本质、原理、规律，从而建构起一套具有普适价值的“世界性的文学理论”。刘若愚的《中国文学理论》就存在这一理论冲动。在“导论”中，作者坦言，写作该书的终极目的，“在于提出渊源悠久而大体上独立发展的中国批评思想传统的各种文学理论，使它们能够与来自其他传统的理论比较，从而有助于达到一个最后可能的世界性的文学理论（an eventual universal theory of literature）”。[②] 这种颇具折中主义意味的理论设想似有一定道理，但稍加追

① 众所周知的例子是，1869 年，门捷列夫发现了化学元素周期律，并根据这一规律预言了当时不曾发现的三种新元素。其后不久，三种元素相继被发现，预言被证实。

② 刘若愚：《中国文学理论》，杜国清译，江苏教育出版社，2006，第 3 页。

问就会发现，这同样是一厢情愿的幻想。

实际上，这一设想人为地将文学理论进行了分层化处理，目的是区分出“哪些特征是所有文学所共同具有的，哪些特征是限于以某些语言所写以及某些文化所产生的，而哪些特征是某一特殊文学所独有的”。持类似观点者多倾向于认为，基于实际文学作品或距离文学实践活动较近的那部分文学理论，如作品构成论中的语言、类型、风格、叙事策略、抒情手法等具有民族性，一般不可通约，而本体论层面的原理、本质、规律，各民族之间是相通的，因此是普适的。这种观念的可疑之处在于：首先，对文学理论而言，是否存在这种泾渭分明的层级架构？换言之，关于文学的所谓本质、原理、规律，与文学实践、与其他具体文学理论之间有无关联？难道它们不是出自对文学实践的梳理和提升，而是另有来路？如果同样来自文学实践，为什么偏偏它们没有民族特性？其次，对文学而言，是否存在一套固定的、唯一的本质、原理、规律？我们并不认同后现代主义的“反本质主义”提法。本质是存在的，只是事物的本质总是随着时空条件的发展变化而发展变化。文学理论是关于文学的一种历史性、地方性（民族性）知识建构，不存在凌驾于历史和民族之上的终极本质。正是由于这一原因，近年来文学研究的理路发生了深刻的变化。传统的文学理论惯于追问“文学到底是什么”，今天，理论家更倾向于追问“到底哪些因素促使我们作出了这样的论断”。事实上，在刘若愚“宏大”的理论抱负中，他本人也始终处于矛盾的心态，一方面踌躇满志地要创建“世界性的文学理论”，另一方面又不得不承认这是一种“遥远而且被认为不可达到的目标”。①

正视文艺理论的民族性，坚持民族化方向，这是中国未来文艺理论建设必须遵循的原则。落实到具体实践层面，一是要回到中国语境，二是要充分吸纳中国传统文论遗产。中国语境，包括中国特有的历史文化、鲜活的现实经验，是中国文艺理论滋长的天然土壤，不可疏离，不可替代。中华民族5000年的历史文化，是中国文艺理论最丰实的精神给养，也是永远摆脱不了的文化脐带。而当代中国在文学艺术领域积累的大量经验，正有待文艺理论的整理、提升。同时，还要对中国传统文论遗产进行价值重估和精神接续。这并不是要把中国传统文论原封不动地翻检出来，不加改造

① 刘若愚：《中国文学理论》，江苏教育出版社，2006，第3、4页。

地重新启用。中国传统文论面对的是古典文本，提炼归纳的是彼时彼地的文学经验。时代变了，语境变了，中国文学的表现方式也变了，甚至汉语言本身也发生了巨大的历史变异。在此情势下，用中国古典文论套用今天的文学实践，其荒谬不逊于对西方文论的生搬硬套。我们所说的吸纳传统，指的是要从更根本、更宏观，即思维和方法的意义上，吸收古典文论的正面经验。唯有如此，中国未来的文艺理论所发出的，才是中国的声音。

3. 外部研究与内部研究的辩证统一

在韦勒克、沃伦的著作《文学理论》中，文学研究第一次被区分为“外部研究”和“内部研究”。按照这种说法，20 世纪以来的当代西方文艺理论，经历了从“外部研究”到“内部研究”，最后又返回到“外部研究”的复杂过程。当代西方文论一个世纪以来的探索和演进，对中国的文艺理论建设当不乏启示意义。

在 19 世纪和 20 世纪初期，以作者为中心的外部研究是文学理论的主要范式。浪漫主义、现实主义和实证主义作为 19 世纪占主流地位的理论思潮，尽管在观念上彼此存在诸多差异，但都以作家研究为重点。浪漫主义文论所格外看重的主体性、重情主义和表现理论，无一不指向创作主体。现实主义文论亦如此，强调作家要真实地再现社会生活，以理性眼光和批判精神塑造典型环境和典型人物。实证主义则更注重作家的种族、时代、环境及生平经历的研究，使之与作品形成印证关系。20 世纪初，当代西方文论仍承袭这一路向。象征主义、意象派和表现主义文论自不必说，在理念上有重大突破的精神分析批评和意识流文论，尽管其理论已经清晰呈现出 20 世纪文论的非理性主义和人本主义哲学取向，表现出与此前文论明显的断裂痕迹，但其研究重点没有发生位移。

以俄国形式主义为发端，当代西方文论的研究理路开始发生重大变化。包括作家研究在内的外部研究逐渐受到质疑乃至最后被摒弃，以文本为中心的内部研究日益受到重视并成为时尚。形式主义之后，语义学和新批评派声名鹊起，至此，抛开一切外部因素，以文本为本，执着于在文本内部搜寻文学规律，成为文论研究的主流。到了结构主义，之前西方文论家一直津津乐道的作者中心被颠覆，“作者死了”成为结构主义者最响亮的口号。在这一时期的西方文艺理论家眼中，只有文本，别无其他。内部研究由此风行西方数十年，可谓声势浩大。

20世纪六七十年代，情况再次发生变化，名噪一时的内部研究式微，西方文论又一次回到外部研究的轨道上。但这次回归不再是回到作者中心，而是走向读者中心，研究重点落在文学作品的接受问题上。解释学和接受理论就是这种理论转向的产物。当代西方文论这次向外部研究的回归走向了更加开放的"外部"，即文化研究的兴起。它与传统文论的外部研究不同之处在于，后者的研究视野虽徘徊于文本外部，但其指向在文本，文化研究则走向了与文学文本关系更为遥远和脆弱的"泛文化"领域，比如对大众文化、流行文化、文化工业甚至日常服饰、生活方式、身体政治的关注和研究。

那么，如何看待西方文论这100多年的轮转？中国的文艺理论建设应从中汲取怎样的经验和教训？

必须承认，西方文论从外部研究到内部研究的历史切换有不容否定的积极意义。美国当代学者M. H. 艾布拉姆斯在《镜与灯——浪漫主义文论及批评传统》一书中曾提出文学四要素的观点。他认为，文学作为一种活动，总是由世界、作家、作品、读者等四个要素构成。四个要素中的核心是作品，即文本。没有文本，作家不成其为作家，读者的阅读行为也无法展开。在文学活动的链条中，正是文本将其他三个要素勾连起来成为整体。此外，文学理论既然以总结、提炼文学规律为要务，对文学文本奥秘的揭示就应成为文学研究合情合理的主要任务。但是，传统的外部研究始终没有进入文本内部，"过分地关注文学的背景，对于作品本身的分析极不重视，反而把大量的精力消耗在对环境及背景的研究上"[①]。在这种情况下，内部研究的出现具有积极意义。把文学研究的重点从社会学意义上的因果印证拉回文本，一定程度上就是让文学研究回归文学。深入到文本肌理内部，通过微观、具体的文本细读，梳理和把握文学作品的形式特征、叙事特征、语词特征、修辞特征、结构特征等，对把握文学自身规律、找到文学之为文学的根本要义不可或缺。

但是，内部研究只局限于文本，一叶障目，不见泰山，最终必然陷入困境。当代西方文论所有的内部研究，本质上都是一种"文学技术学"的

① 勒内·韦勒克、奥斯汀·沃伦：《文学理论》，刘象愚等译，江苏教育出版社，2005，第155页。

研究，只从技术操作层面分析阐释，寻找规律。形式主义执着于形式技巧；叙事学归纳总结的是文学叙事的一般模式；结构主义则从索绪尔的结构语言学出发，探寻文学作品作为有机整体呈现出的表层和深层结构特征，把文学文本当作封闭的自足体，乃至一堆无生命的普通物件，运用物理学的办法，挥动解剖刀，从材料到质地到结构一一拆解，以为如此便能窥探到文学的真正奥秘。这种研究思路虽因迎合了自然科学的治学理路而得到不同程度的支持，但其致命的缺陷在于，无法从"意义"层面对文学作品作出解释。而意义，即情感和思想，是文学作品的灵魂。任何文学作品，其意义获取都是由作者完成的，至多在读者接受中进一步添加，仅仅通过语词或形式进行一定规律的组合，并不能生成各不相同的意义。又如，内部研究一直认为，文学是一个封闭自足的体系，它发展演进的动力源于自身。那么，如何解释以下现象：如果没有现实的种种不堪和丑恶，何以产生批判现实主义？如果没有现代资本主义社会人的异化现象，荒诞派戏剧从何而来？如果鲁迅不是生活在旧中国那样的现实环境中，没有目睹国人精神的麻木和自欺，又如何有《阿 Q 正传》这一经典面世？推动文学之流滚滚向前的力量，当然包含着自身的内动力，但是，外力的作用，如政治、经济、文化等的影响和促动也显而易见。内部研究企图用文本解释一切，最终难以为继。

恩格斯在《反杜林论》中曾说："当我们通过思维来考察自然界或人类历史或我们自己的精神活动的时候"，只"正确地把握了现象的总画面的一般性质，却不足以说明构成这幅总画面的各个细节"，这是不够的，因为"我们要是不知道这些细节，就看不清总画面"。"为了认识这些细节，我们不得不把它们从自然的或历史的联系中抽出来，从它们的特性、它们的特殊的原因和结果等等方面来分别加以研究。"[①] 文学研究亦是如此。传统的外部研究只是总体上厘清了文学活动的一般特性，仅限于将文学活动放在人类其他生产实践活动和社会活动的维度内考察，这种宏观把握是必需和重要的，但不应是我们认识活动的全部或终点。为了对文学实践活动有更清晰、更细腻的认识，我们不得不将之从纷繁复杂的社会存在中抽离出来，只专注于文本，从形式、语言、结构等各个方面加以考察。这就是当代西

① 《马克思恩格斯选集》第 3 卷，人民出版社，2012，第 395 页。

方文论内部研究，即俄国形式主义、英美新批评、结构主义等诸多流派存在的必要性和合理性。

恩格斯曾说，“把自然界分解为各个部分，把各种自然过程和自然对象分成一定的门类，对有机体的内部按其多种多样的解剖形态进行研究，这是最近400年来在认识自然界方面获得巨大进展的基本条件”，但是，恩格斯马上指出了另一个问题：“这种做法也给我们留下了一种习惯：把各种自然物和自然过程孤立起来，撇开宏大的总的联系去进行考察，因此，就不是从运动的状态，而是从静止的状态去考察；不是把它们看做本质上变化的东西，而是看做固定不变的东西；不是从活的状态，而是从死的状态去考察。这种考察方式被培根和洛克从自然科学中移植到哲学中以后，就造成了最近几个世纪所特有的局限性，即形而上学的思维方式。”[①] 恩格斯这段话并非针对文学研究，但由于他阐释的是一种思维方式，所以对文学研究也有极强的适用性。当代西方文论的内部研究所存在的问题，正是恩格斯早在1870年代就指出的思维方式上的错误。只看到一个个孤立的文本，斩断文本与其他一切外部联系，否定文学活动与政治、经济、文化等“宏大的总的联系”，甚至连作家的作用也一并否定，这种“只见树木，不见森林”的思维方式，如恩格斯所说，“迟早都要达到一个界限，一超过这个界限，它就会变成片面的、狭隘的、抽象的，并且陷入无法解决的矛盾”[②]。所有坚持内部研究的诸多流派，最后无一例外走向终结，正是这一论断的佐证。

中国的文艺理论建设，必须从中吸取教训。对文学研究来说，外部研究是必要的，但只有外部研究远远不够；内部研究也是必需的，但只满足于内部研究也万万不可。关键是要认识、处理好外部研究与内部研究的关系问题。事实上，文学活动作为人类特有的一种精神现象，本身就是由一系列外部特性和内部特性共同组成的。其运演既受外部的“他律”制约，也受内部的“自律”驱动。两者之间不是对立的存在，而是和谐统一的关系，它们的合力决定了文学的样态和发展。不能用外部研究取代内部研究，也不能用内部研究否定外部研究。中国的文艺理论建设，如果不想重蹈当

① 《马克思恩格斯选集》第3卷，人民出版社，2012，第396页。

② 《马克思恩格斯选集》第3卷，人民出版社，2012，第396页。

代西方文论的覆辙，不走西方理论家的歧路，就必须建构外部研究和内部研究辩证统一的研究范式。

我们从未否定外来理论资源对中国文论建设产生的积极影响，但需要强调的是，面对任何外来理论，必须捍卫自我的主体意识，保持清醒头脑，进行必要的辨析。既不能迷失自我、盲目追随，更不能以引进和移植代替自我建设。遗憾的是，近代以来积贫积弱的特殊历史，以及当前中西话语间的总体失衡，导致很多学者缺乏应有的理论自信，并片面认为，只有追随西方潮流，才是通达世界的捷径。事实证明，这不但不是捷径，反而是歧途。融入世界，与西方平等对话，这种企望本身无可指责。但是，对话的前提必须是，我们的理论与西方相比要有异质性，有独特价值。拾人牙慧、邯郸学步，充其量只是套用西方理论，将中国的文学文本作为西方理论的佐证，如此怎能拥有对话的资质和可能？因此，实现与西方平等对话的途径，一定是在积极吸纳世界文艺理论发展经验的基础上，立足本土，坚持以我为主，坚持中国特色，积极打造彰显民族精神、散发民族气息的中国文艺理论体系。

世界主义批判*

陈众议**

近来，在我国主流意识形态强调话语体系建设的同时，世界主义在文学及其他场域再度升温，并被誉为后现代主义之后最重要的文化思潮，即"'大破'之后的'大立'"。它与跨国资本的全球发散有关，但间或伴有狭义文化和政治经济领域的某些一厢情愿。当然，也不排除别有用心者借此复制"皇帝的新装"；他们有意将歌德式的世界主义和马克思主义的国际主义混为一谈，从而模糊了空想与科学的界限。

世界主义是个老话题

世界主义由来已久，且从来内涵模糊、外延不清。首先，它与源远流长的理想主义一脉相承；其次，它业已在跨国资本主义时代演化为残酷的现实，即去民族化的"国际化"趋势；再次，它的消费主义取向违背了经典的伟大传统，包括旨在改良民族性、国民性和人情世故、时流世风的批判传统。

世界主义可以追溯到遥远的先秦和古希腊时代。孔子曰："大道之行也，天下为公。选贤举能，讲信修睦。故人不独亲其亲，不独子其子。使老有所终，壮有所用，幼有所长，矜寡孤独废疾者皆有所养。男有分，女有归。货恶其弃于地也，不必藏于己。力恶其不出于身也，不必为己。是故谋闭而不兴，盗窃乱贼不作。故外户而不闭。是谓大同。"（《礼记·礼运篇》）具有讽刺意味的是孔子同时用"礼崩乐坏"谓其世道。同理，柏拉图从"爱知"的角度阐释过富有大同精神的理想主义，而三大悲剧家正一味

---

* 本文原刊于《中华读书报》2014 年 8 月 6 日。

** 陈众议，中国社会科学院外国文学研究所所长，研究员。

地追怀英雄传说时代。至于第欧根尼，则是西方第一个用行为艺术践行了世界主义的“犬儒主义者”。他时而以世界公民自诩，竭力宣扬友爱；时而放浪形骸、不知廉耻，并像印度托钵僧或浮浪者那样四处飘流。如今，这友爱不仅指向人类，而且兼及动物和整个自然，是谓后人道主义。

与此同时，世界在倾轧和反倾轧中飘摇、燃烧，再飘摇、再燃烧，没完没了。一晃过去了许多时光，直至“现代宗教”脱颖而出，化生为形式相左、本质一致的精神慰藉（马克思则称之为鸦片）：一方面，纯爱主义、博爱思想大行其道；另一方面，宗教迫害和宗派争斗愈演愈烈。文艺复兴运动之后，理性被提到了至高无上的地位。在此基础上，康德提出了无限自由的“整体论”概念。在他看来，“无限”不仅仅是思想，而且也是现实。世界万物皆有“自己”，有了“自己”的始终。这是《判断力批判》的“整体论”思想。在这个只有人（或智者）才能发现和判断的“整体”中，一切皆是“自己”与“自己”的关系，这种关系并不能仅仅归结为机械的“因果”关系，而且也是“自由”关系。它类似于“万物静观皆自得”（程颢）思想，即人本“自得”，并在“自由—和谐”的关系之中“同中有异”“异中有同”“相生相克”“相克相生”。这里还有老庄的影子。在启蒙运动和法国大革命时期，自由、平等、博爱作为“普世价值”被进一步确定下来，以至于圣西门认为革命的主要动力是思想和思想者，而不是别的。圣西门声称，哲学家的主要任务，就是让人类的绝大多数过上幸福的生活。因此，他们必须认识最适合于社会的组织体系，并促使统治者和被统治者采纳和完善这种体系；而当它达到完善的最高阶段时，再将它取缔，并利用各方面的专家“建立新的体系”。这种观点多少回响着柏拉图的声音，同时又是法国资产阶级革命以后西方唯心主义哲学思想的一次变易，为科学社会主义的产生提供了参照。

马克思主义的大同观

但是，马克思主义不相信脱离实际的理论。恩格斯在《社会主义从空想到科学的发展》一文中明确指出，“为了使社会主义变为科学，就必须首先把它置于现实的基础之上。”他同时指出，资本主义的矛盾和冲突是科学社会主义产生的物质经济根源。在《共产党宣言》中，马克思恩格斯更是旗帜鲜明地站在无产阶级的立场上，呼吁“全世界无产者联合起来”。而资产阶级“首先生产的，是它自身的掘墓人”，盖因随着大工业的发展，资产阶级赖以生产和占有产品的基础本身也就从它的脚下被挖掉了。因此，马克思主义的国际主义是有鲜明的阶级属性的，不是日常生活中、一般意义上的你好我好大家好，或者“各美其美，美人之美，美美与共，天下大同”。简而言之，世界观、历史观使然，马克思主义的大同观是建立在全球社会主义实践基础上的共产共享。

退一步说，在跨国资本主义时代，即使你出于善意与人求同，人家不容奈若何？关于后者，美国的一系列对华政策和所作所为当可说明一二。此外，国人中又委实不乏理想主义者，他们从主观意愿出发，单相思般拥抱“世界”。而这个“世界”说穿了是美国和西方。于是，悖论出现了：一些堂而皇之地视民族情感为犬儒主义和狭隘民族主义的世界主义者开始身体力行——放弃国籍，殊不知改变国籍并不能说明他（她）就摇身成了“世界公民”；恰恰相反，这只能说明他（她）移情别恋、不屑于做中国人了，仅此而已。于是，我们或可拿新老华侨作个简单类比。一方面，作为苦力（“猪猡”）被迫离乡背井的老华侨们曾经多么心心念念怀揣祖国；而某些不屑于做中国人的新华侨，原因固不相同，却显然有着截然不同的怀想（个别裸官裸富更不必说）。曾几何时，即使国力不济、饱受屈辱，一代代华侨仍心系祖国，故而落叶归根、祖国强盛是他们最大的祈望。不说更远，想想两弹一星的元勋们吧，再想想那些在我们“改革开放”之初倾囊相助的华侨（已经不是华人的华人）！再说，即使在那个最不逮、最不堪的年代，《黄祸》之类的作品从出于华人华侨之手也是难以想象的。后者接续了源远流长的“黄祸论”，其“仇内”心理（以其立场观，与其说是仇内，毋宁说是仇外）不言而喻。当然，这是以偏赅全的一种说法，并不指向所有新老华侨。

同时，有一股思潮正甚嚣尘上，其核心指涉在于认为中文（一曰方块汉字）像一个猪圈，圈住了国人的思维和想象。这种谬论固不新鲜，然沉渣泛起却大有因由。先说它如何不新。“五四”新文化运动其间或其后就有人宣扬过“中文之害”，其中钱玄同先生是这样说的：中国欲得新生，必废孔学；“欲废孔学，不可不先废汉文；欲驱除一般之幼稚的、野蛮的、顽固的思想，尤不可不先废汉文”。当时此话不孤，响应者不寡。但时至今日，尤其是在数字化时代，方块字无论在输入速率还是思想、感知、审美维度等方面均不逊于拼音文字之际，又如何掀起废黜浪潮了呢，岂不怪哉？但怪也不怪，正所谓“欲知大道，必先为史。灭人之国，必先去其史”；而民族语言文字是民族历史的载体和介质，“废黜中文”论本质上不外乎世界主义的一个和声。究其原因，一是民族虚无主义，二是快餐文化和消费主义。二者相互关联，互为因果。

在此，我们不能不感佩法兰克福学派主将马尔库塞对“全球化”的预见和洞识。后者在《单向度人》等著述中一改西方学界的大众社会批判，将矛头直接指向消费主义和无产阶级自身，谓基于资本贪婪和资本家市场策略的消费主义使无产阶级逐渐丧失了传统工人阶级的纯粹性和阶级属性，并使之混同于中产阶级。于是，购房、还贷、旅游、享受和超前消费成了他们的重要追求和生活方式。知识分子亦然。联想到后工业时代金融泡沫（通过股票、证券等）如何不分阶级、不论阶层地吸纳资金，及至人人成为“债权人和债务人”，我们自当有所思量。

可疑的“世界文学”

然而，正是在“大同”“博爱”等泛世界主义思想的指引下，“世界文学”被提到了议事日程。“世界文学”这个概念由德国浪漫主义作家歌德最先提出，歌德在浏览了《好逑传》等东方文学作品、亲历了欧洲文学的“相互作用”之后，于1827年宣告了“世界文学”时代的来临，并呼吁大家为此努力，谓从此往后“民族文学已不重要”。此后，英国学者波斯奈特在《世界文学》一文中将人类因相似的社会发展过程所产生的文学规律泛化为“世界文学”，认为“这种过程可以在希伯来和阿拉伯、印度和中国文学中观察到”。同时，丹麦学者勃兰兑特从文学的翻译、流播看到了“世界文学”，“马洛、柯尔律治或雨果、左拉、易卜生等众多作家均不仅属于自己的国家”。泰戈尔则认为伟大的文学没有国界，而“世界文学”乃是具有世界意识的作家合力构建的：“我们必须明确我们的目标：摆脱肤浅狭隘，在世界文学中探求普遍的人性。”同样，郑振铎先生视文学为人类精神与情感的反映，而人性具有共通性，因此人类的文学也具有一致性，即“统一观”。但马克思恩格斯对“世界文学”的认知是建立在对资本从地区垄断到国家垄断再到国际垄断的批判性基础之上的，也就是说，他们认为它是资产阶级以自己的方式建立世界（包括物质和精神形态）的必然结果；同时，由于国际市场的建立，“许多种民族的和地方的文学形成了一种世界的文学”，这也是事实。但它们是一个问题的两面，前提是资本对民族性的消解；而且在这个“世界文学”格局中，各民族和地方文学的地位并不平等。问题是，许多学者有意无意地忽视马克思恩格斯言说“世界文学”的基本出发点和辩证方法，从而错误地将其归入文学“世界主义”或“世界文学”的倡导者之列。

如此，在全球化时代，“世界文学”被许多学者视为人类情感“共舞”和精神“狂欢”的必然结果，同时也有少数人对此持审慎态度，甚至提醒共存和交流的背后正呈现出前所未有的文化单一性。归类并包，持前一种观点的有卡萨诺瓦、德里达、拉康、福柯、克里斯蒂娃、莫莱蒂、邓宁、米勒、达姆罗什、贝克以及一些不经意融入后现代狂欢的“后殖民主义”学者，如萨义德、斯皮瓦克、福山、巴巴等（这个名单几可无限延展）。而持后一种观点的多为西方马克思主义者，其中包括杰姆逊、伊格尔顿、佛克马，以及一些比较文学研究家和翻译家如阿普特、韦努蒂等，持中间立场的则有奥尔巴赫、费斯克等。

与此同时，世界文学市场已然形成，资本对文学的主导地位也已初露端倪。村上春树、阿特伍德、波拉尼奥、赛阿维达以及丹·布朗等（这个名单亦可无限延续）东西方作家的国际化、“全球化”取向和市场份额有目共睹。因此，村上战胜大江、阿特伍德战胜门罗、郭敬明战胜莫言在市场的天平上毫无悬念。

此外，所谓的“世界文学”本质上不外乎欧美文学或极少数为欧美所认可的亚非拉作家作品。而我们，甚至不清楚周边国家文坛都有些什么，何谈“世界文学”？当然，世界文学作为一个实际的存在是另一回事，老挝有文学，柬埔寨有文学，缅甸也有文学，但世界市场和时流风尚有所偏侧，古来如此。

“全球化”的跨国资本主义本质

然而，在跨国资本主义时代没有什么可以幸免资本的影响，文学也是如此，甚至首当其冲。这就牵涉到“全球化”（本质上即跨国资本主义化）

时代的伪多元问题。

首先，“全球化”远非世界大同。恰恰相反，我们面前的世界很不太平，我们面对的话语也很不公平。简而言之，世界充斥着来自西方的话语霸权（它铺天盖地，对我国的意识形态以强烈的挤压）。同时，经济霸权、政治霸权、军事霸权相伴而生。因此，强调民族利益不仅需要，而且紧迫。在民族、国家利益这个最大公约数中，思想界的立场、观点和方法也就有了讨论的前提和可能。福柯说，话语即权力。倘使我们对“经济全球化”之类带有欺骗性的“中性”话语尚未有足够清醒的认识，那么我们必然会自我撕裂，做糊涂虫、犯幼稚病。经济基础与上层建筑能割裂吗？那么，我们又当如何既坚持社会主义之道，又利用资本主义之器？马克思不认为这世界有什么纯粹的公器，事实也是如此。存在与意识，生产力和生产关系，经济基础与上层建筑等，从来都是相互依存、互为因果、彼此促进，又彼此斗争、交错递进、螺旋发展的。既然无法割裂，那么我们又如何平衡道器？于是，小平说了，社会主义初级阶段要“同资本主义制度长期合作和斗争”。

其次，马克思在《资本论》第三卷“资本主义发展的历史趋势”一节中预言过今天：资本在完成了地区垄断和国家垄断以后走向国际垄断。倘使不是世界进入了跨国资本主义时代，新自由主义便无法生成；同样，西方的政治家也断然不可能发明“人权高于主权”之类的时鲜谬论。盖因跨国公司不会满足于一国或几国的资源和市场。它们当然要消解各国主权，以致其剥夺在全世界畅通无阻。马克思基于历史唯物主义和他对资本及资本主义的深刻洞识预见到了这一点，并说各国人民将“日益被卷入世界市场网，从而资本主义制度日益具有国际的性质”。这不正是我们面前的“全球化”吗？

再次，“多元化”并不意味着文化平等。它仅仅是思想领域的一种狂欢景象，很容易让人麻痹，以为这世界真的已经自由甚至大同了。从这个意义上说，全球文化市场的形成符合跨国资本主义的一元化。而整个后现代主义针对传统二元论和辩证法的解构风潮在否定简单二元对立和排中律的同时夸大了萝卜白菜各有所爱的相对性。于是，绝对的相对性取代了相对的绝对性。这使得后现代主义留下的虚无状态不仅局限于形而上学范畴，并且客观上顺应了跨国资本主义时代“全球化”背景下的文化及文学的

“去民族化”态势。

马克思和恩格斯熟谙同时代及其之前的西方文学。他们固然都没有专门从事文学批评，却因其历史唯物主义和辩证唯物主义为我们留下了一笔宝贵的遗产：一是针对巴尔扎克，提出了现实主义的胜利的观点，二是针对莎士比亚和席勒，提出了要莎士比亚化，不要席勒式的观点。二者既申明了立场，又在方法论上为我们树立了典范。不是吗？世界文明一路走来，明显呈现出自上而下、由外而内、由强到弱、由宽到窄、由大到小的历史轨迹。于是，个人主义甚嚣尘上，技术理性畅行无阻；道器从未如此颠倒，世界也从未如此令人不安。这也是私有制发展的必然结果。因此，反对个人主义不仅是我们构建社会主义核心价值体系的需要，也是经典作家为我们指明一条屡试不爽的成功之路。而巴尔扎克式现实主义的胜利多少蕴含着对世俗、对时流的明确背反。而莎士比亚除了内容的丰富、情节的生动，其针对拉伯雷式的狂欢所取法的索福克勒斯式的警醒同样充满了背反精神。

现实永远比理论更有说服力

如今的所谓世界主义则将跨国资本主导的“全球化”与马克思主义的国际主义相提并论、混为一谈，这显然是胡子眉毛一把抓，对于发展中国家非但无益，反而有害。且不说中东的“民主化”进程如何沦为灾难，即使以素有美国后院之称的拉丁美洲为例，也何啻触目惊心。早在 20 世纪 70 年代，左翼作家、国际和平奖获得者约瑟·德·卡斯特罗就曾大声疾呼：在近 3 亿拉丁美洲人口中，有近 5000 万人处于失业或半失业状态，近 1 亿人为文盲。半数人口生活在拥挤不堪、脏不可耐的贫民窟。按人口计，拉丁美洲生产的粮食远远少于第二次世界大战之前；按不变价计，自 1929 年经济危机以来，人均出口减少了 3 倍。然而，“在那些外国主子及其代理人——资产阶级看来，目前的制度非常合理。我们的资产阶级将灵魂卖给了魔鬼，其廉价程度则足以令浮士德感到愤慨”。20 世纪 80 年代，加西亚·马尔克斯站在诺贝尔文学奖领奖台上，以更加有力的证据谴责世界的不公：当欧洲人正在为一只死鸟或一棵死树如丧考妣的时候，2000 万拉美儿童未满两周岁就夭折了。这个数字比 10 年间欧洲出生的人口总数还要多。因遭迫害而失踪的人数约有 12 万，这等于乌默奥全城的居民一夜之间全部蒸发。1979 年以来，中美洲内战频仍，几乎每分钟就有一人被迫逃难，如果把拉美所有的流亡者和难民加在一起，便可组成一个国家，其人口将远远超过任何一个北欧国家。20 世纪 90 年代，拉丁美洲在债务危机的重创下哀鸿遍野。拉丁美洲的外债达到数万亿美元，不少国家因无法偿还高达数百亿美元的利息而陷入危机。这一定程度上与此时此刻的欧债危机不无相似之处。但拉丁美洲毕竟不是欧洲，其经济基础显然更为薄弱；列强对她的态度也远不及我们今日之所见，譬如它们对北欧和南欧诸国的宽容与帮助。拉丁美洲仍在为“全球化”和新自由主义思潮付出高昂的代价。当然，这是最为简单的一种说法。

简而言之，马克思主义的国际主义思想同前述世界主义怀想完全是两股道上跑的车，走的不是一条路。至于古来“世界”“全球”或者“天下”之类的词汇，主要是空间地理概念，与目下的世界主义思潮并无多大瓜葛。而最早明确启用世界主义（Cos-mopolismo）这个概念的是墨西哥文人巴斯康塞罗斯（《宇宙种族》，1925）。但他迅速遭到了拉美本土主义者，尤其是左翼作家的批判。后者批评巴斯康塞洛斯的世界主义或宇宙主义是掩盖民族矛盾和阶级矛盾的神话。“宇宙种族”只是有关人口构成的一种说法，并不能真正解释墨西哥及拉丁美洲错综复杂的社会现实。雷布埃尔塔斯坚信民族性即阶级性，因而并非一成不变。“面对难以调和的种族压迫、民族矛盾、阶级斗争，何谈‘宇宙种族’？”这岂不与 20 世纪二三十年代中国的世界主义和民族主义之争如出一辙？只不过中国的情况更加复杂。

至于后现代诸公，无论初衷如何，其结果大抵像火又像水：在焚烧一切的同时也烧掉了自己；或者“在我之后，哪怕洪水滔滔”。当然，必须承认，被其解构的二元论有时的确极易滑向排中律或非此即彼的形而上学；同时，人类也确有一些超阶级的普遍价值存在，譬如母爱，譬如乡情、爱情、友情等。这些情感又必须从小出发，然后逐渐放大，而非相反。一个连亲、师、友都不爱不敬的人，又怎么爱君、爱国、爱世界？由己及人、以己度人，即孔子所谓的“老吾老以及人之老，幼吾幼以及人之幼”。但归根结底，爱己与爱人、爱家与爱国、爱家国与爱世界即理论上或并不构成矛盾，现实世界中却利益纠葛所在皆是，它不以个人的意志为转移。所谓的“文明冲突”，归根结底也是利益冲突，“利益是唯一的推动力”。因此孔子之谓及诸如此类的美好愿景，不外乎美好的愿景而已。盖因人类社会是一个由自由走向禁锢（或禁忌），再走向自由（高度自觉）的过程，而非相反。因此，此自由非彼自由。换言之，人类文明的初级阶段是禁律约束本能，譬如早在西周初期，我国就建立了严格的婚姻禁忌，禁止同姓（兄妹）联姻；高级阶段是自觉代替禁律，及至真善美战胜假恶丑，最终达到自由王国。然而，建立在剥削基础之上的资本主义的必然王国尚未终结，理想的自由王国还很遥远。国家之间的倾轧与反倾轧从未停止，恐怖主义仍十分猖獗，陶冶人心、凝聚人心、励志向上的文艺作品依然是落后民族和平崛起、与发达民族国家共享进步的不可或缺的催化剂。因此，在看得见的今天和明天，世界主义依然只是文人的美好怀想和一厢情愿。

总之，建构话语体系关键在立场。而国家利益无疑是中华民族的最大公约数。它针对跨国资本主义而言，与20世纪20年代的国家主义有本质的区别。它所取法的是基本的民族立场，并借此强调对于中华民族还至为重要的民族向心力和认同感。当然，在发达社会主义和共产主义的理想王国还十分遥远，而资本主义这个必然王国依然强大的这个时代，必须保持足够清醒的认识，并且知己知彼、尽可能让更多的人理解和赞同优秀的民族文化传统和中华民族崛起的基本诉求，并对建构中国话语体系的艰巨性有足够的心理准备。

对西方后现代主义文论消极影响的反思性批判*

朱立元**

西方后现代主义文论思想在中国的传播和接受并不是一帆风顺的。20世纪80年代前期，后现代主义文论开始进入中国，先后经历了初步译介期和发展期、90年代的推进期和高潮期以及21世纪以来的新变期，取得了令人瞩目的成就，出版了以此为主题的著译作品上百部，发表相关论文数以千计，产生了实实在在的、不可低估的影响。这种影响是多重的、错综复杂的，但总体上可以概括为积极、正面的和消极、负面的两个方面。在笔者看来，其积极影响集中体现为它在被有批判地接受的各个阶段都实际上参与了当代中国文论（主要是文学基础理论，当然也包括批评理论）的创新建构，并取得了若干重要的实绩，特别在思维方式方面的启示是影响深远的；应当肯定，这种积极影响总体上占据主导地位。然而，我们也应当清醒地认识到，后现代主义文论涌入中国之后，不可避免也带来许多负面的东西，产生若干消极的影响。关于积极影响方面，笔者将另文探讨。本文拟主要从以下几个方面对其消极影响加以反思和批判。

一　后现代主义对宏大叙事的彻底否定将导致消解文艺学、美学的唯物史观根基

“宏大叙事”（grand narrative）是利奥塔在《后现代状态》中提出来的。他用“宏大叙事”来描述那种支撑、解释在现代性状况下某种文化的特殊

* 本文原刊于《文艺研究》2014年第1期。

** 朱立元，复旦大学中文系教授。

选择并赋予其合法性的叙事。这是一种所有其他文化叙事都能从中找到意义与合法性的元叙事；它通过提供一种连贯性、总体性即宏大性来掩饰在社会历史中发生的各种各样实际存在的冲突和歧异。利奥塔论述了解放的叙事和思辨的叙事这两种知识合法化的宏大叙事，前者体现了民族国家出现革命的时期的特点，后者的目标是建立一个思辨的理论体系。他把基督教、启蒙运动、资本主义和马克思主义等都当作宏大叙事的实例。与宏大叙事相反的是小叙事（little narrative）。利奥塔认为，随着技术的发展、学科界限的崩溃、后工业社会的兴起尤其是知识的商品化等，两种宏大叙事都丧失了可信性和合法性，小叙事因此凸显出来，进入到后现代状态之中。小叙事强调的是意见一致话语视界中的意见分歧，认为意见事实上从未达成一致。由此，小叙事使得后现代性中各种各样的差异和复杂性得以凸显。利奥塔由此否定元叙事（宏大叙事）而倡导小叙事。

中国当代文论，受到后现代主义宏大叙事理论非常广泛的影响。“宏大叙事”的概念在相当长的时期内出现在大量有关文论和批评的文章和著作中，使用频率极高，成为时髦话语，虽然大部分的使用并不一定符合其原意，常常存在这样那样的误读或误用。而且，我们不必否认，它对中国文艺理论建设也有一些启发性，比如有的学者更加注重对一些实证性的或某些具体、微观问题的研究，使研究更加深入、细致，也确实在某些方面有所突破，取得了一些很有价值的成果。

然而，总的来看，后现代主义文论全盘否定宏大叙事，其消极性更是毋庸置疑的。如前所述，利奥塔明确把马克思主义当作宏大叙事的主要实例之一。马克思主义的唯物史观，是解放全人类的最强大的思想武器，又有严谨的理论体系，显然既是解放叙事，又是思辨叙事，是后现代主义强烈反对和力图消解的宏大叙事。然而，唯物史观在以马克思主义作为指导思想的中国，对于所有人文学科和社会科学都有直接的、根本性的指导意义。文艺学、美学与自然科学不同，属于“历史科学”。恩格斯在评论黑格尔庞大的哲学体系时，明确把包括美学在内的哲学各个分支学科都看成“在所有这些不同的历史领域中”进行研究的“各个历史部门”[①]，强调“社会历史的一切部门和研究人类的（和神的）事物的一切科学”都应当将

① 《马克思恩格斯选集》第4卷，人民出版社，1995，第219页。

研究对象“承认为历史发展过程”。这种研究的根本目的，“归根到底，就是要发现那些作为支配规律在人类社会的历史上起作用的一般运动规律”[①]。

这种“一般运动规律”体现在不同的历史部门、不同的学科中，其具体内涵、方式和发展变化等，自然是很不一样的。但是，它们归根结蒂必然受制于、服从于历史唯物主义的基本原理和一般原则。后现代主义消解宏大叙事的要害，实质上是彻底否定唯物史观，否定人文社会科学发现、揭示研究对象发展中的那些带有本质性、规律性的东西，使之停留于零碎的表层现象的描述。

美国新马克思主义理论大师、后现代主义研究权威詹姆逊对消解宏大叙事的观点也并不认同。比如在张旭东对他的一次访谈中，他在回应“理论已死”的时髦论调时，针锋相对地提出，许多“理论经典”在当代继续发挥着作用，“‘理论经典’不仅包括那些基本著作，如列维—施特劳斯的结构人类学理论，而且包括过往的经典——回溯到马克思和弗洛伊德，以及各个不同理论家们自己的经典文本”，他特别强调，“可以肯定地说，想要在理论著作中回避马克思和弗洛伊德仍然是不可能的，因为两者涉及到整个人类经验领域以及整个社会的社会经济现实和心理现实”[②]。显然，要回避这样一种宏大叙事是不可能的。在这次访谈中，张旭东概括了体现詹姆逊宏大叙事的“三种深度模式”，其中第一种就是“以马克思主义‘生产方式’理论、商品拜物教理论和上层建筑/经济基础分析为蓝本构建起来的政治经济学深度模式，以分析资本主义‘表面现象’和‘内在本质’的方法来看待文本与其社会背景之间的关系”，另外两种是符号学、阐释学的深度模式和精神分析学说的深度模式。[③] 这个概括非常精当。笔者认为，这三种深度模式显然都是宏大叙事，第一种实际上就是马克思主义的唯物史观，当然不一定称之为“模式”。詹姆逊对后现代主义文论消解宏大叙事的观点是持批评态度的，值得我们思考和借鉴。

这一点在当代中国文艺理论研究领域也不例外。如果彻底否定宏大叙事，文艺学的任何创新建构都将落空，因为文艺理论绝对离不开作为理论

① 《马克思恩格斯选集》第 4 卷，人民出版社，1995，第 246 ~ 247 页。

② 张旭东：《读书报专访杰姆逊：“理论已死”？理论何为?》，《中华读书报》2012 年 12 月 5 日。

③ 张旭东：《詹明信理论与中国现实》，《文艺报》2012 年 11 月 21 日。

基石的唯物史观的指导。比如在20世纪90年代中国文艺学界以钱中文、童庆炳等为代表的文艺理论家创建、倡导的“审美意识形态”论，在当时影响最大、传播面最广，至今仍然是文艺学界的主流话语，它的立论基础就是唯物史观这个所谓的“宏大叙事”。试想，如果离开了这个宏大叙事，揭示文学特质的“审美意识形态”论能够形成吗？能够在本质和规律层次上科学地、动态地解释丰富复杂的文学和文学史现象吗？如果取消了唯物史观的所谓宏大叙事，文学理论即使在若干具体问题（小叙事）的研究上能够有所推进，但它的总体框架和理论根基却被抽去了，随之它概括和揭示文学历史生成和发展的某些带有规律性的现象、症候的主要任务就被取消了，其理论的系统性、逻辑性也会被消解，从而实际上使文艺学陷入真正的学科危机。

其实，不独文学“审美意识形态”论如此，新时期以来我国许多文艺学专著和教材，即使着重探讨某些重要的文艺理论，包括形式问题、语言修辞问题等，并不直接涉及唯物史观的基础问题，但它们都追求建构观念相对自洽、逻辑比较严密的理论体系，仍然具有宏大叙事中“思辨叙事”的性质。在笔者看来，追求人文社会科学理论著作的思辨性和系统性，乃是新时期以来我国学界理论自觉性的一大进展，应当充分肯定。如果真的全面取消包括思辨叙事在内的宏大叙事，中国的文学理论恐怕只能走向平面化、浅表化、碎片化，而趋于衰退。

需要指出的是，我国绝大多数学者否定性地使用“宏大叙事”概念，并不是认同利奥塔对马克思主义的否定，而是借用这个后现代概念对那些“宏”而无边、大而无当、空洞说教的教条主义文论研究的抵制和拒绝，这当然有其合理性，但实际上却是只停留在对“宏大叙事”概念字面意义的理解上，从而造成了某些误解或误用。

由此可见，后现代主义彻底否定和消解宏大叙事的思想，在文艺学领域中是有害的，实际上是行不通的。

二　后现代反本质主义思想被过度解读和利用，容易走入彻底消解本质的陷阱

后现代主义的非同一哲学或者差异哲学批判黑格尔以来的传统同一哲

学是本质主义的。因为同一哲学认为，任何事物的现象背后都有着决定该事物是其所是的唯一的固定不变的“本质”，它是与其存在直接同一的，是事物存在之同一性的基础。后现代主义批评这种同一哲学产生了本质主义观念，其要害在于忽视或掩盖了事物的差异性、特性与个性。后现代主义如阿多诺的“星丛”理论就是如此。“星丛”指一种彼此并立而不被某个中心整合的诸种变动因素的集合体，这些因素不能被归结为一个公分母、基本内核或本源的第一原理，“星丛不应该被还原为某一种本质，在这个星丛中内在的存在的东西本身不是本质”[①]。星丛式的关系是平等的、有差别的共在。由于消解了同一哲学所确立的固定不变的唯一“本质”而呈现出开放的多元性和生成性。据此，阿多诺指出：“艺术中的张力和与它相关的外在张力捆绑在一起……艺术作品中张力的复杂性结晶在形式问题和从外在世界事实面上解放出来等问题上并聚合为真正的本质。”[②]“张力的复杂性结晶”这个概念，肯定了艺术本质的多元性、多层次性以及过程性、生成性和复杂性，这意味着，我们应当放弃探寻唯一的、固定不变的文学艺术之本质的努力。如果仅仅这样理解，在笔者看来，反本质主义是有其合理性的，对于我们文学理论的创新建构是有启发的。

然而，后现代主义文论不满足停留于此，它将上述生成性、过程性推到极端，从而根本上消解了本质范畴和对本质认识的一切可能性。它强调，艺术的生成性、过程性也体现为片段性、非逻辑性，其间贯穿的是动态生成关系。因此，艺术概念拒绝界定：“艺术的本质也不能确定，即便通过追溯艺术的起源以期寻觅支撑其他一切东西的根基。”[③] 这样一来，除了关系、过程、生成与历史，文艺的本质只剩下无法把握的不确定性，于是任何试图探讨文艺本质的努力也都成了毫无意义之举。笔者认为，此处反本质主义就过了“度”。德里达的解构主义则走得更远。他发明了“增补”“播撒”“踪迹”“延异”等一系列术语来消解本质和认识本质的可能性。如“播撒”指的是，文本不但多义，而且其多义是片断并散开的，它“证实了

---

① 阿多尔诺：《否定的辩证法》，张峰译，重庆出版社，1993，第191页。

② T. W. Adordno, *Aesthetic Theory*, trans, Robert Hullot-Kentor, London: Continuum, 1997, pp. 5 – 6.

③ T. W. Adordno, *Aesthetic Theory*, trans, Robert Hullot-Kentor, London: Continuum, 1997, p. 2.

无止境的替换"[①]；"播撒"并非是还原主义的，"播撒的基本含义之一正是本文还原成……意义、内容、论点或主题等效果的不可能性"，更不可能寻找、还原文本的固有本质。又如"延异"，它是世界的"无本源的本源""无基础的基础"，他认为世界与语言一样，是差异的、多元的，延异展示了世界与文本陷入"无休止意指活动"，处于"差异及最后意义的生产"过程中。[②]"在场"从未真正完全当下在场，意义也从未真正当下在场。据此，对文学艺术本质（在场）的追寻和界定就成了虚幻的梦想。这里，后现代解构主义对本质主义的解构就远远过了"度"，其反本质主义的策略本身陷入了虚无主义。

这种过度的反本质主义在中国当代文论中也有反映，集中表现在对文学和文艺学边界问题的探讨上。

有的学者对后现代主义文论过度反本质主义的观点不加辨析，生搬硬套过来，缺乏根据地断言处于转型期的当代中国已经进入"日常生活的审美化"了。其理由是：电子媒质引起的传播革命导致了文学艺术与审美化的日常生活之间的界限逐渐泯灭，一大批原先处于边缘地带的泛审美化样式纷纷打入文艺的圈子，这就造成了文学边界的移动、越界、模糊和扩张。应该指出，他们所谓的文学"边界"，实际上就是指文学的本质或关于文学本质的观念。他们的理论根据是，文学的边界和本质是人们历史地建构起来的，一直处在不断的变动中，因而是不确定的。文学边界的变动和不确定实际上是文学本质和文学本质观的变动与不确定。他们因此强烈反对用本质主义的思维来探讨文学的边界和本质问题。

应当承认，他们关于文学边界和本质是不断变动的看法，是有道理的，但是完全否定对文学边界和本质作动态的、历史的探讨的必要性和可能性，则是过了"度"；用"日常生活审美化"来解释当代文学的审美边界的失效，就是这种过"度"的表现。

的确，从文学发展的历史看，文学的边界和人们的文学本质观念总体上一直是不确定的，一直在变动着。从大的变动轨迹看，无论中外，人们关于文学本质的观念、人们对"文学"本质含义的理解，亦即文学的边界

---

① 雅克·德里达：《多重立场》，佘碧平译，三联书店，2004，第95页。

② 克里斯蒂娜·豪威尔斯：《德里达》，张颖等译，黑龙江人民出版社，2002，第96、165页。

和范围，都经历了一个从广到窄、又从窄到广的曲折过程。西方的“文学”(literature) 一词长期以来一直是广义的，泛指各种使用语言文字的文献和作品，只有“诗”才大体相当于现代意义的文学。直到18世纪，作为语言艺术（审美）的狭义“文学”本质观才确立起来，并逐步地被普遍接受。这是文学的边界由广到窄的变动。中国在19世纪之前的情况亦大致如此。中国古代的“文学”概念，从孔夫子开始，一直包括“文章”(部分相当于现代的“文学”概念，但不包含诗、小说、戏曲等文学样式）和“学术”两层含义，是广义的和宽泛的。直到19世纪末、20世纪初，随着西方大学教育学科和学术分类机制的传入，现代审美意义上的文学观念才逐步形成和确立起来，如王国维、鲁迅、刘师培等都明确地在审美这一狭义上使用“文学”一词。但与此同时，章太炎等还在广义（主要指学术）上界定文学。这两种“文学”观念在20世纪前期同时并存了一段时间，之后才逐渐消失。这是中国文学观念的边界由广到狭的变动。19世纪以来，随着现代社会的发展、科学技术的革命和传播媒介的变革，中外文学的类型、样式也在不断变化。一些过去没有的新的文学类型出现了，如电影文学、电视文学、网络文学等；一些已有的文学类型也增生了许多亚品种，比如小说文体，不但有长、中、短篇小说之分，还新增了小小说、微型小说、手机小说等；文化散文的诞生也为散文文体增添了新品种。这些是文学边界和范围由狭到广的又一次变动。

但是，中外文学观念史的这两次变动，性质是不同的。前一次是真正为文学确定审美本质和边界的变动，是为文学定性的变动。从此，文学有了确定自身独特本质即审美规定性的边界与范围，这一边界和范围虽然在量上还可能扩大或缩小，却迄今仍有相对稳定的本质，如果突破或逾越这一本质特性，就会突破决定文学之为文学的真正边界，就会走向非文学，实际上也就取消了文学自身的边界。后一次变动在笔者看来，只是量的方面的扩大和变动，只是在文学审美特质未发生根本变化的情况下其边界和范围的弹性扩张，而不是边界根本性质的变动。所以，第二次变动虽然在量上拓展了文学版图，却并未导致文学边界的模糊和消失；恰恰相反，正是当代文学边界的这种“扩容”从另一侧面证明了文学审美特质和边界的有效性和合法性至今仍然存在。

上述主张取消文学本质界定的反本质主义观点，其否定文学有固定不变的本质和边界的看法并无不妥。但是，由此断言当代中国文学与日常生活的边界已经消失，实际上就是认定当代中国文学相对稳定的审美本质已经消解，已经与其他种种非文学的文化产品没有本质区别了，这就难以令人苟同。因为它根本否定了探讨文学（包括其他事物）本质的合法性、必要性和可能性，否定文学和一切事物的本质虽然处于变动中，但在一定历史阶段可以有相对的稳定性和可认识性。同时，对文学的本质从多方面、多层次动态地加以探讨也是必要和可能的。21 世纪以来受到学界好评的三种文学理论教材（南帆主编《文学理论》新读本，王一川著《文学理论》，陶东风主编《文学理论基本问题》），如有的学者所说，“它们的基本形态分别是关系主义、整合主义与本土主义”，是自觉反对本质主义的，但实际上他们只是“反对‘本质’的客观性、永恒性与唯一性”[①]，而并不取消对文学本质的多方面、多层次和动态地考察，并不取消文学本质和边界在一定范围、一定历史阶段的相对稳定性。

总之，后现代主义文论这种过度的反本质主义，最终只能走向相对主义和虚无主义。它在中国当代文论中确实产生过一些消极影响。但是，通过文艺理论界的学术争鸣、讨论这样一种文化学术机制，这种消极影响被有效地降低和消化了，反而促进了人们对反本质主义的辩证认识。

三　西方后现代非理性主义的强化，诱发了国内文艺与文论的感官主义消极倾向

非理性主义并非后现代主义文论的专利，它缘起于现代主义思潮，从叔本华、尼采、克罗齐、柏格森、弗洛伊德到超现实主义、荒诞派、存在主义等，非理性主义文论源源不断。后现代主义文论在批判现代性时，并没有批判其非理性主义思想，反而在某种程度上强化了这种非理性主义，特别在文艺和审美领域更是如此。后现代主义在对理性本身的反思、批判中，对审美现代性的批判，最集中地体现在对艺术活动中理性作用的怀疑与否定上。在现代主义文论中原本得到强调的艺术、审美行为的非理性部分，被进一步强化了，并被用来充当对抗理性主义的急先锋，关于潜意识、

---

① 方克强：《文艺学：反本质主义之后》，《华东师范大学学报》2008 年第 3 期。

想象、梦、幻觉、本能、意识流、直觉等非理性因素在艺术创作中的地位一概被强化了；而在艺术和审美活动中，理性的反思性在对作品的欣赏中被直观、直觉、体验，以及诸种感受性所取代。后现代主义对美学（aesthetics）的“感性学”含义的过度强调和推崇，使得美学单纯以感性学的方式在场，而感性又被感官性牵引着。康德以降的审美非功利性原则在某种程度上被感官快乐的原则所介入和取代，康德所说的作为一种自由游戏情感的“快适”被单纯感官带来的诸种快感取代，审美水平的高低于是被一种官能性愉悦的程度所决定。这是后现代的反理性主义在文艺学、美学层面的直接体现。在更深的层次，反理性主义作为对于理性的反思立场，深刻地影响了关于审美的性质与意义的看法，用审美进行启蒙和救赎的现代性神话于是被质疑、被颠覆。

应当肯定，对“美学”的“感性学”本义的强调本身并无不妥，特别是重视过去被长期忽视的艺术和审美活动中感性的、非理性因素的作用，是有积极意义的。从现代主义到后现代主义，对潜意识、想象、梦、幻觉、本能、意识流、直觉等非理性因素在艺术创作和生命活动中极为重要的作用的发现、发掘和肯定，是有其合理性的。因为，古今中外无数优秀的文艺家的创作实践及其优秀作品的产生，都无可争辩地证明了仅仅用人的理性思维能力对之是解释不通的；相反，正是这些非理性因素的综合作用，能够更有效地解释艺术和审美活动中极为隐秘、细微、复杂、千变万化的心理机制。然而，片面、过度地强调非理性因素这一面，并上升到支配地位，完全否认并彻底排斥人的理性因素在艺术和审美的深层心理活动中介入、参与和潜在支配的作用，则走向了另一个极端，不但不符合艺术和审美活动的实践，而且颠倒了人之为人的主要标志——有意识的理性活动，而非纯粹非理性的、感性的、感官的活动。马克思指出，人与动物最直接的区别在于其生命活动是“自己意志的和自己意识的对象”“有意识的生命活动”，而且“正是由于这一点，人才是类存在物。或者说，正因为人是类存在物，他才是有意识的存在物，就是说，他自己的生活对他来说是对象。仅仅由于这一点，他的活动才是自由的活动”①。这里，“有意识的”就是理性的。当然，马克思区别人与动物的根本尺度不是有没有理性，而是实践，

① 《马克思恩格斯选集》第1卷，人民出版社，1995，第46页。

即“自由自觉”的、“有意识的生命活动”。所以，笔者认为，后现代主义文论在片面强调非理性主义这一点上存在着严重的失误。

后现代非理性主义思潮的消极影响，在当代中国艺术和文论中也有表现。

20 世纪 90 年代起，我国艺术和审美文化就受到了全球化和市场化、商品化两股汹涌大潮的强烈冲击；21 世纪以来，随着我国市场经济的更趋成熟，消费主义思潮的日益蔓延，后现代之风的迅速弥漫，大众传媒的推波助澜，主流文化和意识形态不断被“祛魅”，大众文化以不可阻挡之势席卷神州大地，“三消（消费、消闲、消遣）文化”迅速上升到文化艺术市场的主流地位，从而艺术和审美文化的世俗化、欲望化、娱乐化进程加速从边缘走向中心，这突出表现为部分文艺创作和欣赏中感官欲望的无度扩张和享乐主义的大肆泛滥，相当数量的作品在“祛魅”的解构思潮冲击下越来越流于“三俗”，即低俗、庸俗、媚俗。其中尤以媚俗最不应原谅，因为这是有意识地主动自觉地迎合、满足、取悦于部分受众不健康的乃至恶俗、庸俗、追求感官刺激的趣味，比如审丑（非美学意义上的“丑”范畴）、残缺、色情、血腥、暴力、窥秘、自恋、自虐等。这些感官化的“娱乐至死”的趋向，完全颠覆了文学艺术的审美特性。

需要说明的是，笔者这里并不是一般地否定或者贬低大众文化。从总体上说，我们是欢迎和欢呼大众文化时代到来的。大众文化中有许多积极的有价值的东西，特别是民主自尊的公开诉求、平民主义的草根心态、不断求新图变的青春气息，是当前我国艺术和审美文化中健康向上的新鲜血液。但是，毋庸讳言，大众文化作为当代消费主义文化的主体，其中的消极方面也是不容忽视的，许多偏重于迎合、满足部分大众的感官刺激和享受的乱象，实际上是通过文学艺术把人性中最低劣的、扭曲的感官欲望无节制地召唤出来，肆无忌惮地释放出来。这样就必然会损害、消解艺术和审美文化的灵魂。

更加令人担忧的是，在后现代非理性主义思潮冲击之下，美学界和文艺理论、批评界也存在着某些偏离、游离甚至背离审美文化精神的弊端。这突出表现为美学上的感官主义、实用主义倾向有所抬头。它把种种无限扩张感官欲望的文艺现象美化为“恢复”美学的感性学本义，从理论上支持与附和美学感官主义。它以误读了的西方学者“日常生活审美化”理论为根据，认为中国现在已经进入后现代消费社会，娱乐性、商品性、感官消费性已经成为文学艺术的基本特征了；而日常生活的审美化突出表现在人们对于日常生活的视觉性表达和享乐满足上，这种视象快感肯定了非超越性、消费性的日常生活活动的美学合法性，因而片面主张追求视象快感为新的美学原则。更有甚者，有意无意地用实用主义曲解西方的身体美学。如有的学者指出："美学的实用主义倡言要使身体美学化，美学身体化，因此，任何感官的满足、本能的宣泄、力比多的释放，都是美学的体现。"[①]这实际上把作为现代美学之一种的身体美学降低到感官欲望美学。在笔者看来，这种美学观的要害是，片面地把艺术和审美活动中感官快乐抬高到首要的地位，丧失了对后现代感官主义消极方面的批判性，抛掉了文艺学、美学应当高扬人文精神、提高人的精神素养的社会使命，消解了对人生意义或价值的理性态度，放弃了对人的终极价值的追求，实际上把文艺学、美学从以人文精神为基础的感性学降低到缺少精神向度的感官学。这种思想无论在理论上还是在实践上都是消极的，当然不是人们（包括倡导者们）所愿意看到的。

四　后现代主义文论具有反人道主义、人本主义的倾向，不利于文艺创作和理论的发展

众所周知，钱谷融最早提出的"文学是人学"的命题，从以人为本的人道主义角度概括了文学之为文学的基础性特征，主张文学应该尊重人，以人为描写的中心，应该具有提升人生境界、塑造美好心灵、构筑人性家园的本性。这个主张至今仍然具有强大的理论生命力。由此出发，笔者认为，坚守人道主义仍然是当代中国文艺理论和批评不应逾越的底线。

然而，后现代主义文论的一些代表人物却激烈反对人道主义、人本主义。海德格尔在《关于人道主义的通信》中认为，"人道主义"是对穷途末路的形而上学的最后挣扎的最好称呼，它把语言看作是人类手中的工具并服从我们的意志。[②] 这种对人道主义的否定是海德格尔思想中后现代因素的

① 王洪岳：《精神建构的彷徨与出路》，《探索与争鸣》2012 年第 4 期。

② 《海德格尔选集》，孙周兴选编，上海三联书店，1996，第 358 ~406 页。

重要体现。德里达同样认为语言是一种不能归在“人”的概念下的现象，他在《人的终结》一文中剖析了海德格尔的这一文本，进一步认为，必须在有效地排除“人道主义形而上学的阴影”的前提下，才能质询人道主义问题。[①] 福柯在《词与物》中说道，“人”不是一种自然事实，而是一种历史性的知识概念，是现代人文科学的知识建构。在这本书的最后，福柯公然宣告“人的死亡”，宣称“人是近期的发明。并且正接近终点……人将被抹去，如同大海边沙地上的一张脸”。[②] 他特别对人道主义的普遍性要求提出挑战：“关于人道主义我所担心的是它作为一种普遍的模式向任何种类的自由展现了我们伦理学的某种形式。我认为在我们的将来存在着比我们能在人道主义中所想象的更多的秘密、更多的可能的自由和更多的创造性。”[③] 此外，拉康也肯定心理分析的反人道主义本质，他认为弗洛伊德的发现表明了人的真正的中心已不再是整个人道主义传统所定位的那个中心。利奥塔也强调当代哲学理应冒险超越人类学与人道主义的局限。他们都坚信，启蒙理性和主体的自由意志都只不过是一种幻觉。据此，我们可以说，“反人道主义”是20世纪60～70年代的法国后结构主义、后现代主义思潮的共同倾向。笔者认为，法国后现代主义与人道主义对立的深层原因是，现代性人道主义虽然表面上高举启蒙理性的大旗，以人类尊严的解放者和保护者自居，但它唯一成功做到的恰恰是走向其反面，不但没有兑现这一承诺，反而成为压抑人类尊严的同谋（虽然不一定是压抑的起因），从而导致了对人、对人类自身的灾难性后果。所以，现代性人道主义才会成为后现代主义的敌人。

不过，对于现代性人道主义的这一复杂性，后现代思想家们并未作简单处置，有时候还表现出某种矛盾态度。比如福柯在批判人道主义时，明确区分了启蒙与人道主义，认为启蒙是一个事件，人道主义是一个主题，两者都不能作非历史性的理解。福柯并没有拒斥人道主义的所有原则，他

---

① Jacques Derrida, *Marei Philosophy*, trans. Alan Bass, Chicago: The University of Chicago Press, 1982, p. 119.

② 米歇尔·福柯：《词与物》，莫伟民译，上海三联书店，2001，第506页。

③ Michel Foucault, “Truth, Power, Self,” in Luther H. Martin et al. (eds.), *Technologies of the Self: A Seminar with M ichel Foucault*, Cambriage: The University M assachusetts Press, 1988, p. 15.

只是认为人道主义的主题本身过于柔软，过于纷杂，过于前后矛盾，以致不能作为反思的轴心，启蒙与人道主义非但不是处于一种同一的状态，相反是处于一种紧张的状态。福柯认为如果把问题简单化为支持启蒙或者反对启蒙、支持人道主义或者反对人道主义，无疑是一种智性的敲诈，所以必须深入分析两者在历史过程中的复杂关系。[①] 再如解构主义大师德里达后期思想有很大变化和发展，其中伦理学的人文关怀几乎成为德里达后期思想的核心，他在一系列对话和演讲中，从伦理学角度广泛论及性别、动物、司法的公正性、死刑与死亡等问题。这表明，后现代主义在反人道主义、人本主义这方面并不彻底，一是有其现实针对性的，不是一般地、全盘地反对；二是基于其差异性哲学对现代主义总体性、普遍性、同一性的否定，而反对将人道主义普遍化、非历史化。在有的后现代思想家那里，对待人道主义，内心还存在着若干纠结和矛盾。

但是，无论如何，正是后现代主义思潮，使人们对人道主义的形而上学根基发生了怀疑，并一度成为西方思想界所关注的焦点。然而，笔者认为，后现代主义反对普遍的人道主义的立场，仍然存在着对人道主义、人本主义的许多偏见和偏差。的确，人道主义、人本主义有不同的历史形态和内涵，但是其以人为本的核心精神却是在各个历史时代一以贯之、普遍有效的。现代性的人道主义以启蒙理性为基础，最后发展到工具理性，实际上背离了人道主义、人本主义的普遍精神。但是，后现代主义却要把真正的、普遍的人道主义、人本主义一并铲除，这就大错特错了。马克思在建构唯物史观时，就不但没有否定和抛弃人道主义、人本主义，反而将人道主义、人本主义融入唯物史观之中，使之成为唯物史观的有机组成部分。笔者认为，唯物史观与人道主义，这两者不仅仅是互补、并重的关系，而且在一定意义上，是一体的关系：唯物史观必定包含人本主义、人道主义的维度，缺少人道主义、人本主义的唯物史观是片面的、不完整的唯物史观，也不符合马克思构建唯物史观的本意。可以说，马克思主义的人道主义乃是人类历史上最高、最深广的人道主义。这也正是当代中国科学发展观何以旗帜鲜明地把以人为本作为的核心理念的根本原因。所以，我们应该对后现代主义文论反人道主义倾向持具体地分析批判的态度。

---

① 福柯：《何为启蒙》，载《福柯集》，上海远东出版社，2003，第538～539页。

后现代主义文论对人道主义、人本主义的否定和批判，到了中国语境中，却引发了学界的热烈反响。20 世纪 90 年代中期“人文精神大讨论”在理论上集中体现了这种反响。

当时，在市场化、商品化大潮冲击下，在消费主义日益蔓延的现实语境下，文学的世俗化、欲望化、娱乐化进程加速从边缘走向中心，赤裸裸展现人欲横流、人性异化等挑战人道主义底线的文艺作品大量涌现，而其内含的人文精神却日趋萎缩、匮乏和空虚。此时，后现代反人道主义的思潮也乘虚而入。“内外夹击”，引发了一场围绕文学和人文精神危机问题的大讨论。讨论主要涉及人文精神的理解、人文精神的种种危机征兆、人文精神重建的迫切性和具体途径、在重建人文精神的同时如何认识和对待中国传统文化以及人文精神与终极关怀等一系列重大问题。讨论中尽管存在种种不同意见和分歧，包括对人文精神含义的不同理解，但总体上多数人基本上是将人文精神与人的生存及其价值联系起来考虑的，即主要是从人、人的价值、人的精神追求等人本主义视角来思考和理解人文精神的，也是在以人为本的人道主义层面主张重建文学中的人文精神的。因此，笔者认为，在某种意义上可以说，这场人文精神大讨论乃是 80 年代关于人性、人道主义问题讨论在新的历史条件下的延续和深化。一个有力的旁证是，钱中文等将这一讨论的积极成果运用于文艺理论而构建起来的新理性精神文论，其核心仍然在于按照马克思主义以人为本的人学理论的基本思路，把新人文精神视为自身的内涵和血肉，在大视野的历史唯物主义、进步的人道主义的观照下，弘扬人文精神，以新的人文精神充实人的精神，以批判的精神对抗人的生存的平庸与精神的堕落。这实际上是用马克思主义的人道主义思想对抗后现代主义文论的反人道主义思潮消极影响，为中国当代文艺学、美学的建设提供了新的思路。

后现代主义文论反人道主义思潮在当代中国的另一个回应是，有的学者至今念念不忘对所谓“抽象‘人性论’”的批判。他们追随对普世价值的批判，把当代中国文艺学、美学中遵循马克思以人为本的人道主义原则的种种思考和探讨，都作为“抽象‘人性论’”加以批判。他们将唯物史观与以人为本的人道主义截然对立起来，将青年马克思《巴黎手稿》中的人本主义思想与成熟时期的马克思的唯物史观截然对立起来，造成了对马克思人道主义思想的严重误读。实际上，马克思不只在早年，而且一直到晚年，始终是一位伟大的人道主义者，他在《资本论》中仍然肯定了人的“一般本性”的存在，并发展、深化了《巴黎手稿》的异化劳动理论，他从人自身的本质力量被异化、片面化的角度批判资本主义生产方式，指出“资本在具有无限度地提高生产力趋势的同时，又在怎样程度上使主要生产力，即人本身片面化，受到限制等等”[①]。这与他以人为本、实现人的自由、全面发展的共产主义理想完全一致。在当前文艺学、美学多元发展的语境下，这种僵化的观点实际上偏离了以人为本的理念，从另一个极端突破了文学和文论应当坚守的人道主义底线，既不利于艺术和审美实践的发展，也不利于文艺学、美学理论的发展。在这方面我们有着许许多多痛苦而深刻的历史教训。当然，需要说明，这种观点，并不直接来自后现代主义文论的影响，主要源于对马克思人道主义思想的教条、僵化的理解，但是，在客观上与后现代反人道主义思潮形成了某种间接的呼应。

五　后现代主义文论“反对阐释”，意味着从价值中立走向价值虚无

后现代主义“反对阐释”的立场是由其建立在差异哲学基础上的解构主义文本观决定的。克里斯蒂娃在吸收巴赫金的对话理论、批判结构主义语言学基础上，以小说研究为对象，提出了文学书写的“互文本性”理论，她说：“巴赫金所言的对话，将写作看成是主体性与交流性的结合体，或者更恰当地说，是互文本性。面对对话，‘个人写作主体’这一概念遁形，取而代之的是‘双重性写作（ambivalence of writing）’。”[②] 克里斯蒂娃所言“互文本性”，一是指任何文本都是其他文本的镶嵌与变形；二是指文本是读者与作者对话的场所，是容纳相互对立含义的场所；三是指它是文本主体化和主体文本化的双向互动过程。这样，传统关于文本意义确定性和可阐释性的观念就被解构了。罗兰·巴特的文本观也有异曲同工之妙。他在宣布“作者死了”之后，通过“巴特式阅读”“符码”等方式，实际上进

① 《马克思恩格斯全集》第46卷上，人民出版社，1979，第410页。

② Julia Kfisteva, “Word, Dialogue, and Novel”, in Leon S. Roudiez (ed.), *Desire in Language, A Semiotic Approach to Literature and Art*, trans. Thomas Gora, Alice Jardine, and Leon S. Roudiez, Oxford: Basil Blackwell, 1984, p. 68.

一步宣判作品的死亡。作品死了，才诞生文本。但文本不是存在于读者阅读之外的客体，它恰恰是在读者阅读中才被发现并生成的。所以他说，“作者的消灭”“完全改变着现代文本（或者也可以说，从今以后用这样一种方式构成文本或阅读文本，使作者在其过程中的所有层次上都不存在）”；在他看来，“文本不是一行释放单一的‘神学’意义（从作者——上帝那里来的信息）的词，而是一个多维的空间，各种各样的写作（没有一种是起源性的）在其中交织着、冲突着。文本是来自文化的无数中心的引语构成的交织物”①。这可以说是克里斯蒂娃的“互文本性”的另一种表述。这种文本是作为对于读者解释的召唤而存在的，但这种解释不追求意义，而是一种呈现，只呈现文本的复数性。这意味着，文本本身没有结构，没有中心，没有确定的意义。

后现代主义的这种文本观，完全否定了文本能够表现那种有确定性的“大写的真理”。因此，对于文本意义的阐释、揭示其中真理性的努力自然就被取消了。巴特据此而明确否定阐释，他说：“作者一旦除去，解释文本的主张就变得毫无益处。”②

明确提出“反对阐释”艺术文本主张的是桑塔格。需要说明的是，桑塔格不是一般地、全盘地反对一切阐释，而是反对传统的非艺术化的阐释方式，即将文学艺术作品中的真理性、道德性内容从与形式一体活生生的艺术整体中单独剥离、抽取出来，通过对这些非艺术化内容的阐释而达到对作品意义的理解。她认为这种“建立在艺术作品是由诸项内容构成的这种极不可靠的理论基础上的阐释，是对艺术的冒犯。它把艺术变成了一个可用的、可被纳于心理范畴模式的物品”。桑塔格认为像卡夫卡、贝克特、普鲁斯特、乔伊斯、福克纳、里尔克等等大作家的杰作以往都被包裹在这种传统阐释的厚壳中，其真实的艺术性尚未得到人们的悉心体验。她指出，“我们的文化是一种基于过剩、基于过度生产的文化”，而用这种文化去阐释艺术，其结果只能是我们感性体验中的那种敏锐感正逐步丧失。所以她提出要用一种“透明性”的批评来恢复对艺术的敏锐感觉，在她看来，“透

---

① 罗兰·巴特：《作者之死》，载赵毅衡编《符号学文学论文集》，百花文艺出版社，2004，第509～510页。

② 罗兰·巴特：《作者之死》，载赵毅衡编《符号学文学论文集》，百花文艺出版社，2004，第510页。

明是艺术——也是批评——中最高、最具解放性的价值。透明是指体验事物自身的那种明晰，或体验事物之本来面目的那种明晰”。这种“透明”是后现代文学、后现代批评想要达到的一种高度和状态，它要求文本的独立性，反抗以内容的解说和转换来僭越作品的地位。也正是在这个意义上，桑塔格最后提出：“为取代艺术阐释学，我们需要一门艺术色情学。”[①] 所谓“艺术色情学”，不是指从色情角度来理解艺术，而是指对艺术作品进行脱离了说教性内容的、真正意义上的感性理解，去悉心观看、倾听和体验艺术。这就是桑塔格“反对阐释”论的真义。它主要是反对用那种大而无当的过剩文化来阐释艺术（而不是其他种种）文本，所以是有限定的；特别反对离开这种感性体验而单纯作内容的解释和说教，即她所批评的传统“阐释学”。桑塔格的这个观点不无合理性和片面的深刻性，但同时也暴露出她取消对艺术内容进行深度阐释的价值虚无立场。这与后现代主义文论逃避阐释、消解价值取向的基本策略完全一致。正如有的学者所指出：“后现代文化的到来，在思维论层面打破了传统中心论而开拓出新境界，但却在价值论层面上带给整个文化美学以虚无色彩。”[②]

把后现代主义文论这种虚无主义价值观明白无误地说出来并加以正面肯定的是意大利哲学家凡蒂莫。他认为，后现代的“差异哲学”起于尼采和海德格尔。他并不反对阐释，因为他心目中的“阐释”就意味着价值重估。他认为差异从根本上说是人类权力意志（“阐释意志”，甚至“思想兴趣”）的产物，可以被认知的世界只能是一个差异的世界，也就是一个阐释的世界，因为在人们对世界的体验中所遇到的一切无非是一种阐释，世界上的事总是用人们充满主观价值的术语来阐释的。这看起来与桑塔格“反对阐释”大相径庭，但实际上在价值虚无这一点上异曲同工。凡蒂莫的阐释观认定，形而上学的“真理”只是表达了特定的个人或社会团体的主观价值，而不是神、人类或自然界不可改变的本质；作为理性主义形而上学根基的“逻辑”事实上只是一种修辞学，所以，真理与虚假、本质与表象、理性与非理性之间的界线也必须破除。凡蒂莫并对此中蕴含的虚无主义的价值观予以充分肯定。他从尼采所宣布的“上帝死了”之中推断出，所有

---

① 苏珊·桑塔格：《反对阐释》，程巍译，上海译文出版社，2003，第16、17页。

② 王岳川：《后现代主义与中国当代文化》，《中国社会科学》1996年第2期。

价值的“真实本质”都是“交换价值”[①]，任何一种价值都可以被转换成或交换成任何其他特定的价值。换言之，当由形而上学的最高价值（例如上帝、理性等）所确立起来的等级秩序崩溃时，价值系统本身就变成了一个无穷无尽的转换过程，其中没有什么价值可以表现得比其他价值更高或更可信，因为世界的各个方面（甚至存在本身）都要永远服从于更进一步的阐释过程，即价值重估过程。

应当肯定，凡蒂莫的虚无主义阐释学，在批判和颠覆西方传统形而上学和现代工具理性的价值观方面是犀利而深刻的。但是，它是一把双刃剑，它同时也指向了传统思想中一切在各个时代先进的、有普遍价值的东西，如人道主义，如近代以来民主、自由、平等等诉求，如中国儒家的仁、义、礼、智、信等伦理原则。也就是说，虚无主义价值观把中西传统中一切具有合理因素、曾经起过重大作用的价值功能和原则不加区分一律加以解构和颠覆。按照这种观点，进入文明时代以后，人类始终生存在价值荒芜之中。这难道不是十分荒谬吗?！而且，进一步推论，在后现代的今天，一切既有价值被消解了，剩下的只是无休止的价值重估、流变的过程，新的价值体系永远建立不起来，那样的社会能够存在哪怕一天吗？虚无主义到最后只能走向“无”的荒原。

后现代主义文论反对阐释这种表面价值中立、实则价值虚无的思想，在中国文艺理论和美学界并没有产生明显的影响，这是因为在当代中国主流意识形态支配的语境下，根本没有价值虚无主义的立足之地。不过，在文艺创作领域，为了逃避阐释而刻意采用某些后现代主义的创作策略，如拼贴、复制、变形、嫁接、扭曲、戏仿、反讽、怪诞、抽象化、装饰化等，倒比比皆是。当然，我们并不认为凡是采用了这些创作手法的文艺作品都是反对阐释、消解价值的，但是，这中间确有持反对阐释的后现代主义立场的。应当说，这种立场对于文艺创作应有的健康向上的价值倾向性和负载的塑造人的美好心灵的社会责任，无疑是非常有害的。

后现代主义文论对当代中国文论的消极影响，肯定还不止这些，比如对现代性和启蒙理性的全盘否定，对于启蒙使命尚未完成、正在走向现代化的中国来说，似乎有些过早了，有的学者未顾及这种历史、地域、制度

① Gianni Vattimo, *The End of Modernity*, Cambridge: Polity, 1988, p. 22.

的差异，一味宣称中国“启蒙神话”的终结，恐怕有点历史的错位；又比如解构主义对西方“逻各斯中心主义”的形而上学传统彻底解构，不能简单地套用到对中国传统文化的批判上，对中国传统文论的许多思想、观点、术语、范畴，也不能一概直接袭用后现代主义文论加以解读和阐释，这容易犯张冠李戴、言不及义的毛病；如此等等。本文限于篇幅，不能一一展开了。

综上所述，后现代主义文论对中国当代文论的消极影响是客观存在的，我们不能掉以轻心；但是，我们也不应该否定，它对中国当代文论的创新建构和发展还有着积极影响的一面，不应该对它简单化地全盘否定，一棍子打死，而应该给予实事求是、客观公正的分析评判。这样才有助于我们自觉地反思和借鉴后现代主义文论的得失和经验教训，更好地促进当代文艺学、美学的理论创新和建设。

史　学

关于中国历史学话语体系建设的点滴思考*

张海鹏**

一

从历史的角度看，一个国家学术上的话语体系与该国的物质基础相匹配，小国弱国一般很难取得国际上的学术话语权。在16～19世纪中国还貌似强大时，崛起中的欧洲资本主义国家对中国的学术表示尊敬。老子、孔子等先贤的著作被翻译到欧洲，欧洲汉学于是兴起，一些欧洲思想家受到中国学术思想的启迪，甚至马克思也从中国思想家的贡献中吸取有益的东西。

鸦片战争后尤其是《辛丑条约》的签订，彻底打倒了中国士大夫的自大狂。中国知识界觉悟到国家的落后，纷纷到东洋、西洋留学。《天演论》《群学肄言》《民约论》《法意》《群己权界论》等欧美资产阶级上升时期的理论著作被译成中文出版，苏格拉底、柏拉图、亚里士多德、培根、孟德斯鸠、康德、黑格尔等名士被中国知识界接纳，成为当时思想理论界的话语体系核心。严复、梁启超、孙中山、胡适等新型知识分子都是在吸允西学知识后成长的。

到了辛亥革命前后，有些文化人面对西学的文化强势，反思自己的文化，认为中国的文化、学术落后，是因为汉字不好，有人就主张废除汉字，制定了汉字拉丁化方案。包括鲁迅在内，甚至劝说年轻人不要看中国书，

---

* 本文原刊于《哲学社会科学话语体系建设研究动态》第8期，2014年4月30日。

** 张海鹏，中国社会科学院学部委员，研究员。

只看西文书。

20 世纪 20 年代开始，包括《共产党宣言》在内的一批马克思主义理论著作译成中文出版。郭沫若、吕振羽、范文澜、翦伯赞、侯外庐等中国学者开始运用唯物史观研究中国古代历史和中国哲学。马克思主义理论在中国学术界成为另一套话语体系。以毛泽东为代表的中国共产党人把马克思主义革命理论与中国革命实际相结合，走上了中国化的马克思主义的路。

近代中国衰落的时期，中国的学术话语体系是以西方话语体系为参照、为圭臬的。

二

新中国成立以来，我国哲学社会科学的话语体系总体来说在国际上还是处于弱势，这与国力总体上是相匹配的。在这个时期，我国学术界的眼光还是向外的。就历史学而言，先是大量翻译出版苏联的史学著作，包括苏联科学院多卷本的《世界通史》；后来是大量翻译出版欧美国家的历史学著作，“剑桥中国史”系列包括《剑桥中国晚清史》《剑桥中华民国史》《剑桥中华人民共和国史》等，其实都是针对西方读者写的，对中国学者固然不无参考作用，但也不是多了不起的学术著作。

中国大量翻译出版外国历史学著作，而西方很少翻译出版中国史学著作。范文澜的《中国通史》，郭沫若主编的《中国史稿》，刘大年主编的《中国近代史稿》，白寿彝主编的《中国通史》等大部头的中国史学著作，都没有外文译本。少量被翻译的发行量也甚少，在国外图书出版界只是点缀，不能形成话语体系。

大量中国青年学生到外国留学，学习中国古代史、中国近代史、世界史，在西方话语体系下熏陶。中国年轻一代的历史学者撰写论文或学术著作经常引用西方学者（甚至不一定是最杰出的学者）的话作为自己研究的出发点或者工具，对中国历史学者的著作则不太注意引用。我国年轻一代的历史学者往往对中国古籍不太熟悉，对马克思主义基本理论也很生疏。这也从一个侧面反映了历史学领域话语体系的情况。

美国学者在中国近代史研究领域提出了不少新的概念，如冲击—反应模式、现代化研究范式、中国近现代历史的连续性、文明的冲突、告别革命、历史的终结等，风靡世界也风靡中国，在中国历史学领域成为话语体系的典型概念。中国学术界流行的历史虚无主义，在理论根源上往往与上述概念有关。中国历史学者在研究中采用马克思主义社会形态学说，采用近代中国社会性质是半殖民地半封建社会、中国近代史的主题是反帝反封建、中国革命史是在中国化的马克思主义理论指导下取得胜利以及阶级分析等观点，采用民族资本主义和官僚资本主义、中国文明起源和民族融合等概念，往往不为西方学者接受，甚至也不大为中国年轻学者所接受。

随着中国经济的迅猛发展、中国国力和世界影响的增大，学术界的状况也在悄悄改变。过去说蒙古学、敦煌学在外国，现在不好那么说了。中国历史学领域的许多专门研究无疑有独步世界的学术成就，但是为外人了解尚需时日。2007 年，英国著名的 Routledge 出版公司主动找到中国社会科学院近代史研究所，请近代史所主编一本中国近代史的学术刊物 *Journal of Modern Chinese History*，现已在欧洲发行了几年。这在一定意义上反映出我国近代史研究的话语体系开始在欧洲产生影响了。

目前西方国家对中国经济的发展和国际地位的提升不适应、不习惯、也不耐烦。尽管现在美国、英国都有一些学者对中国的观察和评论持相对客观的态度，但还不足以影响西方学术界。不过，西方观察家（包括历史学者）从现实利害关系出发，在一定的历史发展阶段下会承认或认可中国的经济与政治发展格局。承认中国发展是中国特色社会主义，而不是中国特色资本主义，需要一个转弯的时间；承认中国共产党领导的协商民主政治是中国特色的民主政治，而不是专制，也需要一个转弯的时间。美国的政治历史学者福山已经开始在转弯了，2011 年出版了《政治秩序诸起源》，“把中国当作国家形成的范本”，研究中国发展模式，研究“其他文明为何不能复制中国道路”。这个学术观点的转变很有典型意义。这是我们愿意看到的。但从意识形态的角度看，他的立场并未根本转变。

三

西方学者学术观念的转变是值得欢迎的，但中国学术话语体系还需要中国学者去建设。笔者有以下几点建议。

第一，要教育青年学者认识中国发展的现实和前景，认识中国政治制度和经济发展模式对于资本主义国家的优越性，加强他们对国家发展进步的自信，进而加强学术自信，推动他们为建设具有中国特色的哲学社会科学话语体系做出艰苦努力。

第二，中国历史学者要自觉地、有组织地制定中国史学研究课题，着重研究中国历史发展的规律性、中国文明起源的历史根据、中国文明何以不同于其他世界文明体系、中国文明体系在历史上是如何吸收其他文明体系的精华的、中国几千年的政治经济结构是如何形成的、中国文明的弱点在哪里、中国的意识形态体系或者说儒学（国学）体系的精华和糟粕在哪里、中国革命成功的特点究竟在哪里、马克思主义是如何与中国革命实际和历史实际相结合的、中国化的马克思主义是如何在中国传统文化的土壤里产生的、复兴起来的中华民族如何看待中国传统文化、5000 年中华文明的连续性发展对现实中国和现实世界的意义、中国历史学者如何看待世界历史的发展，等等。这些课题需要学者深入进行研究，要有十分扎实的史料根据，要有严谨的论证逻辑，要有令人信服的阐释力，只有这样才能建立中国历史学的话语体系。

第三，历史学者应该在上述课题指引下，用坐冷板凳的精神开展学术研究，产生一系列运用史料得当、见解独到的精深专著；应该运用集体力量组织学者攻关，产生多种体系宏大、结构严密的大部头著作；还需要具有战略性思考能力的学者在专门研究的基础上对中国历史提出新的概括，形成新的概念和范畴，运用新的表述做出新的判断，使这种研究建立在某种方法论意义上，在国际学术界形成中国学术的影响力。

第四，中国学术话语体系建立的基本标志是西方国家学术界、出版界主动翻译引进中国学术研究成果作为他们学术研究、认识中国的基本参考读物，也作为他们研究世界历史和现状的基本参考读物；西方国家派出大量留学生到中国留学；汉语、汉字成为西方学者能够掌握的一个基本语言工具。当然，我国学术界、出版界也应主动翻译出版中国学术界、历史学界的代表性著作；由我国学术机构召开适当的学术会议去推介中国学术界、历史学界的代表性著作。

第五，要下大力培养和储备大批专门人才，也需要培养一批跨学科的具有战略性思考能力的人才。形成话语体系，需要大批扎实的专门研究成果做支撑，尤其需要具有战略性思考能力的学者提出某个学科领域的新概念、新范畴、新概括、新表述，形成具有方法论意义的中国气派的研究模式，对形成话语体系方面将具有独特的作用。

中国哲学社会科学界，包括历史学界经历了 60 多年的学术积累，已经对国外学术界具有了充分了解和把握，中国学者应该与国家的物质基础相匹配，相应地具备对中国化马克思主义的理论自信、对中国文化传统的自信、对中国学术理论和文化创造力的自信。未来 20 年或者更长一点时间，一定会是中国学术话语体系大放光彩的时期。

建立起话语体系最重要的是有伟大的作品*

耿云志**

一

建立话语体系是为了拥有话语权。怎样才能建立起话语体系呢？我以为最重要的是要有伟大的作品出世。所谓伟大的作品，就是能够提出一套新的思想观念，能够给绝大多数人都关切的社会问题（包括经济、政治、思想文化、教育、学术等诸多方面）做出有说服力的解释，并提出解决这些问题的可行方案。这是指作品的思想理论意义方面。但还不止于此，作品的表达必须清晰流畅，读起来朗朗上口。这样的作品，势必拥有最广大的读者和信从者。人们相信它所讲的道理，欣赏它的文字，自觉或不自觉地去模仿它、效法它。于是，由这个（或许是一批）伟大作品所确立的思想观念、思维逻辑、概念、术语，就为一个时代的许许多多的人所接受、所习用，成就了一种话语体系，能够熟悉运用这套话语体系的人就拥有了话语权。

回溯一下古今中外的历史，可以证明上述说法是不错的。西方文艺复兴运动起步时期，意大利出了个伟大作家但丁，他有一部伟大的作品叫做《神曲》。这部书体现出新的价值观，文字的清新优美，影响了一整代人，近代意大利国语的形成实肇基于此。16～17 世纪英国出了个莎士比亚，他的创作同样影响了那一整代人，对于英国近代国语的形成起了奠基的作用。

---

* 本文原刊于《哲学社会科学话语体系建设研究动态》第 12 期，2014 年 6 月 5 日。

** 耿云志，中国社会科学院学部委员，研究员。

这里说的伟大文艺家的作品的影响，就是一种话语体系的建立。

二

一些伟大的思想家和学者的作品促成新的话语体系的建立，是更加深刻的历史记忆。大家知道，达尔文的《物种起源》一书所提出的进化观念，对于近代自然科学、哲学和社会科学产生了巨大的影响。19 世纪下半叶至 20 世纪，它是影响人们的思想最重要的作品之一。

中国的严复因为翻译了一本简要介绍达尔文进化论思想的书《天演论》，成了中国近代最著名的思想家之一。因《天演论》的传播，中国人始知有进化一说，始知物竞天择、适者生存的道理。由此而推动民族觉醒，奋起自强，改革与革命的风潮由之而起。打开清末民初的报纸杂志，讲进化，说进步，倡革新、革命的文章简直铺天盖地。那时人们还争相以进化论的词语给自己起名字，如叫竞存、天择、适之的，很多很多，真可说是一套进化论的话语体系。

清末维新运动出了个梁启超，他在流亡日本期间创办《新民丛报》，在这个杂志上发表了以《新民说》为代表的一系列宣传新思想、新观念的文章。其思想进取，文字清新，笔端常带感情，极具说服力和感染力，拥有最广大的读者。人们争相效法所谓“新民体”，确实引领一代文风，成就一代话语体系。

到了新文化运动时期，严复所代表的那个进化论的话语体系、梁启超所代表的“新民”的话语体系已经不够新鲜，渐被以民主、科学为话语中心的一套新的话语体系所代替，那就是在新文化运动时期，由胡适与陈独秀等人所创立的一套话语体系。他们批判旧思想、旧伦理，强调解放个人、解放女子，提倡向世界开放、改革教育、改革政治，宣传民主、科学，都是足以让一代青年赫然开朗、提起勇气、向前奋斗的思想观念。那个时期胡适的文章最受人欢迎，《胡适文存》一版再版，青年学生几乎人手一部。胡适为代表的白话文取代了严复那一代人所宗奉的古文，成了广大青年和绝大部分知识阶层所喜欢的语言风格，也受到其他社会阶层凡能读书看报的人们的广泛欢迎。这种新话语体系的权威性，我们从保守派的反应中得到有力的证明。章士钊当教育总长的时候代表守旧派要清算新文化，写文章声讨胡适著作产生的影响，说当下的青年简直“以适之为大帝，以绩溪为上京，遂乃一味于《胡适文存》中求文章义法，于《尝试集》中求诗歌律令。”在章士钊看来，胡适所代表的话语体系拥有极大的权威性。

三

19世纪欧洲思想最重大的变化是马克思主义的诞生。19世纪中叶以后，资本主义内部的矛盾、各国之间的矛盾都异常尖锐，经济危机、政治危机频繁不断。怎样克服危机，怎样解决矛盾？各种思想主张都不能令人满意。这时，马克思、恩格斯提出一套解决方案：共产主义与无产阶级革命。《资本论》这部巨著，从理论上深刻论述资本主义不可调和的内在矛盾，指出无产阶级革命和共产主义的前途。这一学说在当时工人运动迅猛高涨的形势下得到了空前广泛的传播，很快受到知识界的高度关注，并逐渐发生深远影响。于是，社会主义、共产主义、无产阶级革命成了一套新的话语体系，影响了整个欧洲的政治进程。

在19世纪末期，马克思的名字在中国只是偶然出现，只有极个别的人有所耳闻。直到20世纪新文化运动和俄国十月革命，马克思和马克思主义才在中国比较广泛地传播开来。先是一部分青年知识分子，然后在教育界、学术界乃至政治界，一批人开始接受马克思主义，遂有了中国共产党。经过几十年的奋斗，马克思的话语体系在中国共产党的根据地里成为占统治地位的话语体系。在这个过程中，毛泽东的著作因为最能体现马克思主义与中国革命实践相结合的思想，所以对于绝大多数的中共干部来说，实际上是毛泽东的话语体系占了主导地位，1949年以后终于在全国范围确立以毛泽东著作为代表的话语体系。

《毛泽东选集》（主要是前四卷）不但回答了当时中国所面临的各种带根本性的社会问题，而且锻炼出一种既不同于自古以来的中国旧文风，也不同于由一批留学生逐渐演绎出来的洋式文风，而是真正凝聚了近百年中国人的奋斗经验与智慧，受绝大多数人欢迎的生动活泼的新文风。毛泽东是经过新文化运动洗礼的新一代中国人，其思想观念与文字风格都与新文化运动有关联。大家知道，胡适在政治上是与毛泽东相对立的，但在使用白话文这一点上，胡适却非常佩服毛泽东。他有一次谈话，非常不满意台湾当局对白话文的态度，说在使用白话文这一点上，台湾不如大陆，而大陆白话文写得最好的是毛泽东。

所以，毛泽东能够建立起为人们所接受的话语体系，不仅是其思想能回答时代提出的问题，同时也是因为他的著作，文字清新流利，善于古今结合，讽喻得体，言简意赅，深入浅出，令人喜读，读而能解。

四

话语体系的权威性，在各学科范围内也同样存在。例如在“文化大革命”前史学界中，范文澜先生、翦伯赞先生的著作都不同程度地影响着一代青年史学工作者。因为他们的作品虽说不上伟大，但在学科内确有相当的权威性。他们功底深厚、治史经验丰富，思想、文字都很成熟。

今天提出建立话语体系，我们应当有这个志气。但一种新的话语体系决不是很容易建立起来的。必须有整个民族甚至整个人类的经验智慧支撑，少数精英勤苦奋斗，在自由讨论、相互切磋、相互磨砺的过程中，锻造出伟大的作品，以其理论的说服力、文字的感染力征服大众，建立起这个话语体系。

我们面对的世界、面对的国内外的种种问题、种种挑战，是前辈们不曾遇到过的。客观上需要人们提出新的理论、新的方法来应对。一方面，根据人类的历史经验，我们坚信所面对的问题终究会解决；一方面要明白，我们每一个人要为解决这些问题贡献一份力量。伟大的思想家、伟大的学者，不是凭空产生的，要在千千万万人通过勤奋工作所堆垒起来的台基上挺立起来。为此，大家都要胸怀高远、目视前方、脚踏实地、辛勤工作，为伟大的作品出世准备条件，为新的话语体系的建立准备条件。

关于当代中国史学话语体系建构的几个问题*

瞿林东**

近年来关于当代学科话语体系的建构问题，引起了一些学科研究者的关注，这是一个很好的现象。因为这关系到各学科基础理论的建设，关系到各学科的发展水平和发展趋向，也关系到各学科走向世界的路径。我对此曾作过这样的概括："学术话语体系在很大程度上反映了一个时代的学术面貌及其走向，而学术话语体系的建构既有内在的历史联系与新的创造，又有内在和外在的沟通与借鉴。准此，则中国学术话语体系的当代建构，似亦应循着这一路径前行。"① 本文拟在这一概括的基础上结合中国历史学的实际作进一步阐述，以就教于学术界同行。

一 唯物史观与中国史学话语体系的当代建构

我所理解的学术话语体系，离不开学术思想、研究理念与方法、范畴或概念的运用、关于研究对象的解释以及语言表述的风格和特点等。因此，所谓话语体系不仅是一个理论问题，而且是一个实际操作和运用的问题。

一种学术或一门学科，总以一定的指导思想为理论基础。就历史学来说，从孔子在事、文、义中最重视"义"，② 到章学诚以重视"史意"自况；③ 从梁启超强调进化论的重要性，认为"苟无哲学之理想者，必不能为

---

* 本文原刊于《中国社会科学》2011 年第 2 期。

** 瞿林东，北京师范大学教授。

① 瞿林东：《探索中国史学的理论研究话语体系》，《中国社会科学报》2009 年 12 月 1 日。

② 《孟子》卷 8《离娄下》，十三经注疏本，中华书局，1980。

③ 章学诚：《章学诚遗书》卷 9《文史通义 · 外篇三 · 家书二》，文物出版社，1985。

良史”,[①] 到李大钊指出“唯物史观在现代史学上的价值”,[②] 尽管时代不同，历史撰述的内容有很大变化，但史学家重视思想、理论的传统却贯穿古今。

在历史观方面，20 世纪以来百余年的中国史学经历了三次大的跨越，即从古代朴素的进化观点到近代进化论，再从进化论到唯物史观。20 世纪三四十年代，在唯物史观指导下，马克思主义史学在中国发展起来，并在 50 年代后成为中国史学的主流。因此，探索中国史学话语体系的当代建构，从学术思想上看，不能不考虑唯物史观的地位和作用。换言之，应该考虑中国马克思主义史学如何在新的历史条件下，从思想和理论上探索自身的话语体系。面对这个问题，中国马克思主义史学必须在反思中探索前进的道路。举例来说，近年来，马克思主义的社会经济形态学说遭到种种质疑。然而，正是马克思主义的社会经济形态学说，揭示了人类社会进程是一个从低级不断走向高级、有规律的发展过程，而在这一过程中，社会的经济基础、上层建筑、意识形态都在发生变化，从而使这一过程大致可以划分成不同的发展阶段。

应当指出的是，中国马克思主义史学在其七八十年的发展过程中，有辉煌的成就，也有惨痛的教训。简言之，其成就在于使中国史学真正走上科学地阐述中国历史的道路，并在现实的历史运动中发挥了重大的积极作用。其教训则在于对唯物主义的理解和运用方面，在起步阶段难免存在简单化的倾向，加之政治上“左”的影响，历史研究中的教条主义学风曾盛行一时，从而损害了中国马克思主义史学的正常发展，并造成严重的后果。此种情况，在改革开放以来的 30 多年中，已经发生很大改变，马克思主义史学的成就和生命力都进一步显示出来。这些事实表明，马克思主义的社会经济形态学说，是唯物史观指导历史研究的最基本的理论，与其相关的范畴和概念乃是中国史学当代话语体系的核心。关于如何运用马克思主义社会经济形态学说阐述中国历史进程，史学家们因对所据史料的认识不同而有这样那样的分歧，当是学术研究中极其自然的现象。因此，不能因为在这个问题上存在不同的分期方法，而对马克思主义的社会经济形态学说

---

① 《饮冰室合集》之九，中华书局，1990，第 10 页。

② 《李大钊全集》第 3 卷，人民出版社，2006，第 216 ~ 222 页。

本身表示质疑。退而言之，如果在历史研究中放弃马克思主义的社会经济形态学说，人们将怎样认识人类社会的进程，怎样探索人们在社会中的种种复杂关系，怎样揭示人类社会历史的发展规律，进而怎样阐明人类历史的前途呢？正是由于马克思主义史学遵循唯物史观的指导，结合具体的研究对象，能够对这些关乎历史研究的根本问题作出合理的回答，才在世界范围内表明它的真理性，受到许多历史研究者和学术工作者的信仰和追求。正如英国历史学家杰弗里·巴勒克拉夫所指出的那样："马克思主义的影响之所以日益增长，原因就在于人们认为马克思主义提供了合理地排列人类历史复杂事件的使人满意的唯一基础。"他又写道："马克思认为，历史既是服从一定规律的自然过程，又是人类自己写作和上演的全人类的戏剧。马克思和恩格斯一方面强调历史学家不仅应当记载按年代顺序发生的一系列事件，而且应当从理论上对这些事件进行解释，为此目的，就应当使用一整套成熟的概念。"作者从马克思主义重视对社会和经济的复杂而长期的过程进行研究，使历史学家认识到必须研究人们生活的物质条件，促进人们对人民群众历史作用的研究，社会阶级结构的观点和阶级斗争的理论对认识人类社会历史的积极意义，唤起人们对历史研究的理论兴趣以及对历史学理论的兴趣等五个方面，概括了马克思主义对历史研究的重大意义。①笔者认为，这些阐述和概括是有根据的，故而也是有说服力的。

20世纪以来的中国史学史表明，中国史学选择以马克思主义唯物史观作为自己的理论基础，既是由中国的历史条件所决定的，也是在世界历史背景的积极影响下，中国史学的正确选择。尽管中国马克思主义在其七八十年的发展历程中，有着这样那样的缺点，但其基本方向是合理的和科学的，它所取得的成就，亦如巴勒克拉夫所概括的那样是前所未有的。唯其如此，应在对马克思主义唯物史观之新认识的基础上，确立马克思主义社会经济形态学说及其相关范畴，以构成中国史学当代话语体系的骨骼。值得注意的是，中国历史的新的进步和中国史学的新的发展，以及马克思主义理论研究和建设工程的启动和展开表明，中国史学工作者能够遵循这样的理念来坚持和发展马克思主义史学，这就是：分清哪些是必须长期坚持的马克思主义基本原理，哪些是需要结合新的实际加以丰富发展的理论判

① 巴勒克拉夫：《当代史学主要趋势》，杨豫译，上海译文出版社，1987，第26、27页。

断；哪些是必须破除的对马克思主义的教条式的理解，哪些是必须澄清的附加在马克思主义名下的错误观点。用科学的态度对待马克思主义，用发展着的马克思主义指导新的实践。中国马克思主义史学自应在这样的理念之下，进一步建构自身的话语体系。

清人黄宗羲说过："大凡学有宗旨，是其人之得力处，亦是学者之入门处。"[①] 马克思主义唯物史观对于中国史学来说，正是后者所遵循的"宗旨"。

二　史学遗产与中国史学当代话语体系

中国史学当代话语体系的建构，既要从20世纪以来中国历史和中国史学的现实出发，确立这一建构的基点，同时，它也必然要蕴含中国史学的优良传统和优秀的思想与理论遗产。如果说前者是它的时代精神的话，那么后者就是它的历史精神。

20世纪以前的中国史学拥有丰富的史学遗产，其中有关观点、思想和理论方面的遗产占有突出地位。就历史观点而言，关于天人关系的探讨、古今关系的探讨、国家和社会治乱盛衰之故的探讨、英雄和时势关系的探讨、经济生活在社会发展中之重要性的探讨、民族关系的探讨、统一多民族国家形成和发展的探讨等等，历代史家都各有论述。就史学理论而言，早在孔子时代，就提出"良史"与"书法"的观念，提出了事、文、义史书三要素的观念，其后，关于史书与时代之关系的认识，史书之社会功用的认识，历史撰述之历史价值的认识，"实录"与"信史"的观念，才、学、识之"史才三长"的思想，以史经世的理论，史实、褒贬、文采之历史撰述三原则的理论，撰述内容与史书体裁之关系的理论，史书"未尝离事而言理"的理论，以及"六经皆史"的理论，"史法"与"史意"相区别的理论，"史论"之重要性的观点，史书体裁之辩证发展的理论，知人论世的史学批评方法论原则，"欲知大道，必先为史"的见解等，历代史家也都各有论述。

一般说来，范畴和概念是观念、思想和理论的高度概括。在中国史学遗产中，历代史家和学人关于历史方面、史学方面的范畴和概念的不断探

---

① 黄宗羲：《明儒学案·发凡》，中华书局，1985，第14页。

讨，都推动着中国史学在历史理论和史学理论领域的发展。比如在历史观点方面，从春秋时期关于“天命”与“人事”、“天道”与“人道”的探讨，到司马迁在《史记》中确立人在历史运动中的主体地位，再到三国时期人们提出“天时”“地利”“人和”的观念，史学家对于社会历史变动原因的探索越来越深入。从《周易》提出穷变通久的观念，到司马迁以“通古今之变”作为撰述宗旨之一，把“通变”思想和“见盛观衰”“稽其成败兴坏之理”的方法论发展到新的高度。从《汉书》设《食货志》突出社会经济的重要作用，到杜佑《通典》九门中以“食货为之首”的撰述思想，把《史记·货殖列传》的意义进一步发展。从历代史家、学人关于朝代治乱兴衰的总结，到司马光以“监前世之兴衰，考当今之得失”，再到王夫之《读通鉴论》对“资”“治”“通”“鉴”的富于哲理的诠释，把史学家们对治乱兴衰之故近2000年来的讨论作了理论上的总结等。又如，在史学理论方面，从“书法不隐”到秉笔直书，再到对于“采撰”的谨慎和对于国史、野史、家史是非得失的辩证分析，中国史家的“求真”精神不断提高到新的境界。从对于史书在事、文、义三要素的表述，到对于史书在史实、褒贬、文采三原则的要求，以及“记注”与“撰述”区别的观念，反映了史学家对史学之含义的表述愈来愈深刻了。从编年、纪传两种史书体裁孰优孰劣的论难，到阐述史书体裁发展中“神奇”与“臭腐”的互相转化，为中国古代史学理论增添了辩证的色彩。从一般的“良史”主张，到才、学、识“三长”之说，再到德、才、学、识的阐述，中国史学家对于自身修养的认识越来越深化，对于历史撰述中主体与客体关系的认识也更加合理等。

20世纪以前2000多年的中国史学表明，它在长期的、连续不断的发展过程中，在客观上已经形成自身的“话语体系”，这是中国史学之所以能够具有许多优良传统的重要原因之一。当然，随着历史的发展、社会的变迁，中国史学原有的“话语体系”和优良传统，有的已失去实际意义，甚至成了落后的东西。但是，由于文化本身有其传承性和沿袭性，必然也有一些有价值、有意义的思想和理论能保持固有的生命力，并融入当代的学术文化中，为当代学人所接受、继承、发扬。任何事物的历史都是无法割断的，史学也是如此。当代史学工作者，恐怕都不会否认司马迁的“究天人之际，通古今之变，成一家之言”是一个崇高的目标，都不会否认刘知幾提出的“史才三长”、章学诚补充的“史德”也是一个崇高的目标。关于考异、考证、商榷、札记、史论、史评、史注、史表等研究方法及相关术语，恐怕在当代史学的话语体系中还会占有一席之地，并被赋予新的含义、新的生命力。

如果上述认识大致不错的话，那么中国史学话语体系的当代建构，则应加强对中国史学遗产的研究，发掘和梳理其中有价值、有意义的成果，并加以继承和发扬，作为中国史学话语体系当代建构过程中不可缺少的重要资源。应当强调的是，这不仅是重要的，而且是必要的，因为这是建设和发展中国马克思主义史学的实际基础，也是显示历史学的中国特点、中国作风、中国气派的重要路径。在这方面，中国老一辈史学家作了艰辛的努力，取得了辉煌的成就。侯外庐在讲到他的研究原则和方法时，强调指出："注意马克思主义历史科学的民族化。所谓'民族化'，就是要把中国丰富的历史资料，和马克思主义历史科学关于人类社会发展的规律，做统一的研究，从中总结出中国社会发展的规律和历史特点。马克思主义历史科学的理论和方法，给我们研究中华民族的历史提供了金钥匙，应该拿它去打开古老中国的历史宝库。"① 这些话，是一位中国思想史研究者对自己数十年治学原则和方法的一个重要总结。侯外庐主编的五卷本《中国思想通史》能够成为中国马克思主义史学的代表作之一，是他和他的合作者共同努力的结晶，但这也与全书贯穿的他的上述治学原则和方法密不可分。这使我们想起侯外庐于1946年在《中国古代思想学说史·再版序言》中所说的一段话："中国学人已经超出了仅仅于仿效西欧语言之阶段了，他们自己会活用自己的语言来讲解自己的历史与思潮了"；"他们在自己的土地上无所顾虑地能够自己使用新的方法，掘发自己民族的文化传统了……同时我相信这一方面的研究会在业绩方面呈现于全世界的文坛，虽则说并不脱离其幼稚性，而安步总在学步之时可以看出来的。"② 这一段话，可以看做是对于中国马克思主义史学初步建立时期的一个总结。所谓"使用新的方法，掘发自己民族的文化传统"，就是运用马克思主义理论总结中国的历史遗产，亦即使马克思主义史学具有中国作风和中国气派。这无疑是中国史学史上的一次伟大变革。联系前引的那段总结性文字，从这段真诚、自信

---

① 侯外庐：《侯外庐史学论文选集》上，人民出版社，1987，第18页。

② 侯外庐：《中国古代思想学说史》，文风书局，1946，第3页。

而谦逊的话语中，或许可以看到中国马克思主义史学从“学步”走向成熟的一个缩影。

事物的发展，大多在偶然性中蕴含着必然性。正像郭沫若在 1929 年所说：“大抵在目前欲论中国的古学，欲清算中国的古代社会，我们是不能不以罗（振玉）、王（国维）二家之成绩为出发点了。”[①] 1946 年，侯外庐在《中国古代社会史·自序》中也把王国维、郭沫若称作他研究中国古史的“老师”。[②] 郭、侯二位史学前辈的思想境界和治学态度，对于中国史学话语体系的当代建构，自有深刻的启示。这是因为，“任何一个时代的任何一种思想学说的形成，都不能离开前人所提供的思想资料”。[③] 这说明不论在理论上，还是在实际的研究活动中，在中国史学话语体系的当代建构中，史学遗产中的“思想资料”占有多么重要的地位，它们对于显示历史学的中国学派的特点、风格和气派是多么重要。

三　世界眼光与中国史学话语体系的当代建构

从全世界的史学发展史看，中国是一个“史学大国”，一是因为中国文明的发展没有中断，故而中国史学的发展亦未曾中断；二是中国有比较完备的史官制度和官修史书的传统，同时自孔子开创私人修史起，私家撰述历史的活动在 2000 多年中十分发达，形成官修、私撰互相补充、相得益彰的格局；三是中国史书体裁丰富，以多种表现形式记载了历史进程中广泛而复杂的社会内容以及人与自然的关系，有些记载还涉及域外的历史、地理、社会、风俗等内容。可以这样认为，中国古代史学是世界东方文明最伟大的记录，是世界古代文明最辉煌的遗产之一。

至晚在隋唐时期，中国的历史典籍东传日本和朝鲜半岛等亚洲国家；至晚从 17 世纪或者更早一些时候起，中国的一些历史典籍相继传到欧洲少数国家。与此同时，西方国家的某些自然科学技术也开始传入中国。但是，由于清朝实行闭关锁国的政策，这种文化交流，尤其是中西文化交流受到极大的限制。19 世纪 40 年代爆发的中英鸦片战争，以及其后列强对中国的

① 《郭沫若全集·历史编》第 1 卷，人民出版社，1980 年，第 8 页。
② 侯外庐：《中国古代社会史论》，河北教育出版社，2000，自序第 3 页。
③ 侯外庐：《侯外庐史学论文选集》上，人民出版社，1987，第 13 页。

侵略，震惊了国人，有识之士乃“睁眼看世界”，于是在史学领域有魏源的《海国图志》、梁廷枏的《海国四说》、夏燮的《中西纪事》、黄遵宪的《日本国志》、王韬的《普法战纪》和《法国志略》等撰述的面世。这是中国史学家世界意识的一次新觉醒。这种觉醒在1919年五四运动的推动下，在20世纪前半期达到高潮。于是有“新史学”和马克思主义史学的引入，有西方各种史学思潮、史学流派和史学方法的引入，这是中国史学出现根本性变革的50年。20世纪50年代，史学界受苏联学人的影响，一方面扩大了对马克思主义史学的了解，另一方面也受到教条主义的影响，可谓得失两存。20世纪60年代中期至70年代中期，中国学术内无生存环境，外无任何交流，整体上陷入停滞状态。改革开放以来，中国史学家迎来世界意识的又一次觉醒，世界观念大为增强，中外史学交流出现空前活跃的局面，中国史学也发展到一个新的阶段。

本文之所以要作这一史学史上的回顾，旨在说明：第一，中国古代由于自身的优势，它的发展和进步，大致是在一个相对稳定的话语体系内实现的，从而显示出其鲜明的民族特色和民族风格。第二，近代以来，中国史学家先后出现两次世界意识的觉醒，促进了对外国史学的引入，推动了自身的发展，充分说明历史学界“睁眼看世界”的世界眼光的重要性。第三，这两次世界意识的觉醒和外国史学思潮、理论、方法的引入，在很大程度上改变了中国史学固有的话语体系，甚至出现用外国学人的话语体系评论中国史学得失的倾向。第四，在20世纪的100年中，中国史学遗产在许多年代里处于被轻视以至被批判的境地，只有少数史学家在为史学遗产争取它在当今史学发展中应有的位置。

倘若上述概括大致可以成立的话，那么面对中国史学的当代话语建构的命题，中国史学工作者应采取何种态度和做法呢？依笔者浅见：在重视唯物史观和史学遗产的前提下，以更加开阔的视野、更加开放的心胸和气度，借鉴和吸收外国史学的一切积极成果所提供的思想、理论和方法，用以充实、丰富以至于融入中国史学的当代话语体系。概而言之就是：明确的指导思想，鲜明的自我意识和开阔的世界眼光。20世纪前半期关于外国史学方法的引入和借鉴，关于近代考古学的引入和史前史的研究；八九十年代关于文化史、社会史的引入与研究热潮，以及近年来关于全球史、环境史研究的兴起等，中国史学都在不同程度上充实和丰富了自身的话语体系，这些积极的影响是毋庸置疑的。中国史学的未来，还要这样继续努力去做。当然，任何事物都有两面性，当中国史学在以往的中外史学交流中有所得的时候，是否也有所失？或者说，还有做得不够的地方？从反省的视角来看，我想这也是毋庸置疑的。

当我们以虔诚、求新的心态去接受外国史学方法时，是否也曾想到要对悠久的中国史学遗产中的方法加以总结？例如，在如何看待历史进程问题上，是否应考虑到司马迁提出的“见盛观衰”“稽其成败兴坏之理”[①] 的方法论意义呢？在如何看待文献与历史事实的问题上，是否要考虑到裴松之为《三国志》作注、司马光为《资治通鉴》作“考异”，以及清代考史学派所采用的各种考史方法呢？当我们受到外国史学的影响，研究文化史、社会史、环境史等问题时，是否考虑到以中国史学的丰富遗产与之结合，提出有影响的宏大主题的研究，用以回应外国同行呢？近年，还有一个比较突出的事例，即关于“叙事学”的讨论。讨论的起因，仍是外国学者提出来的，是“后现代思潮”的反映之一。中国学者多有反映，但这种反映有的是“响应”，有的是诠释，而真正有分量的回应尚待时日。依笔者浅见，对于这个问题的回应和展开，中国史学有丰富的资源，尤其是思想资料方面的资源。如《史记》被称为“善序事理，辨而不华，质而不俚”[②]；《三国志》因有总揽全局的器识，被誉为“善叙事，有良史之才”[③]；刘知幾从史学审美的视角，即从更高的境界评论史书的“叙事”[④]；宋代史家吴缜强调在尊重事实、合理评论的基础上，指出叙事“文采”的重要[⑤]；梁启超在全面评论史家的德、学、识、才的前提下，称赞司马光的史笔，说他善于把“事实”写得“飞动”起来[⑥]，即在事实的基础上评论史书的叙事等。对于这些关于史书“叙事”的见解、思想，怎样综合、怎样解读、怎样以此“回应”西方学者的“后现代历史叙事学”“后现代叙事理论”等命题，或许还有许多可以思考之处。张岂之在一篇题为《关于生态环境问

① 《史记》卷130《太史公自序》，中华书局，1959。
② 《汉书》卷62《司马迁传》，中华书局，1962。
③ 《晋书》卷82《陈寿传》，中华书局，1974。
④ 刘知幾：《史通》卷6《叙事》第22，上海古籍出版社，1978。
⑤ 吴缜：《新唐书纠谬·序》，丛书集成初编本，中华书局，1985。
⑥ 《饮冰室合集》之九十九，中华书局，1990。

题的历史思考》的论文中指出："西方环境伦理思想和马克思主义环境思想都有一个民族化的问题"，"要建立环境伦理不能完全靠移植西方理论，应和中国的民族文化及现实相结合，特别注意科学与技术的结合，以及人文社会科学与自然科学的融合。"① 这同样也是一个涉及话语体系的当代建构问题。

需要指出的是，本文所举的这些讨论叙事的见解和思想，都是从历史学的立场上来讨论问题的，或者说都是以历史是可以认识为前提来讨论问题的。由此又产生了一个问题：今天人们讨论"叙事学"的前提是什么？是历史学的"叙事"，还是文学创作的"叙事"，抑或是一般意义上的"叙事"。当然，作为"叙事"，它们之间自有一定的联系，甚至有共同之处，但作为不同学科意义上的叙事在性质上有所不同，如果模糊了这种性质上的差异，这种讨论也就失去了学理上的价值。从这一立场出发，我们或许可以引用中国一句古话，"道不同，不相为谋"。当然，"道不同"可以展开辩难，但各自的"道"必须是明确的，这样的讨论同样有价值，也可以促进不同话语体系的相互影响，乃至相互吸收。

在中外史学交流中，或者说在中外史学"对话"中，对中国史学工作者来说，还有一个更重要的问题不能不引起我们的重视，即上文所讲到的，我们能否提出具有宏大主旨的问题，不仅为中国史学家所关注，也受到外国史学家的关注，由这种共同关注而引发的讨论，必将在更加深刻的意义上推动中国史学话语体系的当代建构，并使其在世界范围内产生影响。因此，如何"发现"和提出这样有宏大主旨的问题，中国史学工作者应当深长思之。概而言之，在我们不断"回应"外国学者所提出的问题时，也希望有越来越多的外国学者"回应"中国学者所提出的问题。如果用通俗易懂的语言来表达的话，那就是我们不仅有必要"回应"，也有必要学会倡导；不仅有必要"跟着走"，也有必要争取"领着走"。这就需要中国史学家的共同努力，既有这方面的自觉意识和学术责任感，又善于从整个学科发展状态或自己熟悉的研究领域提出这样的问题，这是推进中国史学话语体系当代建构的重要动力。

试举例来说，从历史上看，中国是一个曾经被毒品带来重大灾难和耻

---

① 张岂之：《张岂之自选集》，学习出版社，2009，第 187 页。

辱的国家，中国人民为改变这种状况而进行了艰苦卓绝的斗争。从现实看，制造、贩卖和使用毒品在全世界泛滥，一些国家也不同程度地受到毒品的危害，打击毒品走私是当今世界各国政府和人民的共同责任，为的是使世界各国人民在和谐、健康的氛围中走向明天。鉴于此种历史和现实，我们是否可以提出这样一个问题，即“毒品与世界的昨天、今天和明天”，希望全世界史学家都来研究、探讨这一全人类共同关注的问题。还有，在世界文明发展史上，各国间的文化交流以至于东西方的文化交流产生了巨大的积极影响，在经济全球化趋势日益发展的今天，人们对于这种积极影响应有更全面、更深入的认识，以推动世界的和平与进步。基于这一认识，是否可以提出这样一个问题，即“东西方文化交流与世界文明发展：文献与研究”。从中外学者现有的研究来看，各自都有一些研究成果面世，但从这样一个宏大主旨着眼，做系统的研究似尚有很大的空间。为了使这一研究建立在扎实的史料基础上，有必要对与此有密切关系的文献进行整理、汇编、出版，同时展开专题的或贯通的研究，使其具有较大的规模和广泛的影响。这或许比一般性地讨论“全球史”更为实际、更能为中外读者所理解，使各国人民从认识过去中展望世界文明的未来。从中国历史和中国史学来看，此种文化交流至晚在西汉已经开始，隋唐时期有了很大的发展，宋元明清时期，学人关于域外的记载更为丰富，可以整理、汇编的文献很多，可以进一步研究的问题也很多。同样，外国学者，尤其是西方学者也是如此。当中外学者把已有的研究和新的研究课题纳入上述这一宏大主旨来思考、分析、评论的时候，必将有新的认识产生出来。

以上这些，只是笔者极其粗浅的设想，是以举例的方法表明一种见解，未必中肯，旨在抛砖引玉，希望同行能够提出一些真正有价值的宏大主题，引发国内外学者的关注和讨论，这对于推动中国史学话语体系的当代建构自会产生积极的影响。

中国经济史学的话语体系[*]

李伯重[**]

“话语体系”是我国学界近年来讨论的热门话题。这个讨论体现了思想界关注的一个焦点，即如何在人文社会科学研究中寻求“中国学术的主体性”、建立中国自己的“学术范式”。至少自“西学东渐”促发“体用之辩”以来，类似的问题就一直在困扰着中国知识界。随着最近30年我国国际地位空前提高，一些学者提出要终结“中国人简单化地学习西方的时代”，建立中国自己的学术判准，推动从“主权性的中国”迈向“主体性的中国”的发展。今天关于“话语体系”的讨论，正是在“中国崛起”的历史背景下展开的。

本文将专门针对我国的经济史学中的话语体系问题进行讨论。本文所说的经济史不仅包括狭义上的经济史，而且也包括社会经济史乃至社会史。[①]

由于经济史学是一门社会科学化了的学科，因此经济史学的话语体系问题也要从社会科学的话语体系问题谈起。

“话语”（discourse）问题是福柯（Michel Foucault）在20世纪60年代末70年代初提出的。社会科学是科学，因此具有科学的“规范认识”（paradigm）。[②]

---

* 本文原刊于《南京大学学报》2011年第3期。

** 李伯重，清华大学历史系教授。

① 对于什么是经济史，无论在中国或者西方学界，至今也没有一个大家都接受的定义，大多数学者常常将三者都称为经济史（李伯重：《回顾与展望——中国社会经济史学百年沧桑》，《文史哲》2008年第1期）。

② 这个词在我国大陆学界颇为流行，通译为“范式”。由于许多学者往往将“范式”与“模式”“理论”不加区分地使用，为了避免语义混淆，本文依照黄宗智的用法，使用“规范认识”一词。黄宗智说得很清楚：这种“规范认识”比具体的“模式”“理论”更为重要，因此当前学界往往简单地把“规范认识”这一词等同于有影响的模式和理论，实际上抹煞了这个概念的分析力量（黄宗智：《中国经济史中的悖论现象与当前的规范认识危机》，《史学理论研究》1993年第1期，后来作者作了修改，兹引自黄氏的个人主页 http://www.lishiyushehui.cn/modules/topic/detai.l php? top - ic_ id =71）。

这里所说的“规范认识”的概念是库恩（Thomas Kuhn）在其《科学革命的结构》一书中提出的，广泛运用于各种讨论中，也产生了许多不同的解读。“规范认识”大致可理解为某一科学群体在一定时期内基本认同并在研究中加以遵循的学术基础和原则体系，通常包括一门学科中被公认的理论、方法，共同的对事物的看法和共同的世界观。这种规范认识为该科学群体的成员一致拥有，他们都按照统一的规范从事科学研究活动。[①]

社会科学的规范认识是社会科学的话语体系的核心。换言之，社会科学的话语体系是以社会科学的规范认识为基础的思想体系和表达方式。置身于同一社会科学群体中的成员，都必须采用由同一规范认识所决定的话语体系进行思考和表达。

一　中国经济史学话语体系的由来

历史学究竟是科学还是艺术？或是两者兼而有之？这一争论延续了2000多年，至今学界也未有定论。但在历史学内部的诸分支学科中，经济史学是一门社会科学化了的学科，则是无可争议的。

经济史学的科学性主要源自经济学的科学性。经济学在长期的演化过程中，发展出了学科的基本原则，形成了一整套概念以确定其主题，一套方法以检验、修正和证实其假说，并发展出了系统性的分析，可显示结论和内容广阔的命题。[②] 简言之，经济学发展成了一门科学的学科。不仅如此，因为“经济学在形成一套完整的理论方面远远走在其他社会科学前面”[③]，它也获得了“社会科学的皇冠”的美誉。

经济史学是在经济学的强大影响之下形成的。巴勒克拉夫（Geoffrey Barractbugh）说：在所有社会科学中，对历史学影响最大的是经济学。他还引用戴维斯的话说“迄今为止，经济学是对历史学唯一作出最大贡献的社会科学”。由于这种影响，经济史学采用了经济学所提供的基本话语体系。

然而，经济学并非一成不变。傅斯菲尔德（Daniel Fusfeld）总结说：

---

① 马敏：《如何理解史学研究中的“范式转换”》，《北京行政学院学报》2002年第4期。

② Daniel R. Fusfeld, *The Age of the Economist*, the fourth edition, Glenvieu, Illinois, London: Scott, Foresman and Company, 1982, p. 2.

③ 巴勒克拉夫：《当代史学主要趋势》，杨豫译，上海译文出版社，1987，第75、114页。

200 多年前尚无经济学，当时的经济理论只是“道德哲学”（moral philosophy）的一个分支。经济学这个学科是随着资本主义而出现和发展起来的。早期的经济学与政治学密切联系，将经济视为国家政策的一部分。亚当·斯密和马克思所从事的经济学也都是政治学，因此称为“政治经济学”。到 19 世纪中后期，政治经济学分化为马克思主义政治经济学和新古典经济学两大分支，以后新古典经济学又继续演化出凯恩斯主义经济学、后凯恩斯主义经济学乃至计量经济学、新制度经济学等。由于不断变化，因此傅氏用调侃的口气说：“由于一个变化的世界给一个变化的学科带来各种变化的问题，所以经济学是一个永远变化中的学科。”①

不过，经济学尽管出现了诸多变化，其规范认识以及由此确定的话语体系并未发生根本改变。经济学的主要分支仍然共享着古典经济学所创造的话语体系。正如傅斯菲尔德总结的那样，经济学，一方面是关于人类社会应当如何组织起来的方式上的意识形态大争论的产物，同时也影响到这些争论的结果；另一方面，它建立在对抽象真理的科学探索上，同时也植根于公共政策与舆论气候的现实之中，为经济制度变化的方式所影响。经济学是科学理论、政治意识形态、公共政策和公认真理的复杂的混合物。一个时代的经济理论必须与大众的信条、关切一致，必须提供有用与有意义的结果，在此意义上，经济学永远是政治经济学。② 在“新经济史革命”后，出现了一些经济学家“脱离历史和实际，埋头制造模型”的倾向，但这种倾向并非经济学的主流，因此受到索洛（Robert Solow）等著名经济学家的严厉批评。③ 大多数经济学家所赖以进行思考的话语体系，仍然是由亚当·斯密创立、经马克思及凯恩斯等人加以发展的经济学的基本话语体系。

经济学的每一次重大变化都引起了话语体系的改变，而经济学话语体系的变化又对经济史学的话语体系产生了重大影响。经济史学最早出现于 19 世纪和 20 世纪之交的英国。由于在当时的经济学中政治经济学占有主导

---

① Daniel R. Fusfeld, *The Age of the Economist*, the fourth edition, Glenvieu, Illinois, London: Scott, Foresman and Company, 1982, p. 4.

② Daniel R. Fusfeld, *The Age of the Economist*, the fourth edition, Glenvieu, Illinois, London: Scott, Foresman and Company, 1982, p. 4.

③ Robert Solow: “*Economic History and Economics*,” Economic History, Vol. 75, No. 2.

地位，因此经济史学也主要采用政治经济学提供的话语体系。[①] 尔后，随着经济学的变化，经济史学话语体系也不断发生变化。由于经济史学的话语体系主要来自经济学，因此经济史学话语体系的变化也大致遵循着上述轨迹。

当然，以上只是对经济史学话语体系变化的轮廓所作的一个大致勾勒。实际的情况远比此复杂。除了经济学外，经济史学还从社会科学其他学科（如社会学、统计学、人口学、政治学等）和历史学中获得资源，因此经济史学的话语体系也比经济学更为广阔和丰富。

我国的经济史学是在西方近代社会科学传入以后出现的，在其一个世纪的发展历程中，经历了两次重大的话语体系转换。这两次话语体系的转换都是国际经济史学话语体系转换的产物。

我国的经济史学于20世纪初期从西方（通过日本）引进，并在西方经济史学的强烈影响下发展起来。在20世纪上半叶，西方的经济史学主要采用政治经济学的话语体系，因此当时的中国经济史学也接受了这个话语体系。在二三十年代之交，我国出现的以经济史为核心的“社会史大论战”，就是在政治经济学的话语体系中进行的。尔后主要以《中国社会经济史研究集刊》《食货》半月刊所发表的文章为代表的主流经济史研究，也都基本上采用了上述话语体系。1949年以后，我国确立了马克思主义在中国史学研究中的主导地位，导致中国经济史学在话语体系方面的第一次大转变。经过这个转变，我国经济史学采取了马克思主义政治经济学的话语体系。

从学术渊源来看，马克思主义政治经济学是近代西方社会科学的产物，[②] 其规范认识和话语体系也源自近代西方学术。虽然后来与西方主流经济学分道扬镳，但在基本话语方面仍有不少共同之处。[③] 正是因为如此，1949年以后，我国大多数经济史学家很快接受新的话语体系，使经济史学得以迅速地完成话语体系的转变。经济史唱主角的“新中国史学五朵金花”

① 最早开设的经济学课程是剑桥大学坎宁安（William Cunningham）讲授的经济史，课程名称就叫“政治经济史与经济史”。

② 马克思主义的三大来源为德国古典哲学、英国古典经济学和19世纪空想社会主义学说。

③ 因此，我国经济史学的不少著名研究成果（如吴承明的《论广义政治经济学》《论交换经济史》《论工场手工业》等），虽然都是从马克思主义理论出发所选择的研究课题，但是这些研究所赖以进行的话语体系，与20世纪上半叶西方经济史学的话语体系仍然十分相似。

全国性史学大讨论，[①] 就是在新的话语体系下进行的。我国学者在经济史学中的两个重大理论贡献——“中国资本主义萌芽”和“中国封建社会”理论模式，[②] 也是在这个话语体系中提出并发展起来的。

由于各方面的原因，在很长的时期内，我国经济史学话语体系出现了严重的教条主义和自我封闭，从而导致了话语体系的僵化。1978 年后，在中共十一届三中全会提出的“实事求是，解放思想”的思想路线指引下，这种情况有了巨大改变。随着对外开放的发展，国际学术交往日益频繁，新理论、新观点、新方法不断引入，促进了我国的经济史学话语体系的第二次大转变。

然而，尽管有很大变化，经济史学的话语体系并未发生根本的改变。因此就大多数经济史学家而言，他们赖以进行思考和研究的，仍然是由亚当·斯密创立、马克思以及凯恩斯等人发展的经济学的基本话语体系。[③] 正是因为有这种共同的话语体系，1979 年以后我国经济史学界出现的关于“超稳定结构”论、“高水平平衡机制”论、“过密型增长”论、“大分流”论以及重新评价“资本主义萌芽”等重大争论，也才能开展。

二　改进和发展中国经济史学的话语体系

近年来，一些经济史学者提出：今天的中国经济史研究中出现了“现有规范认识的危机”。这个危机并非针对某一理论或模式，亦非针对中国或西方的学术研究，也不意味着马克思主义理论的失败，而是一个更深层次的危机。危机的根源，是中国经济史研究长期借用源自西方经验的模式，试图把中国历史套入斯密和马克思的古典理论，因此这个危机是斯密主义与马克思主义两种表面对立的模式和理论体系的共同危机。解决危机的方

① 这五个重大问题是中国古代史分期、封建土地所有制形式、农民战争、资本主义萌芽和汉民族形成。除了汉民族形成问题外，都属于经济史研究领域。

② 李伯重：《回顾与展望——中国社会经济史学百年沧桑》，《文史哲》2008 年第 1 期。

③ 黄宗智认为，在中国史研究领域中，中国和西方的几代学者提出了一些主要的模式和理论体系。尽管存在着种种差异，但各方运用的主要理论体系，实际上具有一系列共同的基本信念。因此学界的争鸣一般都围绕着各理论体系间的不同点进行，而未涉及其共同点。这种共同点就是亚当·斯密和马克思建立的规范认识（黄宗智：《中国经济史中的悖论现象与当前的规范认识危机》，《史学理论研究》1993 年第 1 期）。

法是突破过去的观念束缚，建立中国研究自己的规范认识。[①] 这种看法，与在本文开始引用了一些学者关于“重建中国学术话语体系”的观点是一致的。

然而，尽管这些想法出于良好的意愿，但问题是：如果破除了现有的话语体系，那么中国自己的话语体系将以什么作为基础来建立呢？

如前所述，经济史学的整个话语体系是由亚当·斯密创立、马克思以及凯恩斯等人发展起来的。这个话语体系虽然产生于西方，但已为绝大多数学者所接受，成为经济史学的基石。甚至我们今天对“西方中心论”的批判，也是在现有话语体系之中进行的。[②] 迄今为止，我们尚未发现现有话语体系之外的任何话语体系。一些学者提出以传统的中国学术资源来重建“中国自己的话语体系”，有人将之比喻可以用中医取代西医。[③] 但是在今天，想要依靠中医的学术资源来建立现代医学的话语体系是绝无可能的。同样，抛弃源自西方现代学术的话语体系，依靠中国传统的学术资源另起炉灶，建构一个“中国的经济史学话语体系”也是绝无可能的。既然是不可能的，那么这种呼吁还有什么意义呢？

是否需要“重建中国自己的话语体系”，关键在于首先要弄清什么是“中国”，以及社会科学是否一种纯粹的“西方”产物。

今天“重建中国自己的话语体系”的诉求，在很大程度上乃是一个如何认识什么是“中国自己”的问题。今日的中国是一个复杂历史进程的产物，具有无数彼此交错、相互纠缠的历史痕迹。中国自身的文化因素以及西方多种不同的思想理念，都共同构成了我们生活实践的地平线，成为当今中国之自我理解的内在的“构成性”（constitutive）部分。[④] 这里要强调的是，西方因素在近代中国的形成中起了重要作用。史景迁（Jonathan Spence）的《追寻现代中国》（Search for Modern China）一书以这样的话作为开场白：“至少从1600年左右开始，中国就不能再独立发展，而不得不

① 黄宗智：《中国经济史中的悖论现象与当前的规范认识危机》，《史学理论研究》1993年第1期。但是与上述文学理论学者不同，黄氏认为建立这种理论体系，并非要退回到旧汉学的排外和孤立状态，而是以创造性的方式把中国的经验与世界其他部分联系起来。

② 黄宗智呼吁“突破过去的观念束缚”“建立中国研究自己的理论体系”，但是黄氏自己提出的“过密化”理论，依然是建立在现有的劳动边际效益等理论基础之上的。

③ 曹顺庆、王庆：《中国文学理论的话语重建》，《文史哲》2008年第5期。

④ 刘擎：《建构纯粹的“中国范式”是否可能》，《文汇报》2009年8月9日。

与其他国家一同生活在国际社会中，分享有限的资源，并分享人类创造的知识和技术。”① 在鸦片战争以后，西方学术资源大量进入，使得中国在学术上已经不能闭关自守了。经过“体用之争”，确立了“西学为体”的现代学术体系。尔后马克思主义的引进，更对中国史学带来了巨大的影响。

马克思主义学术与西方学术的关系十分复杂。如前所言，马克思主义虽然源于西方，但是到了马克思主义确立以后，不仅在意识形态和政治观点上与西方主流断然决裂，而且在学术上也自成体系，与西方主流学术分庭抗礼。② 然而，马克思主义与西方在意识形态和政治观点上的对立，并不意味着彼此在学术上完全绝缘。首先，马克思主义是从人类已经获得的全部知识财富中产生的，③ 因此不能脱离人类知识的发展。其次，马克思主义是科学，而科学是没有国界的，因此马克思主义不排斥其他合理的科学方法。

20 世纪史学的一个主要趋势是史学的社会科学化，即历史学家努力采用社会学、经济学以及量化等方法，注重研究历史社会的结构与变化。马克思主义史学以阶级分析治史，也是史学社会科学化的一种做法。④ 第二次世界大战后，社会学、经济学、人类学等社会科学学科有飞跃的发展，为史学的社会科学化提供了广阔的空间。马克思主义史学既然是社会科学化的史学，就不应排斥西方社会科学中出现的合理方法，而应当充分吸收这些方法，以丰富自己的研究。否则，就会如马克思在批评费尔巴哈对黑格尔的批判时所说的那样，把孩子和洗澡水一起倒掉了。

由于经济史研究的特殊性，马克思主义与经济史学关系极为密切。这种密切关系源自经济史研究的特殊性，即经济史研究以社会的物质生产方式及其变化为主要对象，并强调这是人类社会演变的基础。这一点，也正

---

① Jonathan D. Spence, The Search for Modern China, the second edition, New York: W. W. Norton & Company 1999, p. XXIV.

② 路易·阿尔都塞说：“马克思主义不仅是一门政治学说、一种分析和行动的‘方法’，而且作为科学，它是发展社会科学、人文科学、自然科学和哲学所不可缺少的基础的理论领域”（路易·阿尔都塞：《保卫马克思》，顾良译，商务印书馆，1984，第 6 页）。

③ 列宁说：“马克思主义就是共产主义从全部人类知识中产生出来的典范”，“只有用人类创造的全部知识财富来丰富自己的头脑，才能成为共产主义者”（《列宁选集》第 4 卷，中共中央马列著作编译局译，人民出版社，1996，第 347 页）。

④ 汪荣祖：《后现代思潮下中国现代史学的走向》，台湾“中研院”近代史研究所编《中央研究院近代史研究所集刊》第 56 期，2007。

是唯物史观的主要内容。正因如此，唯物史观对经济史学具有重大影响，实际上构成经济史学的基础，以致20世纪西方社会经济史学的主要代表人物之一、年鉴学派旗手布罗代尔明确说："就像二加二等于四一样清楚，马克思是当代历史科学的奠基人。"[①] 当然，作为一种对人类历史发展的高度抽象、研究人类发展全过程的本原和发展规律的历史哲学，[②] 唯物史观也需要借助社会科学各学科提供的方法来进行具体问题的研究。[③]

这里我们要对现代社会科学与"西方"的关系稍作讨论。社会科学产生于西方，这是不争的事实，但是并不等于说它完全是西方的产物。学术界对"黑色雅典娜"（Black Athena）等论题的讨论，表明所谓"西方"并非一个纯粹一致的概念，"西方文明"也具有多样化的根源，"非西方因素"一直内在于"西方"的充分历史经验中。[④] 特别要强调的是，中国在近代西方的形成过程中，曾经扮演了重要的角色。即使像英国工业革命这样"纯西方"历史事件，也可以找到中国的源头。[⑤] 在西方的近代社会科学的形成过程中，"中国因素"更是起过特别重要的作用，正如彭慕兰（Kenneth Pomeranz）所说："正是中国，而不是其他任何地方，成为现代西方讲述的它自己的历史的'另一面'，从斯密和马尔萨斯到马克思和韦伯都是如此"。[⑥] 因此在今天，传统僵化的"东方"（或者"中国"）对"西方"（或者"欧洲"）的二元对立框架早已失去了有效的解释力。

同时，社会科学本身处在一个不断变化和发展的过程之中，并非一成不变。一方面，它确实具有西方渊源与西方背景；但另一方面，它在长期的发展中也在不断地科学化，而真正的科学化意味着要超越西方的局限。经过几个世纪的发展，这种源自西方的社会科学早已成为全人类的共同财

① 何兆武、陈启能主编《当代西方史学理论》，中国社会科学出版社，1996，第664页。

② 吴承明指出，马克思的历史唯物主义是"历史观或历史哲学，研究人类发展全过程的本原和发展规律，故亦称元史学（meta-history）……是对人类历史发展的高度抽象"（吴承明：《中国经济史研究的方法论问题》，《中国经济史研究》1992年第1期）。

③ 路易·阿尔都塞指出，"马克思通过创立他的历史理论，奠定了马克思主义哲学的基础，但还有大量的工作需要我们去做。正如列宁所说，马克思主义哲学仅仅奠定了基础"（路易·阿尔都塞：《保卫马克思》，顾良译，商务印书馆，1984，第11页）。

④ 刘亚猛：《黑色雅典娜》，《外国语言文学》2008年第4期。

⑤ 约翰·霍布森：《西方文明的东方起源》，孙建党译，山东画报出版社，2009，第9章。

⑥ 彭慕兰：《大分流——欧洲、中国及现代世界经济的发展》，史建云译，江苏人民出版社，2008，第29页。

富。它当然有其不足之处，但我们并不能因为这种不足而全盘否定之。因噎废食的态度是违反科学精神的。任何学术的进步，都只能建立在已有的基础上。经济史学是一个社会科学学科，当然也不可能离开亚当·斯密、马克思以及凯恩斯等人建构和发展起来的经济学及经济史学的规范认识和话语体系。因此，对于中国经济史学现有的话语体系来说，我们需要的不是推倒重建，而是改进和发展，亦即充分利用其合理部分，同时对其不合理部分加以改进。在这个改进的过程中，经济史学的话语体系才会得到发展，成为更加科学的话语体系。

那么，现在的经济史学话语体系中，有哪些地方最需要改进，而且我国的经济史学者可以在这个改进工作中大有作为呢?

首先，在现有的经济史学话语体系内，西方中心论还占据着重要地位。只有彻底清算这种违反科学的中心论，经济史学的科学性才能得到充分的发展。① 在此方面，与西方有不同历史的国家的学者有特别的优势。而在所有非西方国家中，中国又占有最重要的地位。因此，在清理经济史学话语体系中的西方中心论的工作中，我国的经济史学者应该发挥重要作用。

其次，近年来西方经济史学出现了研究重心由单一的经济史向社会经济史转变的趋势，以克服以往出现的偏差。② 我国的经济史学虽然也有自己的问题，③ 但具有深厚的社会经济史传统，④ 使得我们在改进经济史学的工作中有很大优势。此外，我国有长达2000年的“食货学”传统，这是我国

---

① 关于中国史研究中的西方中心论问题，我在另外的论著里已有讨论，兹不赘（李伯重：《江南农业的发展：1620～1850》，王湘云译，上海古籍出版社，2007，第9章；李伯重：《走出汉学界——从李中清、王丰新著〈人类的四分之一：马尔萨斯的神话与中国的现实〉谈起》，《视界》2001年第5期）。

② 鲁宾斯坦（William D. Rubinstein）指出，经济史常常围绕两种方法打转，即以美国为主导的计量经济史和以英国为中心的强调历史学与社会学方法的经济史。但问题是，强调社会学方法的经济史家不能使用计量经济学的公式与参数系统，而社会史也不断分化出许多小分支（如城市史、劳工史、女性史等），变得支离破碎（龙秀清编译的《西方学者眼中的经济—社会史》及徐浩的《英国经济社会史研究：理论与实际》，均收入侯建新主编《经济—社会史：历史研究的新方向》，商务印书馆，2002）。

③ 黄宗智说，一些中国青年学者对以前使用的理论模式抱有怀疑，甚至不屑于再引用这些模式；有的则全盘搬来西方传来的时髦方法；这反映了中国经济史学的规范认识危机（黄宗智：《中国经济史中的悖论现象与当前的规范认识危机》《史学理论研究》1993年第1期）。

④ 李伯重：《回顾与展望——中国社会经济史学百年沧桑》，《文史哲》2008年第1期。

的经济史学的本土源头。“食货学”对社会问题有强烈的社会关注，旨在从经济、社会乃至政治制度方面为治理国家提供历史的借鉴，其内容包括田制、物产、水利、户口、赋税、货币、财政、漕运、仓储、乡党（乡村社会组织）等各方面。这个世界上独一无二的学术资源，也会使我国的经济史学能够在社会经济史方向的发展中走得更远。

近年来经济史学所遇到的问题，很大程度上是来自经济学自身出现的问题。[①] 只有解决这些问题，经济学才能更好地发展。而在此方面，经济史学大有可为，因为它能够从社会制度、文化习俗和心态上给经济学提供更广阔的视野。[②] 因此，如果我们改进了经济史研究，就能够推进经济学的进步，而经济学的进步，对于改进经济史学的话语体系又至关重要。因此，中国经济史研究的前进，将对国际话语体系的改进发挥重大作用。

三　余论

从产生至今的一个世纪中，中国经济史学接受了西方客观主义史学的熏陶，经历了唯物史观的洗礼，尔后又受到现代社会科学、行为科学的冲击和自然科学的渗透，晚近还面临着后现代主义的挑战。这些学术思潮，都主导了不同时代中国经济史学的问题意识，规范了解释的模型。[③] 在这个演变发展过程中，中国经济史学逐渐形成了1949年以前居于主流地位的实证主义史学、1949年以后确立的马克思主义史学和1978年以后形成的以唯物史观为基础的多元史学。他们在研究的对象上各有侧重，在研究的路径

① 傅斯菲尔德和王国斌都认为：在最近几十年中，经济学出现了日益变成一些用正规数学语言表述的专题的趋向，而且许多经济学的公认原则也遇到了麻烦，从而引起一些经济学家的忧虑，认为经济学已走火入魔，达到了危机点（Daniel Fusfeld, *The Age of the Economist*, p. 4；王国斌：《转变的中国——历史变迁与欧洲经验的局限》，李伯重、连玲玲译，江苏人民出版社，1998，上编小序）。

② Robert Solow, “Econom in History and Economics”。然而，正如索洛（Robert Solow）所批评的那样，许多西方经济史学由于专一依赖经济学家提供的工具，“同样讲整合，同样讲回归，同样用时间变量代替思考”，做出来的研究成为回敬经济学家“同样的一碗粥”，以致“经济学没有从经济史那里学到什么，经济史从经济学那里得到的和被经济学损害的一样多”。

③ 黄进兴：《后现代主义与史学研究——一个批判性的探讨》，三联书店，2008，第1~2页。

与方法上也各有不同，但都是以历史学的科学化为追求目标，① 不仅如此，它们在许多方面也可以互补。以这个宝贵的遗产为基础，形成了今日具有我国自己特色的经济史学学术。这个学术与国际经济史学主流学术之间并无根本冲突。② 如果充分利用国际学术提供的资源和我们自己的学术传统，在改进和发展中国经济史学的工作中取得重大进步，那么我们将能对国际主流学术的改进和发展作出更大的贡献，从而在国际主流学术中获得更大的话语权。

顺便说一句，中国经济史学要在国际主流学界获得更大的话语权，绝不意味着拒绝源自西方的现代学术体系。后现代史学对现代史学的批判虽然在许多方面是有道理的，但是它采取否定一切的态度，否定所有先前历史存在的正当性，却是绝大多数历史学家不能同意的。③ 中国经济史学从创立伊始，就是国际学术的一个组成部分，与国际主流学术的关系密不可分。因此如果要另起炉灶，依靠中国传统文化资源去创造一套“中国自己的话语”，并以此去“为自身赢得国际话语权”，④ 肯定既无可能，也无必要。套用一句中国的老话，“学术者，天下之公器也。”既然是公器，就不应当分此疆彼界，决不能抱一种“别人有，我们也要有”的“争一口气”的心态。

---

① 汪荣祖认为：“近人不断将所谓马克思‘史观派’与傅斯年的‘史料派’视为中国现代史学里对立的两个主要学派。其实，马克思史家与傅斯年在意识形态上虽然南辕北辙，但都在搞史学的科学化，认为不仅可能而且势在必行”（汪荣祖：《后现代思潮下中国现代史学的走向》，台湾“中研院”近代史研究所编《中央研究院近代史研究所集刊》第 56 期，2007）。

② 李伯重：《中国经济史研究的国际视野》，《清华大学学报》（哲学社会科学版）2007 年第 5 期。

③ 后现代史学不仅反对客观主义史学，而且也反对马克思主义史学和现代西方社会科学化的史学。萨特指出：福柯表面上取消历史，实则就是反对马克思主义。福柯构建了一个新的意识形态，一个资产阶级能用来攻击马克思的最后堡垒。包括福柯在内的所有资产阶级历史理论家之所以靠不住，是因为他们并没有把人类生活物质要素、生产关系、实践放在首位，因而不能撰写严肃的历史。马克思主义是当代唯一不可超越的哲学，萨特就指责福柯不是像他那样用存在主义来“医治”和“补充”马克思主义，而是要消灭马克思主义（莫伟民：《福柯的话语历史观及其与萨特的歧异》，《复旦学报》2004 年第 4 期）。

④ 有人认为：“如果说 20 世纪的中国文化最根本的变革在于建立了西方话语的合法性，那么，二十一世纪中国新文化运动的开篇就应该从恢复中国话语尊严开始。这个问题实际上也就是如何相应地划分出西方话语的合法性及其有效范围，以及重建中国话语问题。唯有如此，中国才能为自身赢得国际话语权，建构国际话语空间，确立国际话语地位，并最终真正为其他民族、其他国家所认识与认同”［袁莹：《话语和权力理论观照下的中国话语重建》，《重庆工学院学报》（社会科学）2008 年第 9 期］。

这种心态看似自尊，实则自卑。抱着这种心态去做研究，是无益于提升学术水准，从而获得国际公认的。因此，中国经济史学要在国际学坛上取得更大的话语权，唯一的途径是充分利用国内外已有的学术资源，把中国经济史研究推向最前沿。只有以人类创造的全部知识财富为基础，我们才能真正在学术上有更大的作为。

中国近代史研究中的西方话语体系及其误区*

张艳国　刘劲松**

改革开放以来，中国与西方的学术交流全方位地展开，西方学者运用自然科学理论与方法以及交叉学科的理论与方法研究和解释历史的成果大量引入国内，起初是“老三论”即系统论、信息论、控制论和“新三论”即突变论、协同论和耗散结构论等现代自然科学方法的出现，继之有历史人口学、历史心理学、文化人类学、灾荒史、生态史等，接着结构功能主义、后现代主义、历史计量法、历史比较研究法等流行开来，中国历史研究呈现出百花齐放、百家争鸣的活跃景象。外来的西方话语体系，开阔了我们的研究视野，拓宽了我们的研究思路，丰富了我们的研究内容，深化了我们的学术认识，对推动中国近代史研究，功不可没。然而，凡事有利即有弊，有正就有反。对待西方话语体系对中国近代史的影响应作如是观。

一　中国近现代史研究中的西方话语体系

改革开放后，西方话语体系开始进入中国近现代史研究领域，冲击—反应论、传统—近代论、中国中心论等先后产生过广泛而深远的影响。

冲击—反应论。由美国哈佛大学教授费正清提出，得到当时众多学者赞同和支持。该论经典表述体现在费正清和邓嗣禹合著的《中国对西方的反应》（*China's Response to the West: A Documentary Survey, 1839 - 1923*）。在序言中，他们强调：“既然中国是人口最多的大一统国家，又有着最悠久的

* 本文原刊于《学术研究》2013年第12期。

** 张艳国，江西师范大学教授；刘劲松，江西师范大学历史与旅游学院副教授。

绵延不断的历史，她在过去百年中遭受西方蹂躏就必然产生连续不断、汹涌澎湃的思想革命，对这场革命我们至今看不到尽头。在充满‘不平等条约’的整整一个世纪中，中国这一古代社会和当时居于统治地位的、不断扩张的西欧与美国社会接触日益频繁。在工业革命的推动下，这种接触对古老的中国社会产生了灾难深重的影响。在社会活动的各个领域，一系列复杂的历史进程——包括政治的、经济的、社会的、意识形态的和文化的进程——对古老的秩序进行挑战，展开进攻，削弱它的基础，乃至把它制服。中国国内的这些进程，是由一个更加强大的外来社会的入侵所推动的。她的庞大的传统结构被砸得粉碎”，经过三代人的更替，旧秩序已经改变模样。①

费正清在其著作《美国与中国》（*The United States and China*）中，持相同观点：“传统中国不是不变的，也不是静态的或停滞的。相反，它曾经持续的变化，而且变化多端，但变化总是在特定的文化和约定俗成的范式内进行。这种无所不包的范式在中国地理范围内长久存在，原因在于中国的制度——经济的、政治的、社会的、文化的——经过数世纪发展已经达到了自给自足、平衡和稳定的状态。”② 简言之，中国已经形成惰性，积重难返，但还没有达到一成不变的地步。不过，这种变化是在一定范围内进行的，没有西方的冲击，不可能冲出这个范围。

冲击—反应论是“费正清时代”的灵魂，其影响盛极一时。费正清的众多著作被翻译成中文，广泛传播，如费正清与赖肖尔合著的《中国：传统与变革》，费正清主编的《剑桥晚清史》《剑桥中华民国史》等。这些著作都程度不同地体现了冲击—反应论的基本观点。这一观点在中国学者中也有大量拥趸，在不同场合得到宣传、阐发。客观地说，冲击—反应论是美国一个世代对中国近代史研究的基本成果，被传播到中国后，对长期以来在中国近代史研究领域占据主导地位的“以阶级斗争为纲”的教条主义历史观产生了强烈冲击，对回到马克思主义唯物史观和重建中国近代史体系具有积极意义。

---

① Fairbank and Deng, *China's Response to the West: A Documentary Survey, 1839 – 1923*, Cambridge: Harvard University Press, 1963, p. 1.

② John King. Fairbank, *The United States and China* (Fourth Edition Enlarged), Harvard University Press, 1983, p. 79.

在冲击—反应论受到中国学者追捧的同时，其内在缺陷也暴露无疑。一是“冲击”的前提具有不确定性。冲击—反应论的潜在前提是西方，是西方对处于世界东方的中国的冲击，西方只是中国的参照系。问题在于，西方这个参照系是确定无疑的吗？答案是否定的。西方是个宽泛的概念，本身就处于剧烈的变化之中，存在着诸多分歧。正如美国学者所言：“当我们回过头来观察近代西方本身时，这种虚假的一目了然的现象迅速消失。我们认识到19～20世纪的大师们殚精竭虑地探索近代西方事变的内在含义时，往往众说纷纭，相持不下……当然我们对西方所‘知道’的（比对任何特定的非西方社会所‘知道’的）要多得多，但是对于我们，西方和过去一样，依然是迷惑难解的。”西方的不确定性如何能够作为衡量中国的参照系呢？二是“反应”的对象具有不确定性。冲击—反应论的对象是中国。那么，这里的“反应”究竟是什么样的中国人？是中国普通的目不识丁的民众吗？是长期居于深山老林不知世事变迁的原住民吗？都不是。“中国回应”中的“中国”是个高度抽象化的概念，中国地域广阔，人数众多，民族、语言等方面差异很大，尽管他们都处于一个文化体系中，但对西方的认识却是千差万别的。所以，所谓“中国回应”，也只是指少数精英人物对西方某些方面的回应。如果简单地把少数人对西方的回应作为整体中国人来看待，显然有失偏颇，有可能导致差之毫厘，谬以千里。

除了“冲击”的前提和“反应”的对象不确定外，冲击—反应论还存在诸多具体问题，如该论只适用于晚清时期某些问题，而不是整个中国历史的发展方向；该论多涉及政治内容，对社会、文化等方面缺乏足够的论述，等等。也正因为有着这样或那样的缺陷，冲击—反应论的经典作家费正清本人也在不断地修正着自己的观点，使其更切合中国历史发展的本来面目。在其遗著《中国新史》中，他开宗明义地指出：“中国最清楚中国历史，正如美国和欧洲最清楚西方世界的历史，这种事实会促使中国和中国以外世界的视角不一致。”[①] 在该书中，他强调，理解中国，第一件必须做的事是，避免用欧洲的尺度来判断中国。中国历史有自己独特的发展轨迹，

① 费正清：《中国新史》，薛绚译，台北正中书局，1994，第2页。

不能把西方历史作为衡量中国历史的标准。中国的发展模式与西方不同。由此可知，冲击—反应论的浮夸之风已逐渐消退，历史定位趋于平实，渐渐符合历史的本来面目。

传统—近代论。该论形成于20世纪五六十年代。美国费正清、赖肖尔等人认为中国在19世纪以前的变化是“在传统范围内的变化”，即“（在每个东亚国家）里，思想与行动的主要传统形式一旦确立，就具有一种惰性，一种按照常规惯例持续下去的倾向。只要未和西方直接接触，它们就只发生过‘传统范围内的变化，而未曾发生过根本变化’”。① 美国当时几乎所有史学家都采用“传统”与“近代”来划分中国的历史。其中李文森对传统—近代论的阐述最为深刻，尤其体现在《儒教中国及其近代命运》中。在该书中，他表示，中国的过去，从纪元前3世纪建立皇权——官僚国家开始直到19世纪，基本上是一派和谐景象，每件事物，都和其他事物默契吻合，文化上的各种选择，交织成一幅完整的图式，形成特定的社会秩序，各得其所，相得益彰。这个社会秩序如此稳定、和谐、平衡，它不仅无力凭借自身内部因素产生重要变化，而且还能抵抗来自外界的大规模改革。外国的影响可能使其传统文化更加丰富，但在近代之前，这些影响绝不可能导致根本转变。根本转变只能来自西方的强烈冲击。传统—近代论的基本逻辑是：中国只有通过外部力量的强烈冲击才能发生根本改变，只有近代西方才能造成这种冲击，冲击的结局是按照西方形象改变中国。这种理论依据最早来自于德国近代哲学家黑格尔，他在其名著《历史哲学》中对中国历史所做的“哲学思辨”认为，只有当先进的欧洲介入中国历史发展时，中国历史的“终古如此的固定性”才能被打破，中国历史发展才能被纳入“世界历史”。② 只不过，黑格尔的哲学观点在80年之后变成了一种大行其道的历史观点罢了。

传统—近代论还是当时西方流行的现代化理论的一个重要分支理论。根据美国学者的看法，现代化理论作为研究社会发展的一整套学说，是在第二次世界大战后几年中开始定型的。“当时冷战爆发，这种理论应运而

① 柯文：《在中国发现历史——中国中心观在美国的兴起》，林同奇译，中华书局，2002，第61页。

② 张艳国：《史学理论：唯物史观的视域和尺度》，华中科技大学出版社，2009，第159页。

生。它适应了西方的，主要是美国的社会科学家意识形态上的需要，被用以对付马克思列宁主义对‘落后’和‘未发达’现象的解释。同时它也提供了一套完整的说法来解释‘传统’社会如何演变为‘近代’社会——或者如一套‘传统社会近代化’丛书的编者们所称，‘一些宁静地区如何会变得生气勃勃’。”[①] 从这个角度讲，传统—近代论还是带有西方意识形态色彩的，尽管西方学者对此刻意回避，甚至矢口否认，但是，这一点是无论如何也否认不了的。

传统—近代论是从时间维度研究中国近代史的变化发展。其前提是：近代化是各国历史发展的必由之路，近代化的实质是西方化；中国近代化的过程，也就是西方化的过程；西方既是中国近代化的参照系，也是中国学习的榜样。这一理论的缺陷同样是明显的，西方学者中也有人对此不乏清醒认识。比如费正清的学生柯文就对此批评道：“这一取向的错误在于把一种来自外界的——同时也是狭隘的——西方观点，即关于什么是变化，哪种变化才是重要的界说，强加在中国历史上。这种取向如果不是明显地，也是隐含地侧重于从西方近代史角度就中国历史提出问题——例如，中国能否独立产生近代的科学传统和工业革命呢？如果不能，为什么？——而较少探讨中国历史自身提出的问题。隐藏在这种作法背后的假设是，西方近代史是规范（norm），从此又引起另一假设，即认为中国社会有些稀奇古怪，不太正常，必需加以特殊解释。”[②] 换言之，这是基于西方中心观强加在中国历史上的一种解释或者演绎，它具有明显的西方歧视东方（中国）的意味。

当然，西方的发展模式未必不能作为中国发展的参考，但有两点值得注意：一是中国借以参考或引进的西方概念，还是不是西方概念本身所包含的内容或本质含义？如清末引进代议制概念时，大多数引进者强调的是代议制可以富国强兵。那么，代议制在西方学者的理论体系中是否也同样是指由此富国强兵？关于西方的代议制研究，戴雪的《英宪精义》、汉密尔顿等的《联邦党人文集》、孟德斯鸠的《论法的精神》，具有相当广泛的代

---

① 柯文：《在中国发现历史——中国中心观在美国的兴起》，林同奇译，中华书局，2002，第55页。

② 柯文：《在中国发现历史——中国中心观在美国的兴起》，林同奇译，中华书局，2002，序言第4页。

表性，代表了那个时代英、美、法三国对代议制的研究成就，但是，他们都没有提及代议制可以富国强兵。考察代议制从西方到中国的传播过程，不难发现，富国强兵的附加值是国人的独创，而不是代议制与生俱来的。西方学者的“代议制”与中国学者所说的“代议制”之不同，这就是文化传播中存在的“变意”或“变异”现象的一个真切写照。二是西方学者所谓的西方概念，中国之前有没有？同样以代议制为例。一般认为这个制度是西方的，起源于英国，逐渐扩展到欧美其他国家。但章太炎在《代议然否论》一文中指出，这个制度中国早已有之，只是没有被发扬光大，后来逐渐废弃。这样的事例还有很多。如果章太炎的结论成立，那么，如何能说中国的近代化就是西方化？所以，武断地认定近代化就是西方化，显然与事实不符。

冲击—反应论和传统—近代论其实是一个问题的两个不同方面，一个从空间维度研究中国近代史，另一个从时间维度解读中国近代史，各自在不同方向产生影响。它们都忽略了中国历史是中国人的历史这样一个最基本的事实。只有从中国人的角度、用中国人的视角、用中国人的话语研究和解释中国历史，才能做到史论一致，得出符合中国历史发展本来面目的历史结论。上述两个观点实质上是西方中心论的具体体现，是西方优越论的历史表述和话语，当然也是一种典型的西方文化歧视东方（中国）的观点。

中国中心论。该论是在反思冲击—反应论和传统—近代论等观点的基础上形成的，柯文是该观点的代表人物。美国汉学家柯文于20世纪70年代撰写了一部在汉学界颇有影响、具有标志性意义的论著《在中国发现历史——中国中心观在美国的兴起》。该书的出版结束了“费正清时代”，向西方汉学界指出了一条研究中国问题的新思路，即从中国发展的内在理路，而不是外力、外因来看待中国的历史与现状。柯文在书中提出，中国中心论的内容包括：从中国而不是西方着手来研究中国历史，并尽量采取内部的（中国的）而不是外部的（西方的）准绳来决定中国历史中哪些现象是重要的；把中国按“横向”分解为区域、省、州、县与城市，以展开区域性与地方历史的研究；把中国再按“纵向”分解为若干不同阶层，推动下层社会历史（包括民间与非民间历史）的撰写；热情欢迎历史学以外诸学科（主要是社会学科，但也不限于此）中已形成的理论、方法与技巧，并力求把它们和历史结合起来。①

中国中心论的出现有其深刻的历史背景。根据柯文的说法，越南战争“揭露了美国在政治、道德、文化全面领先的神话，越南解放了美国史家，使他们也许是第一次，放弃了西方的准绳与西方衡量历史重要性的标尺，转向一种更加真正以对方为中心的史学，一种根植在中国的而不是西方的历史经验之中的史学”。译者林同奇解释中国中心论的兴起根源时表示，20世纪70年代之后，受越南战争、水门事件等的影响，部分美国学者“对美国与西方文明的精神价值发生根本动摇，对西方‘近代’历史发展的整个道路与方向产生怀疑，从而对上述美国研究中国近代史中以西方为出发点之模式提出挑战，倡导以中国为出发点，深入精密地探索中国社会内部的变化动力和形态结构”。无论是作者或是译者，他们的说法都是一致的，即西方文明的信仰动摇后，美国学者开始反思、怀疑之前的传统—近代论，进而反向提出中国中心论。

从方法论层面来看，研究中国历史，回归中国，是一种较为合理的思维方式。然而柯文的中国中心论并不是如此。从其产生来说，中国中心论是在对冲击—反应论、传统—近代论等被质疑后，逐渐形成的，而不是在仔细研读中国历史材料的基础上，经过缜密思考与研究而产生的。这种方法论，实际上是“史从论出”，理论高于史料；而不是中国传统史学所强调的“论从史出”，即观点立足于史料。这就完全颠倒了历史研究的基本原则，陷入了形而上学的困境。

从认识论层面来看，中国中心论过于忽略西方因素，过分强调中国中心，大有取消西方侵略的意味。近代中国的历史发展，中国内部的矛盾固然是主要动力，但在一定历史阶段，帝国主义与中国的矛盾会不断激化，也是推动中国历史发展的主要动力之一，这是不容否认的。中国中心论对中国中心地位的高度强调，实际上忽略了帝国主义与中国的矛盾，或者说淡化了帝国主义对中国侵略的色彩，而把一切问题都归结于中国。这种认识取向，显然违背了历史发展的本来面目，这就是西方学者在“没有意识形态”的大事渲染下所兜售的具有浓厚意识形态的历史观，这是需要高度

① 柯文：《在中国发现历史——中国中心观在美国的兴起》，林同奇译，中华书局，2002，第201页。

警惕的。

当然，西方话语体系在中国近代史研究领域的影响，并不限于上述三个观点，还包括传统—反传统论①、大分流论②等，内容从政治史，到思想史、经济史、社会史等，分析方法也多种多样，令人眼花缭乱。不过，从理论体系上，大体上不超出上面几种基本思路，或是对上述理论的精细化阐述，或是对其的部分修正完善。

二　西方话语体系深入中国史学的原因

西方话语体系在我国得到广泛传播的因素很多，既有对改革开放以前30年教条主义历史观支配史学研究的一种否定，也有为丰富史学研究而予以大力引介西方史学的一种尝试；既适应了我国改革开放后学术民主的实际需要，也有矫枉过正，过犹不及的偏差；既有纯粹的学术研究需要，也有意识形态的作用。

一是改革开放的必然结果，也是改革开放的必要条件。改革开放国策确立后，国门大开，西方史学研究成果大量涌入。此前，我国对西方学术深闭固拒，西方学者及其学术成果无法进入中国。国际上有影响的史学研究成果，只要同我国主流观点不一致，一般被斥为异端邪说，不予接纳，甚至批判否定。改革开放以后，形势发生了根本改变，西方学术研究成果可以通过比较选择进入我国的学术研究领域，出现在中国同行眼前。如果没有改革开放，也就不会有大量的西方学术成果进入中国。改革开放国策确立后，中国的现代化运动随之启动。任何改革都需要借鉴历史上的成果，也需要借鉴国外的成果，以此不断完善改革过程。我国当代改革也不例外。为了能加快中国现代化建设，我国也需要借鉴西方现代化发展的研究成果，把西方经验转化成中国智慧，使中国改革开放具有世界性。在这种大背景下，对西方的了解成为一种时代的必然和文化自觉的实践。这种时代要求和内在需要，是西方史学话语体系进入中国的重要原因之一。

---

① 林毓生：《中国意识的危机——“五四”时期激烈的反传统主义》，穆善培译，贵州人民出版社，1988。

② 彭慕兰：《大分流——欧洲、中国及现代世界经济的发展》，史建云译，江苏人民出版社，2008。

二是在世界视野下促进中国史学研究大发展的必然。伴随着改革开放的推进，我国史学研究在当代得到全面勃兴。史学工作者为了促进学术发展，大量引进、吸收西方的研究成果，以丰富我国的史学研究内容。史学发展如同整个学术发展一样，需要进行世界性的交流，在世界视野下谋发展、促进步，并运用世界水平和高度来衡量中国史学。然而在此过程中，也出现了盲目引进或跟风的苗头，有的甚至在还没有消化的情况下，就进行积极介绍，可以说，当时西方任何一个有影响的史学流派，在中国都可以找到追随者。这种不经甄别或肤浅甄别的大规模引进，使得西方学术在中国一时炙手可热，广泛传播。这在一定程度上削弱了马克思主义唯物史观对于史学研究的指导。有的学者惊呼，在西方史学话语进入中国史学界的同时，其强劲之势以及很多年轻学人对西方史学观的追捧，造成了“马克思主义唯物史观的危机”，这是有一定道理的。

三是崇洋观念作祟的结果。西方话语在中国近代史领域盛行，也与部分学者崇洋观念有关。国门大开后，西方各种不同的学术观点进入了人们视野。有些学术理论与方法与我国传统史学或当代史学因研究方法不同或因结论不同而显得新颖独特。有学者因心理准备不足，或因品鉴能力不够，或因其他一些个性化原因，不满意于马克思主义唯物史观，也对中国传统史学不屑一顾，把西方史学理论与方法当成绝对真理，走到了崇洋自轻的反面。总之，由于在西方史学理论与方法面前，部分学者“表现失常，学术失范”，他们对西方学术情有独钟，盲目接受，丢失了文化自觉的底线，跟着西方走，甚至以此为时髦，助长了中国史学中西方话语与西方语境的滥觞，冲击了中国史学话语体系的构建，甚至危害了中国史学的自我安全。

三　中国近代史学视域下的西方话语体系误区

不可否认，改革开放以来中国史学同西方史学构建了一种激荡共生、交流互动的学术生态和良性关系，其积极和主流的一面是促进了我国近代史学科乃至中国史学的发展，但在另一方面也体现为消极性，即中国近代史研究的西方话语及其语境误区。这些误区对构建具有中国特色的中国近代史学科体系与话语体系乃至中国特色的史学学科体系与话语体系，影响很大。

一是造成了对马克思主义史学认识的误区。毋庸置疑，马克思主义唯物史观为我们认识和研究历史提供了理论指导。马克思主义经典作家是西方人，据此有人认为马克思主义也是西方话语体系的一个组成部分，运用马克思主义也是西方话语体系在史学研究领域的表现。从表面上看，这种看法似乎颇有道理。然而，这种把马克思主义和西方话语体系等量齐观的看法存在着巨大偏差。诚然，马克思主义起源于西方，如同毛泽东在他的名著《矛盾论》中所指出的，相对于中国本土文化而言，马克思主义也是外来文化，不过，马克思主义是科学的理论，可以在中国化过程中不断发展并指导中国实践。马克思主义还是一个开放的理论体系，在各国革命和建设过程中不断得到丰富和发展。列宁主义就是马克思主义与俄国基本国情相结合的产物，创造性地发展了马克思主义；我国的马克思主义也是在坚持马克思主义基本原理的前提下，创造性地与我国国情相结合，是具有中国元素和特性的马克思主义，是中国化的马克思主义，或者说在马克思主义理论体系中贯注了更多的中国革命和建设的经验，是同中国历史以及长期以来中国革命和建设实践融为一体的理论体系。因此，中国的马克思主义已经不完全等同于西方的马克思主义，我们说的运用马克思主义理论，就是对马克思主义理论体系的进一步丰富和发展。

史学研究中的西方话语体系与马克思主义相比，只是西方学者对历史的一种个案性思考和具体的学术研究，这种思考和研究具有很大的局限性。以中国近代史研究为例，无论是冲击—反应论、传统—近代论，还是中国中心论，都是从某个具体问题出发，围绕具体问题展开，提出具有针对性的见解，而缺乏整体性思考，因而虽然史学研究中的西方话语体系看起来新颖，也具有一定的适用性、合理性，并在具体的研究领域具有真理性成分，但在历史观与方法论上，他们都有一个局限的共性，只见树木，不见森林，以偏概全，立足于西方立场，脱离中国实际。也正由于附着在这些话语体系下的问题意识与研究展开比较具体，而没有深入到中国历史发展的内在因素与客观规律、历史条件与文化背景，因此这些话语体系的学术适用性就相当窄，如果把它们当成一种在历史观和史学方法上具有明确实用性的范式，不仅其话语体系的内在缺陷会暴露无疑，而且会将中国史学研究导入死胡同。从另一个方面讲，追随西方史学的必然结果，就是淡化了中国史学的民族特性、民族特点。众所周知，西方话语体系的背后是西方文化思维与语言表达，其特点和方式是西方的，与中国要素与风格具有明显差异。马克思主义史学理论与方法指导下的中国史学研究，具有中国特性、中国智慧、中国风格，对世界史学研究是一种贡献，对人类文明是一种贡献。对此，我们要有一种珍视和敬畏的态度。

二是造成了中国传统的史学研究方法与现代西方的史学研究方法优劣比较的误区。史学研究中有这样一种现象，一些学者一旦谈及研究方法，言必提西方，且如数家珍，娓娓道来，而提到中国传统的史学研究方法时，往往张口结舌，不知所云，甚或鄙夷不屑，斥之为糟粕。不可否认，西方学者在研究历史时，有些方法较为严谨，较为科学，得出的结论也较为稳健，这是一种好的现象。只要对历史研究有促进作用的科学方法，当然值得借鉴，从中吸取精华，以丰富史学研究方法，这是通往人类文明的康庄大道。但任何一种史学研究方法都有其适用对象和适用时段，受一定时空观的限制。任何突破时空观的史学研究方法都是不存在的。因此，现代西方史学的研究方法也都受到时空观的制约，其话语体系与语境具有明确的规定性，如果把它不分青红皂白地放大，就会把这样或那样的不足带来，从而使真理走向谬误。那种只看到西方史学研究方法优点而无视其不足、夸大西方史学研究方法万能而贬低中国固有学术方法（“祖宗家法”）的倾向和做法，显然是不恰当的，甚至是错误的。

中国史学研究源远流长，具有优良的文化传统和优秀的学术传承，史学研究方法经历了世世代代学者的检验、实践和提炼，也相对成熟，被誉为中国传统特色的史学及其史学方法。如“史德论”、“史才论”、“史学论”、“史识论”、二重证据法、以诗证史法等。这些方法是对史学研究实践的经验总结，又在实践检验中传承发展，逐渐成型，具有科学性和实用性。中国传统史学研究理论与方法也许没有西方史学理论与方法那样看起来具有哲学思辨和宏篇大论的华丽外表，但简明扼要，内容充实，行之有效，可谓简单中孕育深刻，扼要中蕴含隽永。西方的史学研究方法和中国传统的研究方法，究其实质，都是史学研究方法，都在各自的学术研究中发挥了积极作用，推动了史学发展和进步。在文化互动上，两者相辅相成，缺一不可。由此看来，任何夸大西方话语体系、贬低中国传统史学方法的倾向都是片面的、不可取的。学术有特色之分，地域之别，没有天生的排他性和唯一性。中国传统的史学方法经过千年传承，自然有其可取之处。那种认为西方史学研究方法优于中国史学研究方法的观点，是一种民族文化虚无主义倾向，实质上是在抹灭中国传统史学研究方法成就，并不利于学术活动的展开。因此，我们不能简单在中国传统史学理论与方法同西方史学理论与方法中争长论短，看到西方史学之长，就贬中国史学之短；那种把西方史学凌驾于中国史学之上的做法，更是错误的和短视的。学术的发展，应该是包容式发展，互动式发展。以自己所追捧的一家之言或者是一家之法轻视、贬低或排斥其他学术方法，是不可取的。所以，在对待中国传统的史学研究方法和现代西方史学研究方法时，应该互相兼顾，不可偏废。

三是造成了对当代史学发展认识的误区。构建当代中国史学体系和话语系统，究竟是应该沿着“中国传统”走下去，还是要“跟进西方”？这在中国史学界是有重大分歧的。具体地说，在史学理论与方法构建中存在，在中国史学中存在，在中国世界史学科中存在，在断代史和专门史研究中也存在。走中国的路，就是构建中国特色、中国风格、中国样式和世界水平的中国史学。走西方的路，就是抛弃中国传统，照搬西方史学理论与方法，追求西方史学意识与风格，与西方史学“接轨”和“同化”。

最近 20 年来，西方话语体系在史学研究中极为盛行，无论世界通史、中国通史，抑或政治史、经济史、思想文化史等，西方话语体系都大行其道。中国传统的史学研究已经边缘到了不能再边缘的地步。更有甚者，中国传统史学的内容，以中国的话语体系出现时，几乎无人问津，一旦改头换面，穿上了西方话语的外衣，立刻身价倍增，洛阳纸贵。重视西方话语体系当然未尝不可，学术本来就需要交流。但处事的原则是：凡事有度；一旦超过了度，那就过犹不及了。有人对西方学术的高度重视，甚至迷信，进而排斥中国学术，到了只知西方学术而不知中国学术的地步，那就不正常了，是非常不良的倾向。这种认识和态度，显然无法在新的历史时期下推动中国学术健康而正常的发展。

正确认识中国近代史研究的道路，廓清西方话语体系误区，坚持马克思主义史学理论与方法指导，坚持中国传统史学优良传统，科学吸收当代西方史学积极成果，形成当代中国近代史研究范式与风格，不仅对于促进中国近代史研究有益，而且对于形成中国史学的当代形态、当代理论与方法、中国风格和标识、史学发展的中国道路都大有裨益。

从“‘梁启超式’的输入”到当代史学话语体系的建构*

——中国现代史学发展走向论析

赵梅春**

瞿林东先生指出：“‘学术话语体系’是有关学术思想、研究理念与方法、范畴或概念的运用及关于研究内容的解说，以至于文字表述的风格和特点等几个方面的结合。因此，所谓学术话语体系，在很大程度上反映了某一时代的学术面貌和学术走向的趋势。”① 从这个角度探讨20世纪初以来中国史学的发展，则经历了从传统史学话语体系到新史学话语体系，再到马克思主义史学话语体系的转变。中国史学话语体系的转变既有史学自身发展的内在要求，也与中西学术之间的交流、碰撞密切相关，始终存在着如何将外来的理论、方法、范畴、概念与中国历史及史学相结合的问题。中国史学研究的发展必定要求建立自主性的史学话语体系。从20世纪初梁启超等援用西学构建新史学话语体系，到三四十年代郭沫若、翦伯赞、吕振羽、侯外庐、范文澜等以五种社会形态学说为理论架构建立马克思主义史学话语体系，再到旨在彰显中国经验、中国历史特点的当代中国史学话语体系的建构，表征着经过一个多世纪中西史学的碰撞、融合，中国现代史学已超越了对西方学术的简单引进与仿效，力图在吸收传统史学优秀遗产与借鉴国外史学理论、方法的基础上确立自己的学术自主性。

---

* 本文原刊于《天津社会科学》2012年第4期。

** 赵梅春，兰州大学历史文化学院教授。

① 瞿林东：《探索中国史学的理论研究话语体系》，《中国社会科学报》2009年12月1日。

一　西方学术的输入与中国史学话语体系的转换

中国传统史学在长期的历史发展过程中形成了自己的话语体系。19 世纪末 20 世纪初，中国学人面对日益深重的民族危机，试图通过改造学术以推动社会变革，救亡图存，因而大量地输入西方学术，这被称为"'梁启超式'的输入"①。就史学而言，学者们普遍感到旨在为帝王"资治"的传统史学已经不能适应社会和时代的需要，期望通过"史学革命"，实现传统史学的现代转换。于是，凭藉"'梁启超式'的输入"所引进的西方学术理念、概念、范畴等思想资源，史学界开始了新的话语体系的建构。20 世纪初梁启超发表的《中国史叙论》《新史学》，借助从西方输入的新历史观——进化史观与新的概念如国家、国民、群、社会等倡导"史学革命"，重新界定历史研究的对象、目的和宗旨。他指出："历史者，叙人群进化之现象而求得其公理公例者也。""夫所贵乎史者，贵其能叙一群人相交涉、相竞争、相团结之道，能述一群人所以修养生息、同体进化之状，使后之读者，爱其群善其群之心，油然生焉。"② 在他看来，历史应是国家之史而不是朝廷之史，是民史而非君史，是社会群体之史而非个人之史，旨在通过对群体活动的叙述，揭示人类社会进化法则，以激励国民的爱国情感。国家、群、国民、社会等术语成为梁启超反思传统史学，创立新史学的概念工具③。凭借这一概念工具，他在新的意义上厘清了历史是什么。在梁启超的倡导下，史学界迅速形成了新史学思潮。于是，传统史学话语体系式微，新的史学话语体系开始形成。之后，梁启超、胡适、顾颉刚、傅斯年等又援用西方"科学方法"，倡导所谓历史的态度、怀疑的精神，以及扩充新工具以扩展新史料，进一步从方法论方面发展与完善新史学话语体系。

马克思主义史学话语体系的建构始于 20 世纪 20 年代，李大钊是倡导以

① 梁启超指出："新思想之输入，如火如荼矣。然皆所谓'梁启超式'的输入，无组织，无选择，本末不具，派别不明，惟以多为贵，而社会亦欢迎之"［（（清）梁启超撰，朱维铮导读《清代学术概论》，上海古籍出版社，1998，第 97～98 页）］。

② 《饮冰室合集》之九，中华书局，1989，第 3、10 页。

③ 王汎森：《晚清的政治概念与"新史学"》，载罗志田主编《20 世纪的中国学术与社会·史学卷》上，山东人民出版社，2001。

唯物史观研究历史的先驱。完成于20世纪三四十年代的郭沫若《中国古代社会研究》、吕振羽《史前期中国社会研究》与《殷周时代的中国社会》、翦伯赞《历史哲学教程》、侯外庐《中国古典社会史论》、范文澜《中国通史简编》等著作，借助于马克思主义社会形态学说这一理论架构，以及生产力、生产关系、经济基础、上层建筑、奴隶社会、封建社会、地主阶级、农民阶级、农民起义、阶级斗争等概念、术语，建构了"把中国历史贯串在一条以人民群众为主体、以经济为骨干、以阶级斗争为动力的主流上"[①]的马克思主义史学话语体系。从经济出发解释社会历史的变化，以人民群众为历史的创造者，将阶级分析法作为主要的研究方法，具有强烈的现实感与政治关怀，是这一话语体系的鲜明特点。20世纪50年代随着中华人民共和国的建立，以及唯物史观的普及，马克思主义史学成为史学界的主导话语体系。这一时期，史学研究者通过对古史分期、农民战争史、中国封建土地所有制、中国封建社会长期延续的原因、资本主义萌芽、汉民族的形成等一系列重大理论问题的讨论与研究，进一步强化与完善了马克思主义史学话语体系。

有学者指出："一部中国近现代学术发展史，本质上就是中国学术话语与西方学术话语不断碰撞和融合的历史，就是中国学人力图通过学习西方学术话语体系来改造中国传统学术话语，以求实现中国传统学术现代转型的历史。"[②] 作为中国学术重要组成部分的史学在近现代的发展也是如此。新史学话语体系在其建构过程中，所凭借的主要是外来的学术资源。这反映在史学实践中，就是以西方史学为标准评价中国史学和诠释中国历史，中国传统史学的合法性受到质疑。梁启超曾指出："以此论之，虽谓中国前者未尝有史，殆非为过。"[③] 20世纪初，对传统史学的这种认识几乎成为学者的共识，中国"无史"说盛极一时。正如有学者所言，"以梁启超为代表的'新史学'，以革命为旗帜，在主观上是要截断传统而另起炉灶，事实上也是如此，它基本上与中国传统学术、特别是传统史学无缘，它的出现只

---

① 《翦伯赞历史论文选集》，人民出版社，1980，第29页。

② 徐国利：《构建当代中国学术话语体系的原则与方法》，载高翔主编《中国社会科学学术前沿（2010～2011）》，社会科学文献出版社，2011，第94页。

③ 《饮冰室合集》之六，中华书书局，1989，第1页。

能意味着中国传统史学的中断"[①]。然而，基于西方历史经验的各种史学模式与中国历史实际不免方枘圆凿。只有将这些外来的理论、方法与中国历史与史学的实际相结合，新史学话语体系的建构才能顺利进行。因此，当梁启超从"史学革命"进入到"史之改造"阶段时，就一改全盘移植西学话语、彻底否定传统史学的做法，将西方"科学的史学方法"与中国史学遗产融会贯通，而这正是梁启超引入西学进行"史之改造"成功的关键。有学者指出，梁启超"《中国历史研究法》之备受瞩目，历久未衰，便是能将西方史学与国史知识熔铸一炉，这项成就迄今仍罕与伦比"[②]。胡适、顾颉刚、傅斯年等也通过将西方的"科学方法"与中国史学固有的治学方法尤其是清代考据学对接，从方法论上会通中西史学。胡适的努力颇为成功，"胡氏与其说用西洋的思想来整理'国学'——其实只是广义的史学，不如说集合融会中国旧有的各派学术思想的优点，而以西洋某一种的治学的方法来部勒它，来涂饰它"[③]。由顾颉刚发起的古史辨运动，将胡适所引进的科学方法与中国古代疑古辨伪思想、乾嘉考据方法相结合，考证古书以辨古史真伪。傅斯年则将兰克语言考据学与中国传统的传信存疑态度和辨别史料方法相贯通，形成其史料观与考史方法。

马克思主义史学话语的建构也主要是援用外来的思想资源。郭沫若在《中国古代社会研究》自序中曾指出："外国学者已经替我们把路径开辟了，我们接过手来，正好事半功倍。"许冠三甚至认为与其他史学流派相比较，包括历史唯物论者在内的史观派"泊来色彩更为鲜明"[④]。因此，马克思主义史学话语的建构也面临着如何将马克思主义理论与中国历史实际相结合的问题，并经历了从机械照搬的公式主义到马克思主义史学中国化（民族化）的过程。马克思主义史学形成之初的中国社会史论战基本上是概念论争，论战者"都一味忙于旁征博引马克思、恩格斯、列宁的文句，而忘记去研究具体的中国历史。因而论辩的双方，都只以引经据典为能事，不以

① 王学典、陈峰：《二十世纪中国历史学》，北京大学出版社，2009，第18页。

② 黄进兴：《后现代主义与史学研究》，三联书店，2008，第225页。

③ 周予同：《五十年来中国之新史学》，载朱维铮编《周予同经学史论著选集》，上海人民出版社，1996，第554页。

④ 许冠三：《新史学九十年》，岳麓书社，2003，自序第2页。

事实去说明历史，而以公式去推论历史”①。这一论战高潮过后，针对论战中所存在的弊端，一些学者或从事史料的建设，如以陶希圣为代表的食货派，或以资料充实理论，如郭沫若、吕振羽、翦伯赞等，促进了马克思主义与中国历史实际相结合。抗日战争时期，中国共产党清算了党内严重的教条主义倾向，倡导马克思主义中国化与学术中国化。在这一思潮的影响下，马克思主义史学加速了中国化的进程。翦伯赞的《历史哲学教程》系统地解说和阐发了运用唯物史观研究中国历史的理论、方法，并对教条主义、公式主义进行了清算，为马克思主义史学中国化奠定了理论基础。侯外庐将丰富的中国历史资料与马克思主义关于人类社会发展的规律做统一的研究，提出中西文明演进不同路径说，为马克思主义史学中国化提供了范例。而毛泽东与延安史学研究者合作撰写的《中国革命与中国共产党》运用唯物史观深刻地分析了中国历史发展各个阶段的基本特征，提出了有关中国历史与社会的系统认识，为史学研究者提供了更为具体的指导原则。20 世纪 40 年代，马克思主义史学终于脱离简单的模仿状态而自成体系。侯外庐曾自豪地说：“中国学人已经超出了仅仅于仿效西欧的语言之阶段了，他们自己会活用自己的语言讲解自己的历史与思潮了。”② 被视为马克思主义史学典范之作的范文澜《中国通史简编》，就是马克思主义史学中国化结出的硕果。

由此不难看出，20 世纪中国史学话语体系的转换，既是中国社会与中国史学发展的内在要求，更与西方学术的输入密切相关，同时也是中外史学交流、碰撞、融合的结果。外来学术的民族化与新的史学话语体系的建构总是相伴而行。

二 “史学危机”与具有民族特色马克思主义史学话语体系的探索

新中国建立以后，随着马克思主义史学话语体系主导地位的确立，马克思主义理论、方法与中国历史实际相结合的史学实践得到进一步发展。

① 翦伯赞：《历史哲学教程》，河北教育出版社，2000，第 193 页。
② 侯外庐：《中国古代思想学说史》，文风书局，1946，第 1 页。

但由于在唯物史观的运用方面长期以来存在着简单化的倾向，以及受到苏联的教条主义史学的影响，尤其是极“左”政治路线的干扰，马克思主义史学的发展受到严重损害。“文革”期间，史学成为政治斗争的工具，史学话语与政治话语纠缠不清，真正的史学研究被取消。“文革”结束后，史学界通过正本清源，恢复了马克思主义史学的地位。但随着中国社会发展的转型，史学研究者很快发现现有的史学体系既不能有效地阐释史学研究与现实中涌现出来的诸多新问题，也难以重建历史与现实之间的生动联系，无法在变革的社会中确定自己的位置，于是“史学危机”之说弥漫整个史学界。人们普遍认为危机的根源在于流行的史学话语体系，无论是理论、观念、方法，还是功能、价值、取向，都与转型时期的社会脱节，严重束缚了史学的发展。“从根本上改造这个过时的史学框架，把马克思主义历史学从旧的框架中解放出来，把广大史家从旧的框架中解放出来，面对现实，从新的角度，在新的思想指导下，重新研究以往全部人类文明史，是克服史学危机的出路所在。”① 于是，人们纷纷从自然科学、西方史学以及中国传统文化中寻找解决问题的方法，先后出现了以系统论、控制论、信息论即所谓“三论”重新诠释中国历史、借鉴西方史学理论与方法等史学思潮。然而，当研究者满怀信心将“三论”引入史学领域，却因为忽视自然科学与历史学的本质区别，机械地以“三论”代替五种社会形态更替模式剪裁中国历史，虽然轰动一时，但很快就销声匿迹。在引进西方史学理论方面，新的史学观念与方法如法国年鉴学派以多学科的方法研究整体历史的史学理念的引进，开阔了史学研究者的视野，拓展了研究领域，出现了社会史、文化史研究热潮。但与此同时，中国史学在很大程度上成了西方史学在中国的回响，其中普遍存在的照搬西方史学理论与方法的做法，不但没能使中国史学走出困境，反而在更大程度上加剧了研究者的困惑。而回到乾嘉学派，以及由此产生的“国学”热，则只能使研究者回避理论与现实，专心于具体问题的研究，也无助于史学危机的解决②。

在中国马克思主义史学发展过程中，中国化曾是克服公式主义、教条主义行之有效的方法、途径，针对史学话语体系所面临的困境，史学研究

① 王学典：《20 世纪中国史学评论》，山东人民出版社，2002，第 208 页。

② 许纪霖：《没有过去的史学危机》，《读书》1999 年第 7 期。

者再次呼吁建设具有中国民族特色的马克思主义史学。在这方面，白寿彝先生具有明确的自觉意识。他曾指出，侯外庐先生对马克思主义史学的突出贡献，在于“他研究中国历史是想把马克思主义史学理论中国化，也可以说把马克思主义史学民族化”①，并将推动马克思主义史学民族化的进一步发展作为自己的责任。在《关于建设有中国民族特点的马克思主义史学的几个问题》一文中，白寿彝先生深入探讨了继承中国史学遗产、吸收国外史学成果对建设具有中国民族特点的马克思主义史学的重要意义。他主编的《中国通史纲要》、多卷本《中国通史》坚持唯物史观指导下的理论创新，为建设具有中国民族特点的马克思主义史学做出了突出的贡献。《中国通史纲要》力图“在努力学习运用马克思主义基本理论的基础上，探索中国历史发展的进程及其特点”②；多卷本《中国通史》则在《中国通史纲要》的基础上进一步探讨了与中国历史、中国通史编纂密切相关的理论问题，创立了以反映统一的多民族国家发展历程为核心的中国通史撰述体系。有学者指出，多卷本《中国通史》的理论架构“不是可以简单地从马克思主义的书本中找到的，而是在马克思主义指导下，通过对中国优良的史学遗产的批判继承并进行创造性的研究才能摸索到的”③。如果说白寿彝先生期待通过发展与完善既有史学体系，建设具有中国民族特色的马克思主义史学，那么，以田昌五先生为代表的学者则试图突破现有史学体系，运用本土历史资源“建立新时代的马克思主义历史学”④。他们认为现有史学体系所存在的问题，不仅仅是在运用马克思主义理论时出现了偏差和失误，而是对马克思主义理论的认识有误。首先，作为现有史学体系理论架构的五种社会形态学说，是马克思、恩格斯有关欧洲历史的概括，并非人类历史发展的普遍规律。其次，五种社会形态是由欧洲资本主义推断出来的逻辑经济形态，再以历史顺序表述出来，“把这种逻辑的历史顺序看作既成的历史发展顺序，是完全错误的”。再次，流行的五种生产方式的含义是由斯大林确定下来的，未必符合马克思、恩格斯的原意⑤。因此，用五种社会形

① 《白寿彝史学论集》，北京师范大学出版社，1994，第415页。

② 白寿彝主编《中国通史纲要》，上海人民出版社，1980，题记。

③ 瞿林东：《白寿彝史学的理论风格》，河南大学出版社，2001，第85页。

④ 田昌五：《中国历史体系新论》，山东大学出版社，2000。

⑤ 田昌五：《中国历史体系新论续编》，山东大学出版社，2002，第215～216页。

态模式剪裁出来的中国历史并不符合历史实际：“以前我们讲的中国历史大多是按照某种公式编制出来的，而不是就中国历史本身的发展过程如实编写的”，“让人很难看出其中有多少中国历史特色和气派来。”[①] 所以，必须超越已有的史学体系，运用马克思主义的立场、方法，从中国历史实际出发抽绎出中国型的历史发展模式。这种观点反映在史学实践中，一是构建新的中国历史体系，如田昌五的中国历史体系新论、曹大为等有关《中国大通史》的理论构想[②]等；二是不再套用任何现成的历史理论模式，力图从实际出发撰写中国历史，如樊树志《国史概要》、张岂之主编《中国历史》、姜义华主编《中国通史教程》等。

尽管学者们在如何建设具有中国民族特色的马克思主义史学问题上远未达成共识，具体的史学实践也各不相同，但其努力的目标是一致的，即从中国历史与史学实际出发，建立具有中国特色、中国风格、中国气派的史学体系。近年来学者们有关构建当代中国史学话语体系的探讨，正是这种努力在新的历史条件下的进一步发展。

三　学术自主性诉求与当代中国史学话语体系的建构

当代中国史学话语体系的构建是在重建当代中国学术话语体系的背景下提出来的。“清末民初以来、特别是‘五四’新文化运动以来，中国学术发展的主导力量和方向是以西方话语来重新诠释和建构中国学术话语体系，并且在这方面做了大量工作，取得了很大的成绩。但是，问题也很多，根本问题是丧失了中国民族文化根本的学术文化重建，是以西方科学理性为核心价值和工具建构起来的学术话语。”[③] 因此，一些学者发现当今的中国学术依然笼罩在西方学术的阴影之下，不是患了“失语症”，就是存在着“合法性危机”。所谓“失语症”是由文学研究者提出来的，他们认为中国现有的文学理论话语完全是借用西方的，离开西方话语，我们就不会说话，

---

① 田昌五：《中国历史体系新论》，山东大学出版社，2000，前言。

② 曹大为：《关于新编〈中国大通史〉的几点理论思考》，《史学理论研究》1998 年第 3 期。

③ 徐国利：《建构当代中国学术话语体系的原则与方法》，载高翔主编《中国社会科学学术前沿（2010 ~ 2011）》，社会科学文献出版社，2011，第 98 页。

就会集体失语[①]。而所谓"合法性危机"则是由哲学研究者提出来的，"关注的焦点是'中国哲学'的现代形态和表述方式，即我们究竟采取怎样的诠释方法和表述方式才能够真正成就这样一种学问：它既是'中国的'，也是'哲学的'。问题的关键在于如何维系（或曰建立）现代语境中的中国哲学与本土历史传统之间的相关性，从而使'中国'与'哲学'之间在文化与思想内涵的层面（而非地理、政治或人类学的层面）建立起某种所属格的关系，使'中国哲学'真正成为'中国的哲学'，而不只是'哲学在中国'，不只是'哲学'（西方哲学）的一个例证"[②]。不难看出，所谓"失语症""合法性危机"，是以极端的方式表达了学术界对中国学术自主性的焦虑。通过对中国近现代学术发展史的反思，学者们认为，只有构建根植于中国民族文化根本与中国社会现实的当代中国学术话语体系，才能改变对西方学术话语的依附状态，中国问题、中国经验才能得到恰当的言说，并取得学术话语权。而中国学术话语体系的当代建构这一议题则显示出："当今中国的人文学术与社会科学研究正试图逐渐摆脱它对外来学术的'学徒状态'，并从而提出其本己的'自律性'要求。这里所谓的自律性要求，用柯林武德的话来说，意味着批判地脱离自身以外的权威，意味着它是'自我——授权的'。"[③] 这表明，确立中国学术的"自主性"正是构建当代中国学术话语体系的宗旨所在。当代中国史学话语体系的建构也是如此。

中国传统史学的现代转换是在西学的影响下实现的，"我们是按西方人的眼光看世界。我们没有属于自己的历史理论，我们认识我们自己的历史，也是按照西方的模式来认识的"[④]。进入21世纪，西方史学尤其是美国"中国学"对中国史学的影响，已从理论、模式、方法深入到具体的操作层面。"假如已经过去的20世纪90年代是'国学'的十年，那么近十年则可说是'西方中国学'的十年，这是21世纪史学界发生的最明显变化。"这10年来，中国史研究的热点问题大多是由美国"中国学"输入的，研究路径在

① 曹顺庆：《文论失语症与文化病态》，《文艺争鸣》1996年第2期；曹顺庆、邹涛：《从"失语症"到西方文论的中国化——重建中国文论话语的再思考》，《三峡大学学报》（人文社会科学版）2005年第5期。

② 郑家栋：《"中国哲学之合法性"问题的由来、实质及其对于相关讨论的期望》，《北京行政学院学报》2005年第1期。

③ 吴晓明：《论当代中国学术话语体系的自主建构》，《中国社会科学》2011年第2期。

④ 马克垚：《编写世界史的困境》，《光明日报》2006年3月18日。

很大程度上也是由美国中国学家开启的[①]。面对史学界的这种自我迷失，有学者指出，“跟着西方史学的方向走，我们的史学将永远用西方的‘品牌’，而无法有自己的‘品牌’”[②]。“走自己的路”，才是“中国史学的前途”[③]。当代中国史学话语体系的建构，就是为了中国史学走自己的路，并建立自己的学术“品牌”。如果说外来史学的中国化旨在克服公式主义、教条主义等弊病以及注经式的学风，避免将中国历史西洋化，那么当代中国史学话语体系的构建则力图立足于中国史学自身发展，充分吸收和借鉴国外史学的优秀成果，建构自己的史学研究范式，从而使中国史学由边缘到中心，逐步掌握史学领域的话语权。摆脱对西方学术的依赖，建立根植于中国历史实际、中国问题意识的史学话语体系，让世界倾听中国史学的声音，这是自20世纪初梁启超倡导“新史学”以来，经历百余年的探索之后，中国史学对自己所提出的发展目标。对于如何建构当代中国史学话语体系，瞿林东先生的探索富有启迪意义。瞿林东先生指出史学工作者须“在重视唯物史观和史学遗产的前提下，以更加开阔的视野、更加开放的心胸和气度，借鉴和吸收外国史学的一切积极成果所提供的思想、理论和方法，用以充实和丰富以至于融入中国史学话语的当代体系”[④]。这是从为学宗旨、思想资料与走向世界等方面阐述了当代中国史学话语体系建构的原则、方向。

20世纪史学话语体系的建构取得了巨大的成就，完成了传统史学的现代转型，但也存在诸多问题。其中，依赖西方史学模式来表达对历史的认识，缺乏自主性的历史解释体系，是其最大的弊端。而克服这一弊端，确立中国史学的自主性则是建构当代史学话语体系的重要目标。要达到这一目标，既需要有明确的指导思想、鲜明的自我意识以及开阔的世界眼光，还需要有自觉的批判意识与创新精神。这里所说的批判意识是指杜绝对任何学术的盲从，不管运用何种历史理论、模式，都必须批判地审视其产生的前提，考量其与中国历史研究的适应度。20世纪初以来，我们曾在反传统、与西方接轨的理念下，将各种外来的理论、方法视为真理，唯洋是崇，

---

① 王学典：《六十年来中国史学之变迁》，《文史知识》2009年第8期。

② 汪荣祖：《历史学的走向》，载瞿林东主编《史学理论与史学史学刊》（2003年卷），社会科学文献出版社，2004，第44页。

③ 章开沅：《走自己的路——中国史学的前途》，《暨南学报》2005年第3期。

④ 瞿林东：《关于当代中国史学话语体系建构的几个问题》，《中国社会科学》2011年第2期。

或是削足适履，或是以中国历史事实为西方某种理论模式提供例证。在当代史学话语体系的建构中，应避免不加批判地移植外来理论，更不能在与国际接轨的心态下将中国史学变成西方史学的中国版。创新精神则指在发掘中国古代史学遗产与借鉴国外的史学理论与方法的基础上，对中国历史与外国历史进行深入的研究，从史学实践中提炼出概念、术语、范畴，构建自己的历史解释体系，从而摆脱对西方史学的路径依赖。在这方面，费孝通先生在社会学、民族学领域的实践为我们提供了榜样。费孝通先生在实地调查研究中国农村的基础上，借鉴西方社会学、人类学理论建构了中国的社会学话语体系：乡土社会、差序格局、生育制度等①。当代中国史学话语体系的建构不仅涉及历史哲学、研究方法、核心概念、范畴与术语等诸方面，也包括言说话语与表述方式。因此，既需要对既有的史学话语体系所遵循的历史哲学进行批判的反思，也需要对现行的概念、范畴、术语进行重构，还需要就言说方式进行反省，可谓任重道远。

① 郑杭生：《学术话语权与中国社会学发展》，《中国社会科学》2011 年第 2 期。

图书在版编目(CIP)数据

中国学术与话语体系建构．总论．人文科学卷／全国哲学社会科学话语体系建设协调会议办公室编．—北京：社会科学文献出版社，2015.9

ISBN 978-7-5097-7854-8

Ⅰ.①中… Ⅱ.①全… Ⅲ.①人文科学-研究-中国 Ⅳ.①C12

中国版本图书馆CIP数据核字(2015)第175905号

·中国哲学社会科学话语体系研究辑刊　第1辑·

中国学术与话语体系建构（总论·人文科学卷）

编　　者／全国哲学社会科学话语体系建设协调会议办公室

出 版 人／谢寿光
项目统筹／范　迎
责任编辑／范　迎

出　　版／社会科学文献出版社·人文分社(010)59367215
地址：北京市北三环中路甲29号院华龙大厦　邮编：100029
网址：www.ssap.com.cn
发　　行／市场营销中心（010）59367081　59367090
读者服务中心（010）59367028
印　　装／三河市东方印刷有限公司

规　　格／开　本：787mm×1092mm　1/16
印　张：19.5　字　数：341千字
版　　次／2015年9月第1版　2015年9月第1次印刷
书　　号／ISBN 978-7-5097-7854-8
定　　价／79.00元